비상이동
매뉴얼

지금, 이 회사에서 반드시 벗어나고 싶을 때

A Thousand Years of Wisdom

천년의 지혜 시리즈 NO.9
1972년 최초 출간일

비상이동 매뉴얼

지금, 이 회사에서 반드시 벗어나고 싶을 때

리처드 N. 볼스 지음 | 서진 편저 · 기획 | 안진환 번역 감수

WHAT COLOR IS YOUR PARACHUTE?

SNOWFOX

A Thousand Years of Wisdom

천년의 지혜 시리즈 소개

스노우폭스북스 세기의 책들 20선

천년의 지혜 시리즈

무엇을 읽어야 할까?

스노우폭스북스는 정말 읽어야 할 책을 선보이고 싶다는 열망의 해법을 찾기 위해 과거로 향했습니다. 이 과정에서 과거에 살았던 사람들이 겪었던 문제와 현실이 지금의 모습과 결코 다르지 않다는 사실을 발견하게 되었습니다.

출간 후 1년만 지나도 사라지는 것이 지금의 시장입니다. 이런 때, 시대와 세대를 넘어 50여 개 언어와 나라에서, 많게는 2천여 번 이상 적게는 몇십 번 넘는 개정판으로 출간된 책들을 여러분께 보여드리고 싶은 강렬한 열정으로 저희는 가득 차 있었습니다.

어떻게 만들었을까?

약 2년여 동안 세계 각국에 흩어져 있는 오래된 고전 중에서 지금의 많은 사상들을 만들어 낸 시조가 되는 책들을 찾았습니다. 총 1만 2천 종의 도서를 검토했으며 그중 세계적으로 인정받으며 현재까지 절판되지 않거나 고전으로 자리매김한 책 20종을 '세기의 책'으로 명명하고 최종 출간 시리즈로 선정했습니다. 책은 총 20종이며 시리즈로 출간 예정입니다. 경제경영 편, 자기계발 편, 에세이 편, 인문·철학 편, 내면·마음챙김 편으로 구분해 여러분께 이 귀중한 불변의 지혜를 전해 드릴 목표를 갖고 있습니다.

왜 만들었을까?

저희는 지금껏 우리 대중의 마인드와 태도의 바른 방향을 제시하는 지혜들을 파생시킨 '최초의 시작'을 전해드리고자 했습니다. 이런 귀중한 불멸의 지혜들을 하나의 시리즈로 묶어 즉각 접해 읽을 수 있게 만들고 싶었습니다.

이로써 지혜와 더 깊은 통찰에 목마른 우리 모두에게 '읽을거리'를 제공하고자 했습니다. 또한 가벼운 지금의 '읽기'에서 보다 깊이 사유하는 '읽는 사람'으로 변화되는 일을 만들어 나가고자 합니다.

THE
WISDOM OF
A
MILLENNIUM

책 소개

리처드 N. 볼스는 세계적인 베스트셀러를 쓸 의도는 전혀 없었습니다.

그는 2014년 뉴욕타임스와의 인터뷰에서 "제가 해고되고 구직활동을 했을 때보다 사람들이 준비를 더 잘할 수 있게 도와주려고 했을 뿐입니다."라고 말했습니다.

1970년에 그는 당신이 손에 들고 있는 이 책, 『비상이동 매뉴얼』의 128페이지를 모아 100부의 인쇄본을 만들었습니다. 그리고 누구도 상상하지 못한 방식으로 목표를 달성했습니다. 1972년 '텐 스피드 프레스Ten Speed Press'에서 전문적으로 출판된 이 책은 이후 절판된 적이 없습니다. 실제로 이 책은 전 세계적으로 천만 부 이상 판매되었으며, 22개 언어로 번역되었습니다. 1979년에는 베스트셀러 목록에 올랐는데, 10년 이상 유지되다가 이후 몇 년 동안 간헐적으로 올라왔습니다.

이 책의 성공 비결 중 하나는 세상의 변화에 발맞춰 매년 업데이트를 통해 관련성을 유지해 온 것입니다. 또 다른 비결은 50년이 넘도록 이 책의 핵심과 정신이 거의 변하지 않았다는 점입니다. 자신의 능력과 진짜로 하고 싶은 일이 무엇인지를 파악하면 꿈의 직업을 찾을 준비가 된 것입니다. 볼스의 말처럼 "꿈의 직업을 찾지 못하는 구직자들은 대부분 구직 시장에 대한 정보가 부족해서가 아니라 자신에 대한 정보가 부족하기 때문에 실패한다."라고 할 수 있습니다.

수백만 명의 구직자와 경력 전환자를 도운 볼스는 2017년에 90세의 나이로 세상을 떠났습니다. 그가 1970년에 쓴 책에서는 전기 타자기를 사용해 이력서를 작성하고, 옐로우 페이지Yellow Pages(전화번호와 함께 다양한 업종의 기업 목록을 제공하며, 업종별로 정렬돼 제공된 서비스) 아이디어를 찾아 검색하고, 일자리를 찾기 위해 문을 두드리는 등의 조언이 담겨 있습니다. 이제 수십 년 동안 업그레이드 돼 온 이 책의 최신 버전에는 링크드인LinkedIn 프로필, 인스타그램Instagram에서 일자리를 찾는 방법, 팟캐스트Podcast가 퍼스널 브랜딩을 위해 할 수 있는 일을 다룹니다. 특이한 점은, 방법은 달라졌지만 핵심 메시지는 변함없이 동일하다는 사실입니다.

초판본은 서점의 모험 여행 코너의 번지점프와 스카이다이빙에 관한 책 옆에 진열되는 경우가 많았습니다. 그렇다면 이 책의 원 제목 『What Color Is Your Parachute?』에는 어떤 사연이 있을까요?

볼스가 예일대 신학대학교의 면접관에게 말했듯이, 농담으로 시작되었다고 합니다.

1968년, 그는 샌프란시스코에 있는 그레이스 성당의 사제였습니다. 모임 중에 누군가가 직장을 그만두는 것에 대해 이야기했다고 합니다. "저는 그 말을 들었을 때 비행기에서 추락하는 장면이 떠올랐어요. 그래서 '낙하산 색깔이 뭐예요?'라고 물었습니다. 그 질문은 그냥 농담이었어요. 그 질문이 이렇게 큰 의미를 갖게 될 줄은 몰랐어요."라고 볼스는 회상했습니다.

볼스가 예산 부족으로 구제 금융을 받을 수밖에 없었을 때 대성당의 주임 사제는 그가 전국 대학의 성직자들에게 취업 상담을 하도록 도왔습니다. 그때 가장 많이 든 고민은 직업 만족도에 관한 자기 판단에 대한 것이었습니다.

'당신이 올바른 직업에 종사하고 있는지 어떻게 알 수 있을까요? 그게 아니라면 어떻게 변화할 수 있을까요? 일반적인 구직 조언이 실패하면 어떻게 될까요?'

그는 이 질문에 대해 사람들에게 새롭고 혁신적인 답을 주기 위해 연구했습니다. 그 연구가 사무실 타자기로 첫 번째 책을 쓰게 된 계기였습니다.

볼스의 삶 자체가 최고 스펙을 쌓아가는 경로가 결코 일직선으로 그려지는 일이 아니란 사실을 보여주는 훌륭한 예입니다.

제1차 세계 대전에서 해군에 복무한 그는 MIT에서 화학 공학을 전공한 후 하버드에서 물리학 학위를 받았습니다. 학부생이던 어느 일요일, 그는 미국 내 목회자 수가 심각하게 부족하다는 설교를 듣고 영감을 받았습니다. 졸업 후 그는 화학 업계에서 돈과 명예를 갖게 해 줄 직업을 갖는 대신, 성공회 사제가 되기로 결심했습니다. 나머지는 구직 활동의 역사라고 할 수 있습니다.

미국 의회도서관의 '독자의 삶을 바꾼 25권의 책' 목록은『허클베리 핀의 모험Adventures of Huckleberry Finn』으로 시작해 알파벳 순서대로『성경Bible』,『데일 카네기의 인간관계론How to Win Friends and Influence People』,『작은 아씨들Little Women』등의 책을 나열하고 있습니다. 그리고 목록의 마지막에는『전쟁과 평화War and Peace』바로 다음에『비상이동 매뉴얼What Color Is Your Parachute?』이 있습니다.

2011년 타임지는 가장 영향력 있는 논픽션 100권의 책 중 하나로『비상이동 매뉴얼』를 선정했습니다. 리처드 볼스를 블라디미르 나보코프, 어니스트 헤밍웨이, 버지니아 울프, 버락 오바마 등과 함께 선정했죠.

하지만 기발한 유머 감각과 환한 미소를 지닌, 체격 큰 볼스가 특히 즐거워했던 것은 따로 있었습니다. 바로 공공 도서관에서 가장 많이 도난당한 책 목록에 자신의 책이 자주 등장하는 것이었죠. 그만큼 구직자들에게 절실했다는 이야기니까요.

무엇보다도 이 책의 사명은 직업을 찾거나 꿈에 그리던 경력을 쌓도록 돕는 것입니다. 이는 1970년에 그가 이 책을 만들기 위해 앉았을 때나, 1999년 그가 패스트 컴퍼니 인터뷰에서 '비상이동 매뉴얼은 취업을 가장한 희망의 책'이라고 말했을 때나, 지금이나 마찬가지입니다.

— 텐 스피드 프레스Ten Speed Press 출판사, 2022년

"가서 당신의 것들을 가져오세요."

그가 말했습니다.

"꿈은 곧 일을 의미합니다."

– 파울로 코엘료

"Go and get your things,"

he said.

"Dreams mean work."

– PAULO COELHO

저자 소개

리처드 넬슨 볼스라는 이름으로 더 잘 알려진 딕 볼스는 40년 이상 경력 개발 분야를 이끌었습니다. 그는 타임, 뉴욕타임스, 비즈니스 위크, 포춘, 머니, 패스트 컴퍼니, 이코노미스트, 퍼블리셔스 위클리 등에 소개되었으며 투데이 쇼, CNN, CBS, ABC, PBS 및 기타 유명 미디어에 출연했습니다. 볼스는 미국 교육 및 개발 협회와 전국 경력 개발 협회 등 수백 개의 콘퍼런스에서 기조 연설을 했습니다. 멘사, 인적자원관리학회, 전미 이력서 작가 협회의 회원인 그는 '지구상에서 가장 인정받는 구직 전문가'(샌프란시스코 크로니클), '미국 최고의 커리어 전문가'로 꼽혔습니다.

타임지는 1923년 이후 출간된 논픽션 도서 100권 중 하나로 『비상이동 매뉴얼』을 선정했습니다. 미국 의회도서관은 이 책을 역사상 사람들의 삶에 영향을 미친 25권의 책 중 하나로 선정했습니다. 이 책은 5년 이상 뉴욕타임스 베스트셀러 목록에 올랐습니다. 이 책은 현재까지 천만 부 이상 판매되었으며, 22개 언어로 번역되어 26개국에서 사용되고 있습니다.

볼스 박사는 매사추세츠 공과대학MIT에서 화학 공학을 전공하고 하버드 대학교에서 물리학 학사 학위를 우등으로 취득했으며, 뉴욕의 일반 신학(성공회) 신학교에서 성직 신학 석사 학위를 받았습니다. 그는 전 세계 구직자들을 위해 평생을 봉사하다 2017년 아흔 살의 나이로 세상을 떠났습니다.

웹사이트: www.jobhuntersbible.com

온라인 도구: www.eparachute.com

목차

1장.
끊임없이 변화하는 구직의 세계

2장.
구직 활동 시, 회복력을 유지하는 10가지 방법

3장.
구직할 때 겪는 어려움에 대처하는 방법

8장.
온라인에 이미 있는 이력서

9장.
채용 면접을 위한 15가지 팁

10장.
연봉 협상을 위한 5가지 비밀

11장.
나만의 비즈니스를 시작하는 방법

블루페이지.
인생의 사명 찾기

1장
끊임없이 변화하는 구직의 세계

The ever-changing world of job search

자신에 대해서 더 잘 이해하고 싶다면,

이 책이 도움이 될 것입니다.

당신이 세상에 무엇을 줄 수 있는지 잘 이해하고 싶다면,

역시 이 책이 도움이 될 것입니다.

지금 이 시대의 특이점으로 발생된 혼란이 업무 환경에 영향을 미치고,

실직 상태이며, 실질적인 도움이 필요하다면,

이 책이 도움이 될 것입니다.

일의 세계가 실제로 어떻게 돌아가는지 이해하고 싶다면,

이 책이 도움이 될 것입니다.

실직한 지 오래되어 이제 영구적으로 실업자가 되었다고 생각된다면,

이 책이 도움이 될 것입니다.

가난해서 힘들다면,

이 책이 도움이 될 것입니다.

장애를 겪고 있다면,

이 책이 도움이 될 것입니다.

새로운 직업을 찾고 있거나 첫 직장을 구하는 분이라면,

이 책이 도움이 될 것입니다.

인생에서 무엇을 하고 싶은지 고민하고 있다면,

이 책이 도움이 될 것입니다.

더 나은 일과 삶의 균형을 찾고자 한다면,

이 책이 도움이 될 것입니다.

막막함을 느끼고 탈출구가 필요하다면,

이 책이 도움이 될 것입니다.

대학을 갓 졸업하고 일자리를 찾지 못해 부모님과 함께 살아야 한다면,

이 책이 도움이 될 것입니다.

나만의 비즈니스를 시작하려는 분이라면,

이 책이 도움이 될 것입니다.

복귀한 베테랑에게도

이 책이 도움이 될 것입니다.

은퇴를 앞두고 스스로를 지원하기 위해 무엇을 해야 하는지 알고 싶다면,

이 책이 도움이 될 것입니다.

업무 세계에 대한 빠른 입문 과정

A quick crash course on the world of work

고용 시장은 변덕스럽습니다. 고용 지표는 2019년 말까지 거의 10년 동안 좋아지고 있었습니다. 1939년 노동통계국이 통계를 집계하기 시작한 이래, 가장 긴 회복과 확장세를 보인 것이었죠. 그런데 2020년 3월, 코로나19가 모든 것을 바꿔 놓았습니다. 한 달 만에 미국에서 2천만 개 이상의 일자리가 사라졌습니다.[1] 미국이 심각한 경기 침체에 빠질 것이라는 우려가 널리 퍼졌죠. 하지만 우울한 예측과는 달리 고용 시장은 빠르게 회복되기 시작했습니다. 2022년 3월까지 약 1,150만 개의 일자리가 생겼습니다.

이미 많은 직업과 산업이 빠르게 변화하고 있습니다. 코로나19 팬데믹으로 인해 미국 노동력의 5분의 1 정도가 직장을 그만두는

'대퇴사The Great Retirement(코로나19를 거치며 자발적으로 회사를 사직하는 근로자의 숫자가 급격히 증가하는 현상)'를 비롯해 많은 변화가 일어났습니다.[2] 일부 업계에서는 고용주가 일할 사람을 구하기 위해 구걸하듯 지원을 권유하고, 계약 보너스나 소개비를 제공하기도 했죠.

구직 지원서를 냈는데도 응답을 받지 못한 사람이라면 채용 공고가 기록적이라는 뉴스 기사를 읽을 때 짜증이 날 것입니다. 문제는 기술이 부족하거나 이력서가 나빠서가 아니라 접근 방식에 있을 가능성이 있습니다. 좋은 소식은 기본적인 구직 과정은 그다지 달라지지 않았다는 것입니다. 검색 방법과 프레젠테이션을 살짝 조정하면 됩니다. 구직은 나만의 검색이며 진행 방법은 내가 직접 결정할 수 있습니다.

구직 진행 방법은 생각보다 많습니다. 이것이 바로 이 책이 다루는 내용입니다. 구직 활동 실습에 들어가기 전에 몇 가지 유의해야 할 사항이 있습니다.

정말 좋은 일자리가 있습니다

낮은 실업률이 고무적이라고 생각할 수도 있습니다. 또는 '고용주가 그렇게 채용을 간절히 원하다면 왜 면접을 위한 콜백조차 받을 수 없는가?' 하는 생각에 압도당하고 무력감을 느낄 수도 있습니다. 몇 번이고 삼진을 당했더라도 낙심하지 마세요. 기회는 얼마든지 있습니다. 그 전략에 대한 설명이 이 책의 나머지 주제입니다.

업무 환경이 변화하고 있습니다

기술, 제품 개발 또는 혁신과 관련된 일을 하는 사람이라면 '혼란'을 야기한 것이 셀 수 없을 정도로 많다고 느낄 것입니다. 몇 년 동안 이 용어는 프로세스 또는 전체 산업을 재창조하고, 낡고 오래된 작업 방식을 새롭고 더 나은 방식으로 대체하는 것을 가리키는 예술 용어였습니다. 사실 모든 직장은 코로나19로 인해 어느 정도의 혼란을 겪었습니다. 또한 팬데믹으로 인해 직장에서 기술의 역할이 점점 더 커지고 있습니다.

인터넷, 특히 줌Zoom과 같은 화상 회의 시스템이 널리 보급되지 않았다면, 경제가 하룻밤 사이에 재택근무와 온라인 교육으로 전환할 수 없었을 것입니다. 온라인 교육의 경우 스트레스를 많이 받는 학생들에게는 너무 큰 혼란이었지만, 재택근무의 '혼란'은 다양하고 폭넓은 이점을 가져다주었습니다. 일부 사무직은 빠르게 대면 근무로 복귀했지만 다른 직종에서는 조금 달라졌죠. 원격 근무가 생산성을 높이고 이직이 필요한 지원자들을 채용할 기회를 만들어 준다는 사실을 알게 되었기 때문입니다. 구직자들도 이런 변화 때문에 가능한 일자리의 수와 유형이 크게 달라졌습니다.

직장의 변화는 점점 더 다양해지는 인력 공급망 문제, 수익과 이익에 대한 강조, 기계화의 증가 등 문화적, 경제적 요인 때문에도 생깁니다. 이미 많은 산업이 인공지능, 컴퓨터화, 더욱 정교하고 전문화된 로봇에 의해 재편되고 있습니다. 식료품점에서는 계산원이 없어지고 셀프 계산대가 들어서고, 고객 센터에 전화를 하면 자동화된 음성 시스템이 고객 서비스를 처리합니다. 온라인 뱅킹도 점점 더 정교해지고 있죠. 교통 산업은 우버Uber와 리프트Lyft의 등장으로 근본적으로 변했고 자율 주행차는 더욱 정교해졌습니다. 따라서 교통 산업은 계속 변화할 것입니다.

한편, 이미 전국적으로 수천 대의 로봇이 자동차 조립, 위험한 화학 물질 취급, 수술 보조, 농산물 수확, 폭탄 해체, 보안 순찰, 심지어 햄버거 뒤집기, 음료수 섞기 등의 작업을 수행하고 있습니다.

이로 인한 불안감 역시 확산하고 있습니다. 근로자의 약 27%는 향후 5년 이내에 자동화로 인해 일자리를 잃을 것을 걱정하고 있으며, Z세대의 경우 그 비율이 37%에 달합니다.[3] 경제학자와 직장 진 문가들은 대부분 이런 두려움이 전부가 아니라고 합니다. AI가 수 행하는 많은 업무는 실제로 인간 직원을 대체하지 않습니다. 알렉사 라는 이름의 집사를 고용해 불을 켜고 좋아하는 팟캐스트Podcast를 재생하고 날씨를 예측할 만큼 부유한 사람이 아니라면 말이죠. 또한 기계화와 인공지능은 그 자체로 일자리의 기회를 열어줄 것입니다.

2020년 세계경제포럼 보고서에 따르면, 로봇 공학과 자동화로 인해 향후 5년 동안 전 세계적으로 8,500만 개의 일자리가 사라질 것으로 예측했습니다. 하지만 이러한 기술이 9,700만 개의 새로운 일자리를 창출할 거라는 예측도 했습니다. 이런 일자리 중 일부는 고도로 전문화된 기술 분야에서 창출되겠지만, 생각만큼 많지는 않 을 것입니다. 공상 과학 소설의 주인공처럼 보였던 프로게이머, 소 셜 미디어 관리자, 로봇 수리 기술자 등의 직업은 오늘날 고도의 기 술 덕분에 가능해졌습니다.[4]

와이어드Wired는 2022년 "자동화는 미국 공장 일자리의 가장 큰 위협이 아니다"라는 제목의 기사[5]에서 아홉 대의 최첨단 용접 로봇 을 구입한 오하이오의 어느 제조 공장 사례를 소개했습니다. 이 공 장의 로봇 실험은 성공하지 못했습니다. 로봇 중 하나는 한 번도 사 용하지 못했습니다. 공장 소유주가 로봇 운영자나 수리 기술자를 찾지 못해 로봇을 충분히 활용할 수 없었기 때문입니다.

구직은 당신이 책임져야 합니다

때로는 그렇게 느껴지지 않을 수도 있습니다. 경제가 좋든 나쁘든 구직 활동을 시작하는 것은 그 자체가 부담스럽죠. 잘해도 마찬가지지만 최악의 경우 불합격에 대비한 집중 교육을 받는 것처럼 느껴질 수 있습니다. 일자리에 백 번째 지원했다가 낙방했다고 생각해 보세요. 패배감이 들 뿐만 아니라, 고용주가 모든 권한을 쥐고 있는 것처럼 느껴질 수도 있습니다. 물론 고용주가 채용 프로세스에 대한 상당한 통제권을 가지고 있지만 그렇다고 해서 당신이 무력하다는 의미는 아닙니다.

당신은 생각보다 더 많은 자원을 가지고 있습니다. 어떤 분야에 종사하고 있든, 또는 어떤 분야로 이직하고자 하든, 이 책이 도움이 될 수 있습니다. 이어지는 챕터에서는 멋진 이력서 작성부터 면접 성공, 경쟁력 있는 연봉 협상까지, 구직 활동에 강력하고 전문적인 방식으로 접근하는 방법을 배울 수 있습니다.

그리고 '성공'이 무엇인지 스스로 정의할 수 있습니다. 구석진 사무실과 여덟 자릿수 연봉, 세상에 좋은 일을 할 기회, 일과 삶의 균형, 또는 이 둘의 조합일 수도 있습니다. 성공을 어떻게 정의하든(이에 대해서는 나중에 자세히 설명하겠습니다), 이 과정의 많은 부분을 스스로가 통제할 수 있습니다. 특정 직무에 대한 채용의 최종 결정권은 여전히 고용주에게 있지만 구직자들은 이제 구직 활동을 주도적으로 해나갈 수 있습니다.

종합적인 연구[6]에 따르면 구직자가 다음 6가지를 실천하면 새로운 직업을 찾거나 경력을 성공적으로 변경할 확률이 최소 두 배 이상 높아지는 것으로 나타났습니다.

- 구직 기술을 업데이트하세요.
- 전문적인 네트워킹 기술과 인맥을 향상하세요.
- 자신 있게 숙련도를 주장할 수 있는 직무 기술에 대해 포괄적인 목록을 작성하세요.
- 각 직책에 맞는 타겟 이력서를 작성하세요.
- 구체적인 목표를 설정하고 이를 달성하기 위해 적극적으로 노력하세요.
- 필요할 때 가족, 친구, 상담사 또는 치료 전문가에게 도움을 요청하세요.

하지만 어떻게 해야 하죠? 이 책의 나머지 부분이 바로 그 방법입니다. 이 책을 읽고 연습 문제를 완료하는 것만으로도 성공 확률을 두 배 이상 높일 수 있습니다! 자기 발견과 자기 평가의 과정을 진행하면서 한 가지 핵심 단어를 염두에 두세요. 바로, 고용 가능성!

당신은 스스로에게 질문할 수 있습니다. 내가 채용될 수 있나요? 어떻게 확신할 수 있을까요? 그리고 어떻게 하면 고용 가능성을 높일 수 있을까요? 이 책의 목적은 관심 있는 분야에 채용 가능성 높은 강한 지원자가 되는 것입니다.

채용 과정과 구직 활동 비교

채용 공고도 있고 의욕적으로 채용하고 싶어 하는 고용주도 있습니다. 그런데 이상하죠? 자격을 갖춘 인재가 일자리를 원하고 고용주는 채용을 원하는데 이 둘을 연결하는 게 왜 그렇게 어려운 걸까요?

중요한 원인 중 하나는 고용주와 구직자가 서로 다른 규칙을 가지고 이 프로세스에 접근하기 때문입니다. 서로 다른 이 규칙은 종종 불문율처럼 느껴집니다.

고용주가 채용 포털을 통해서만 지원서를 받는다는 사실을 모르고 이력서를 첨부해서 이메일을 보낼 수도 있습니다. 하지만 '규칙'을 완벽하게 지키더라도 효과가 없을 수 있습니다. 고용주는 종종 모르는 지원자들이 보낸 이력서들을 어쩔 수 없을 때 선택하는 최후의 수단으로 보기 때문입니다. 조직 내부에서 홍보하거나 동호회에 연락해서 추천받는 것을 더 선호할 수도 있습니다. 고용주가 선호하는 직원 찾기 방식과 구직자가 채용 공고를 찾는 방식에는 차이가 있습니다. 또한 서로에 대한 기대치도 다릅니다. 다음은 고용주와 구직자의 서로 다른 몇 가지 방식입니다.

- 구직자는 고용 시장이 채용 게임이기를 원하지만, 고용주는 고용 시장을 탈락 게임으로 간주합니다. 마지막 단계까지도요. 대기업이나 조직의 채용 탈락 게임은 이렇게 진행되죠. 채용 공고가 나가면 책상 위에 엄청난 양의 이력서가 쌓입니다. 그러면 고용 담당자는 가장 먼저 서류만으로 탈락시킬 이력서를 찾아냅니다. 평균적으로 채용 공고에는 수백 건의 지원서 또는 이력서가 접수됩니다. 하지만 고용주는 소수의 후보자만 면접하기를 원합니다. 이력서 더미 또는 받은 편지함에 가득 찬 이력서를 관리 가능한 숫자로 줄이는 것이 고용주가 가장 먼저 해야 할 일이니까요.

- 당신은 고용주가 주도적으로 당신을 찾기 원합니다. 만일 고용주 처지가 절박하다면 그렇게 합니다. 수학과 기술을 응용하는 지원자라면 더욱 그렇습니다! 일부 인사 부서에서는 적합한 인재를 찾기 위해 몇 시간이나 며칠 동안 인터넷을 뒤지기도 합니다. 그러나 일반적으로 당신이 주도적으로 고용주를 찾아야 합니다.

- 채용 심사를 할 때, 당신은 당신의 이력서에 요약된 탄탄한 과거 실적이 중요하게 평가되기를 원합니다. 하지만 고용주는 지원자의 모든 것을 평가합니다. 소셜 미디어 프로필을 포함하여 프레젠테이션과 면접과 기타 상호작용을 통해 평가합니다.

- 당신은 고용주가 이력서 수신을 확인하기 원합니다. 특히 웹사이트에 바로 게시했다면 확인 여부가 더 궁금합니다. 하지만 고용주들은 일반적으로 다른 일로 너무 바빠서 이력서 수신 확인으로 시간을 쓰는 경우가 별로 없습니다. 고용주는 대부분 법적인 이유나 기타 사항 때문에 그렇게 하지 않습니다. 이제 이 사실을 알았으니, 당신의 이력서 수신 확인이 안 되더라도 개인적인 문제로 받아들이지 마세요.

공석을 채우기 위한 고용주와 구직자의 선호 방식

Employer and job seeker preferences for filling open positions

○

●

⬡

⬢

일반적인 고용주가 공석을 채우는 데 선호하는 방식과

일반적인 구직자가 공석을 채우는 데 선호하는 방식

고용주의 선호 순위 1 / 구직자의 선호 순위 6

회사 안에서

- 정규직 직원을 승진, 시간제 근무자를 전일제로 바꿈

- 컨설턴트로 종종 드나들던 사람을 계약직이나 정규직으로

  채용

: 임시직을 정규직으로 채용하는 경우, 고용주의 생각은 '이미 본

적이 있는 사람을 고용하고 싶다'(리스크가 낮은 전략)

- 구직자를 위한 시사점: 선택한 조직에서 임시직, 계약직 또는 컨설턴트로 채용될 수 있는지, 나중에 정규직으로 채용될 수 있는지(또는 아예 채용하지 않을 수도 있는지) 알아보세요.

고용주의 선호 순위 2 / 구직자의 선호 순위 5

능력이 확인되는 구직자

- 필요한 기술 측면에서, 무엇을 할 수 있는지 증명할 수 있는 무명 구직자를 고용합니다.
- 구직자를 위한 시사점: 프로그래머라면 당신이 수행한 프로그램을 가져오세요. 사진작가라면 사진을, 상담사라면 사례 연구를 가져오는 식입니다.

고용주의 선호 순위 3 / 구직자의 선호 순위 4

절친 또는 비즈니스 동료를 활용

- 신뢰할 수 있는 친구가 본 적이 있는 사람을 고용하는 것(아마도

그 사람을 위해 일했을 것입니다)

- 구직자를 위한 시사점: 목표로 하는 회사의 채용 결정권자를 알고 있는 사람 중, 당신의 업무를 잘 아는 사람을 찾거나 소개받아보세요.

고용주의 선호 순위 4 / 구직자의 선호 순위 3

신뢰할 수 있는 에이전시 활용

- 이 회사는 고용주가 고용한 채용 담당자 또는 검색 회사이거나 고용주를 대신해서 사용자를 확인하는 개인 고용 대행 회사일 수 있습니다. 이런 곳을 '서치펌', '리크루터' 혹은 '헤드헌터'라고 합니다.

고용주의 선호 순위 5 / 구직자의 선호 순위 2

구인 광고를 게재

- 보통 인터넷 구인 게시판이나 웹사이트에 게시됩니다.

이력서 활용

- 이력서를 요청하지 않았더라도 고용주가 절박한 경우에 활용

됩니다.

■ 고용주와 구직자가 공석을 채우는 데 선호하는 방식

고용주가 공석을 채우는 데 선호하는 방법	구직자가 공석을 채우는 데 선호하는 방식	선호 순위
회사 안에서 - 정규직 직원을 승진, 시간제 근무자를 전일제로 바꿈 - 컨설턴트로 종종 드나들던 사람을 계약직이나 정규직으로 채용 : 임시직을 정규직으로 채용하는 경우, 고용주의 생각은 '이미 본 적이 있는 사람을 고용하고 싶다'(리스크가 낮은 전략) - 구직자를 위한 시사점: 선택한 조직에서 임시직, 계약직 또는 컨설턴트로 채용될 수 있는지, 나중에 정규직으로 채용될 수 있는지(또는 아예 채용하지 않을 수도 있는지) 알아보세요.		6
능력이 확인되는 구직자 - 필요한 기술 측면에서, 무엇을 할 수 있는지 증명할 수 있는 무명 구직자를 고용합니다. - 구직자를 위한 시사점: 프로그래머라면 당신이 수행한 프로그램을 가져오세요. 사진작가라면 사진을, 상담사라면 사례 연구를 가져오는 식입니다.		5

3	**절친 또는 비즈니스 동료를 활용** - 신뢰할 수 있는 친구가 본 적이 있는 사람을 고용하는 것(아마도 그 사람을 위해 일했을 것입니다) - 구직자를 위한 시사점: 목표로 하는 회사의 채용 결정권자를 알고 있는 사람 중, 당신의 업무를 잘 아는 사람을 찾거나 소개 받아보세요.	4
4	**신뢰할 수 있는 에이전시 활용** - 이 회사는 고용주가 고용한 채용 담당자 또는 검색 회사이거나 고용주를 대신해서 사용자를 확인하는 개인 고용 대행 회사일 수 있습니다. 이런 곳을 '서치펌', '리크루터' 혹은 '헤드헌터'라고 합니다.	3
5	**구인 광고를 게재** - 보통 인터넷 구인 게시판이나 웹사이트에 게시됩니다.	2
6	**이력서 활용** - 이력서를 요청하지 않았더라도 고용주가 절박한 경우에 활용됩니다.	1

이렇게 구직자와 고용주의 전략이 서로 다른 이유는 뭘까요? 바로 가치관 때문입니다. 구직 과정에서 구직자와 고용주는 완전히 다른 가치관을 갖고 있습니다.

고용주의 주요 가치와 관심사는 '리스크'입니다.
구직자의 주요 가치와 관심사는 '시간'입니다.

무슨 말이냐고요? 구직자들은 최소한의 시간에 최대한 많은 구직 시장의 문을 두드려 보는 전략을 원합니다. 따라서 구직자들은 시간을 가치 있게 생각합니다. 시간을 아끼기 위해 구직자들이 주로 선택하는 수단은 이력서입니다. 그들은 최선을 다해 이력서를 작성한 다음, 마우스 클릭 한 번으로 이력서를 널리 퍼뜨릴 수 있기를 원합니다.

반면에 고용주가 가장 중요하게 생각하는 가치는 리스크를 줄이는 것입니다. 고용주는 리스크가 가장 낮은 사람을 원합니다. 채용이 실패할 수 있는 위험을 피하려고 하죠. 고용을 잘못하면 회사에 막대한 비용을 초래할 수 있으니까요. 고용 실패의 비용은 금전적인 것만이 아닙니다. 잘못된 채용은 직원의 사기를 떨어뜨리고 팀워크와 생산성에 위협이 됩니다. 나아가 회사의 평판까지도 나쁘게 할 수 있습니다.

이 정보를 통해 고용주의 요구에 맞게 구직 기술을 조정해야 한다는 게 이해되었길 바랍니다. 이 책이 바로 그 일을 하는 데 도움이 될 것입니다.

구직에 얼마나 걸릴지 예측하기 어려운 상황

예전에 희망 연봉이 1만 달러 증가할 때마다 일자리를 찾는 데한 달이 걸린다는 공식이 있었습니다. 5만 달러를 받고 싶다면, 그런 일자리를 찾는데 5개월 정도 걸린다는 이야기죠. 물론 이 수치가정확하지는 않습니다. 하지만 구직에 걸리는 시간과 해당 직책의보상 사이에는 흥미로운 상관관계가 있습니다. 경기가 좋지 않을때도 최저 임금을 받을 수 있는 일자리는 많습니다. 빠르게 많이 찾을 수 있죠. 그러나 연봉이 높고 경쟁이 치열한 직장을 원할수록, 구직에 시간이 더 많이 걸립니다. 해당 직책에 필요한 기술이 희귀하고, 당신이 그 기술을 보유하고 있다면 이야기가 다를 것입니다.

구직자들은 무대 뒤에서 무슨 일이 벌어지고 있는지 전혀 알 수없습니다. 조직은 채용 프로세스에 영향을 받습니다. 채용 절차는고용주의 예상보다 오래 걸리는 경우가 종종 있습니다. 채용을 위한 자금이 철회되기도 합니다. 또는 내부 문제로 채용을 연기할 수도 있습니다. 휴가, 공휴일 등으로 면접 일정에 차질이 생길 수도 있죠. 결론은 구직 기간에 영향을 미치는 요인은 다양하며, 구직자는그중 대부분을 알 수 없습니다.

노동부의 최근 보고서에 따르면 구직자의 약 25%가 구직에 1~3 개월이 걸린 것으로 나타났습니다. 구직자의 15%는 3~6개월, 26% 는 구직 기간이 6개월 이상 걸렸다고 답했습니다.[7]

실업률을 볼 때, 당분간은 모든 사람이 직장에서 일하기를 원하지는 않는다는 걸 염두에 둬야 합니다. 일부 사람들은 고용 시장에 대해 낙담하거나(631,000명) 학교 또는 가족 책임, 건강, 코로나19 팬데믹, 교통 문제 등 다른 이유(1,225,000명)로 취업 시장 밖에 있을 수 있습니다.[8]

1년 이상의 장기 실업은 더 복잡한 상황입니다. 실업 상태가 1년 이상 지속되는 데는 다른 요인들이 작용하는 경우가 많습니다. 해고당하지 않고 스스로 직장을 그만둔 사람도 직장에 복귀하는 데는 일정한 시간이 걸립니다. 경력이 있어도 구직 스킬을 연마하지 않으면 실패할 수 있습니다. 때문에 당신의 구직 스킬이 경제 상황에 적합한지를 확인하는 것이 중요합니다. 1년 이상 구직 활동을 했음에도 성공하지 못했다면, 지금까지 한 게 무엇이든 효과가 없다는 건 확실하니까요. 이 경우에 속하는 구직자라면 이제부터는 진로 수정이 필요합니다.

당신은 아마 한 직장에서 오래 일하지 않을 것입니다

부모나 조부모 세대만 해도 한 직장에서 오랫동안 근무하는 경우가 많았습니다. 하지만 지난 수십 년 동안, 한 직장에 머무는 기간은 점점 줄어들고 있습니다. 18세에서 24세 사이에 취업한 직장인 중 69%는 1년이 채 되기 전에 직장에서 나갑니다. 근무 기간이 5년을 넘기지 못하는 사람은 무려 93%나 되죠. 단지 젊은 사람들만의 문제는 아닙니다. 근로자 기준 35세에서 44세 사이에 구한 일자리에서도 1년 미만 근로자는 36%, 5년 미만 근로자는 무려 75%에 달합니다.[9]

같은 직장에서 계속 근무할지 말지에 영향을 미치는 요인은 여러 가지가 있습니다. 개인적인 결정(부양 또는 돌봐야 할 가족: 이사를 원치 않는 자녀)부터 근무 분야(교사의 경우 임기: 노조 가입), 금전적 가치 및 기술의 선호도까지 다양한 이유가 있습니다. 혹은 승진하거나 더 나은 보수를 받기 위해 이직을 해야 할 경우도 있습니다. 본인이 이직을 선택할 경우, 현재의 직장에서 계속 근무할 때보다 훨씬 높은 급여를 받는 경우가 많습니다.

노동통계국은 2022년 1월 현재 노동 인구의 40% 이상이 밀레

니얼 세대로 구성돼 있으며, 이들이 직업 환경을 변화시키고 있다고 보고했습니다.[10] 이들은 대부분 더 나은 직장 문화를 추구하며 이것을 찾기 위해 기꺼이 움직이고 있습니다.

일반적으로 주당 35시간 이상 근무하면 정규직으로 봅니다. 그런데 정규직을 구하기가 점점 더 어려워지고 있습니다. 이런 현실은 풀타임으로 일하고 싶은 많은 근로자에게 실망감을 안겨주고 있죠.

그 결과 구직자들은 원하는 일자리를 다르게 생각하게 됐습니다. 근무 유연성을 높이기 위해 프로젝트 기간이나 조건에 따라 단기 일자리를 찾는 구직자들도 많아졌죠. 단기 프로젝트나 특정 업무를 위해 근로자를 고용하는 고용주가 늘어나면서, 임시직 또는 시간제 일자리 역시 계속 증가하고 있습니다. 독립 계약자, 컨설턴트, 프리랜서, 계약직 근로자처럼 단기 일자리만을 원하는 사람들도 고용 시장의 전체 통계에 포함됩니다.

이런 추세는 2002년 다니엘 핑크가 그의 저서 『프리에이전트의 시대Free Agent Nation』에서 처음 언급했습니다. 2022년 중반, 미국의 파트타임 근로자는 총 26,630,000명에 달했습니다.[11] 프리랜서 근로자의 수와 비율은 해마다 증가할 것으로 예상됩니다. 물론 프리랜서 업무와 재택근무는 코로나19로 인해 불가피하게 증가할 수밖에 없었죠. 하지만 그 과정에서 고용주와 근로자는 원격 근무의 장점을 발견했습니다. 따라서 이런 현상은 계속될 것으로 보입니다.

임시직 채용이 증가하는 주된 이유는 뭘까요? 짐작하다시피 비용을 절감하려는 고용주들의 욕구 때문입니다. 글로벌 경제와 온라인 경쟁에 직면해 전 세계의 고용주들은 필요할 때만 고용하고 더 이상 필요하지 않으면 파트타임 및 계약직 직원을 바로 해고하는 전략을 좋아하게 되었습니다.[12] 예산이 절약되니까요. 말할 필요도 없이 파트타임 직원에게는 수당을 지급하거나 유급 휴가를 줄 의무가 없습니다.

실제로 미국 근로자의 약 35%가 긱 경제Gig Economy에 종사하고 있습니다. 그리고 이 수치는 2027년이 되면 50%로 증가할 것으로 예상됩니다.[13] 긱 경제란 기업들이 정규직보다는 필요에 따라 계약직이나 임시직 노동자를 고용하는 경향이 커지는 경제 상황을 일컫는 말입니다. 특히 IT 업계에서는 한 사람을 영구적으로 고용하기보다는 프로젝트를 완료하는 동안만 고용하는 경우가 점점 더 많아지고 있습니다. 예전에는 장기적으로 인력을 고용했던 산업에서도 마찬가지입니다. 상황이 나빠지면 바로 인력을 줄일 준비가 되어 있는 경우가 훨씬 많아졌습니다. 구직 당시 몇 년 동안 고용될 거라는 약속을 믿었지만, 상황이 바뀌면 갑자기 거리로 나가 다시 구직 활동을 시작할 수도 있습니다.

멈추지 않는 구직 활동

한 직장에 예전처럼 오래 다닐 수 없다는 점은 당신이 생각보다 빨리 일자리를 다시 찾게 될지도 모른다는 뜻입니다. 얼마나 자주 그런 일이 생길까요? 미국 노동부에서 2021년 8월 31일에 발표한 연구에 따르면 다음과 같습니다.

1957년에서 1964년 사이에 태어난 미국인은 18세에서 54세 사이에 평균 12.4개의 직업을 가졌습니다. 코로나19 팬데믹으로 인해 많은 해고와 사업장 폐쇄가 있었죠. 따라서 구직의 필요성과 적합한 인재를 찾으려는 욕구가 모두 증가하고 있는 것으로 보입니다. 구직은 더 이상 선택이 아닙니다. 생존 기술입니다. 인생에서 반드시 숙달해야 하는 것 하나가 바로 새로운 일자리를 찾는 일입니다.

온라인 구직이 점점 더 많아지고 있습니다

요즘의 온라인 구직은 이력서를 업로드하거나 구인 게시판의 이메일 알림을 구독하는 것에만 그치지 않습니다. 창의적인 구직자들은 페이스북Facebook, 트위터Twitter, 인스타그램Instagram, 핀터레스트Pinterest, 왓츠앱Whats App, 유튜브YouTube 등으로 온라인 툴킷toolkit(새로운 소프트웨어를 개발할 때 사용하기 위해 모아 놓은 도구 모음 프로그램)을 확장했습니다. 그리고 창의적인 고용주 역시 소셜 미디어에 직접 채용 공고를 게시해서 폭 넓게 지원자를 찾고 있죠. 일부 고용주는 전체 직무 설명과 연락처 정보에 대한 공지와 링크를 올리기도 합니다. 해당 직무에 지원하지 않더라도 채용 공고 목록은 도움이 될 수 있습니다. 관심 있는 분야와 직책에 대해 자세히 알아보고, 나중에 지원하고자 할 때 강조할 키워드와 기술을 파악할 수 있으니까요.

노트북이나 데스크톱 컴퓨터에 계속 접속할 수 없을 경우, 스마트폰이나 스마트 워치도 도움이 됩니다. 고용주가 전화나 이메일 대신 문자로 첫 연락을 하는 경우가 점점 더 많아지고 있거든요. 이럴 때는 신속한 대응이 필요한데, 문자와 메신저를 실시간으로 알려주는 스마트 워치가 있으면 도움이 될 것입니다.

공공 도서관도 좋은 선택입니다. 집에 컴퓨터가 없거나 컴퓨터 기술을 익히고 배워야 하는 사람들에게 공공 도서관은 훌륭한 자료실이 됩니다. 거의 모든 도서관에는 무료로 사용할 수 있는 컴퓨터가 있고, 많은 도서관에서 기본적인 컴퓨터 관련 소프트웨어 수업을 제공하니까요.

나이가 많은 구직자는 다른 사람의 도움을 받는 것도 생각해 보세요. 구직 활동을 시작했다면 컴퓨터에 능숙한 가족이나 친구에게 자료 찾는 걸 도와달라고 요청하는 거죠. 많은 고용주가 최소한 MS Office 및 업계별 프로그램에 대한 기본적인 지식이 있는 지원자를 원하기 때문에, 컴퓨터 활용 능력을 키우는 것은 이력서 작성에 도움이 될 수 있습니다.

최근 포브즈Forbes 기사에 따르면 창의적인 직업을 위한 'CS Suite'나 법률 업무를 위한 'Legal-Tech'와 같은 버티컬 프로그램이 팬데믹 기간에 인기를 끌었다고 합니다. 버티컬 프로그램은 특정한 관심사를 가진 고객층을 공략하는 서비스 플랫폼으로, 여전히 인기가 식을 기미를 보이지 않는다고 합니다.[14] 적절한 소프트웨어에 대해 기본적인 것들만 이해하고 있어도, 그 이력서는 채용 관리자의 관심을 끌 수 있습니다.

검색 사이트가 구직 활동에만 요긴한 것은 아닙니다. 구글

Google 문서 도구, 캘린더 업데이트 또는 무료 프로젝트 관리 사이트(Trello, Monday.com, Basecamp Personal)와 앱을 활용하면 검색을 단계별, 일별로 관리할 수 있습니다. 관심 있는 산업, 취업하고 싶은 직종 또는 이사하고 싶은 지역에 대해 생각해 보세요.

구인 게시판을 찾아볼 때는 주의해야 할 일이 있습니다. 바로 사기꾼들이 올린 게시물을 걸러내는 거죠. 다 그런 건 아니지만 구직자들의 간절한 마음을 노리는 거짓 채용 공고가 있습니다. 허위 진술, 거짓말, 노골적인 사기로 가득 찬 것들이죠. 누구나 광고를 올릴 수 있는 일반 웹사이트에 올라와 있는 구인 광고는 특히 조심하세요. 이런 사이트에는 합법적인 일자리가 대부분이지만, 가끔 사기꾼들이 먹잇감을 찾기 위해 구인 광고를 올리기도 하거든요.

수표나 현금을 입금하라고 요구하거나, 다른 사람에게 송금하라고 하거나, 기타 비정상적인 금전 거래를 요구하는 일자리에는 지원하지 마세요. 교육비나 신원 조회를 위한 비용을 요구하면 의심부터 해야 합니다. 합법적인 일자리인지 100% 확신할 때까지 주소, 주민등록번호 및 기타 개인 정보를 요구하는 온라인 지원서는 절대 작성하지 마세요.

구인 게시판을 찾아보는 것은 관심 있는 분야에 어떤 일자리가 있는지 알아보기 위한 시작에 불과합니다. 구직 활동을 할 때는 대부분 컴퓨터를 활용하지만 취업하려면 여전히 사람을 만나야 합니다. 어떤 고용주가 만나보지도 않은 구직자를 채용하겠습니까. 따라서 커뮤니케이션 기술도 계발하고 익혀야 합니다. 이 과정을 소홀히 하면 서류에서 통과하더라도 마지막 단계를 넘지 못할 수도 있으니까요.

성공적인 구직을 위해 필요한 것들

어떻게 하면 취업에 성공할 수 있는지에 관한 연구는 많습니다. 어떤 연구에서는 성공적인 구직을 위해 목표 설정, 실행력, 자신감 개발, 자기 표현력 향상 등이 필요하다고 합니다. 일부 연구에서는 자기 연민도 취업이라는 관문을 통과하는 데 중요한 요소라고 합니다. 구직에 실패하면 자신이 완벽하지 않아서 떨어졌다고 자책하기 쉽습니다. 합격한 사람과 자신을 비교하며 부족한 점을 찾아내고 좌절합니다. 하지만 명심하세요. 구직 실패는 구직자 대부분이 겪는 과정입니다. 이 과정에서 나를 잘 돌봐야 다시 일어나 성공할 수 있습니다. 결과에 상관없이, 구직을 위해 노력했던 나에게 보상을 주세요. 먹고 싶은 것을 먹고 휴식을 취하세요. 당신 마음속에 있는

냉정한 비평가를 무시하세요. 그리고 노력했던 나를 칭찬하고, 자아비판 대신 오늘 해야 할 일에 집중하세요.

업무의 세계는 끊임없이 변화하고 있습니다. 당신도 구직 활동의 변화를 따라잡아야 성공합니다. 오늘날에는 그 직무를 가장 잘 수행할 사람이 채용되는 것이 아니라, 채용 방법에 대해 가장 많이 알고 있는 사람이 채용됩니다. 따라서 당신은 새롭게 변한 세상에서 살아남기 위해 새로운 기술을 배워야 합니다.

먼저 나를 더 잘 아는 것부터 시작해야 합니다. 상상해 보세요. 황야에서 하이킹을 하고 있는데 갑자기 불어난 시냇물이 강하게 소용돌이치면서 주변으로 밀려온다면, 거친 물살에 휩쓸려 빠져나오기 힘들겠죠. 어떻게 해야 할까요? 물살에 휩쓸리기 전에 가장 먼저 발을 딛고 설 수 있는 단단한 무언가를 찾아야겠죠? 몸을 지탱해 줄 것이 필요하니까요.

취업의 물살도 마찬가지입니다. 내 주위에 휘몰아치는 변화의 소용돌이 속에서, 내가 버틸만한 무언가를 가지고 있어야 합니다. 나에 관해 연구해서 내 능력에 대한 진단 목록을 작성하면 '내가 버티고 설 수 있는 단단한 무언가'가 있는 셈입니다. 좋은 자기 소개 양식은 이 책의 5장과 6장에서 찾아볼 수 있습니다. 내가 누구인지, 무엇을 좋아하고 무엇을 가장 잘하는지, 무엇이 두뇌를 자극하는지, 무엇이 최고의 업무를 수행할 수 있게 해주는지를, 한눈에 볼 수 있게 정리할 테니까요. 이것은 새롭게 구성된 직장의 문을 열기 위해 그 어느 때보다 중요합니다. 구직 과정에서 이 단계를 무시하지 마세요.

이제 당신은 스스로에게 물어봐야 합니다. 점점 더 많은 일자리가 사람과 기술의 파트너십으로 바뀌고 있는 이 세상에, 어떻게 적응할 수 있을까?

일부 사람들에게는 지금이 흥미진진한 시기일 겁니다. 근무 형태가 다양해졌으니까요. 재택근무가 너무 즐거워서 다시는 날마다 출근하던 시절로 돌아가고 싶지 않을 수도 있습니다. 아니면 기술을 좋아해서 최신 혁신을 기다리기 힘들 수도 있죠. 가능하면 당신도 인공지능에 대한 태도를 바꿔야 합니다. 로봇을 포함한 기술 발전은 일자리를 빼앗는 적이 아니라 특정 작업을 도와주는 친구로 생각하는 편이 유리합니다.

이 책이 끝날 때쯤이면 당신에게 가장 잘 맞는 직장과 그곳에 취업할 방법을 잘 파악할 것입니다. 가장 효율적이고 효과적인 방법을요. 만약 당신이 새롭고 발전된 구직 기술을 배운다면 당신은 생존할 수 있을 뿐만 아니라 번창할 것입니다.

당신의 잠재력을

제대로 활용할 수 있는 사람은

당신 자신밖에 없다.

– 지그 지글러

You are the only person in existence

who can use your potential.

– Zig Ziglar

2장
구직 활동 시,
회복력을 유지하는
10가지 방법

Ten ways to stay resilient during
your job search

아무리 좋은 상황에서도 구직 활동은 힘든 일입니다. 상황이 어려워지면 모든 게 더 힘들게 느껴지죠. 2021년 퓨 리서치Pew Research 연구에 따르면 실직한 성인은 약 70%가 불안과 우울증으로 평소보다 스트레스가 더 많아졌다고 응답했습니다. 실직으로 인한 우울감도 증가한 것으로 나타났죠. 약 53%는 실직 후 정체성을 잃은 것처럼 느꼈다고 했고, 41%는 이전보다 친구나 가족과 갈등하거나 다투는 일이 잦아졌다고 답했습니다. [15]

저도 경험을 통해 이 사실을 잘 알고 있습니다. 인생에서 두 번이나 해고를 당한 적이 있거든요. 해고라는 끔찍한 소식을 접할 때마다 기분이 어땠는지 생생하게 기억납니다. 끔찍한 열차 사고에서 막 빠져나온 것처럼 멍한 상태로 건물 밖으로 걸어 나왔거든요. 하늘에는 구름 한 점 없이 해가 밝게 빛나고 있었고, 점심시간이었기 때문에 거리에는 세상 걱정 없이 웃고 있는 행복한 사람들로 가득했습니다.

세상이 무너졌다고 생각했습니다. 적어도 제 세상은요. 어떻게 이 모든 사람들이 아무 일도 없었다는 듯이 행동할 수 있을까요?

그리고 저는 그 감정을 기억합니다. 압도적인 감정은 그 후 몇 주 동안 더욱 심해졌습니다. 슬픈 기분, 절망감, '항상 이럴 것 같은' 느낌, 우울한 기분 등 내 상태를 묘사하기 힘들 정도로 저는 몹시 불행했습니다. 실직은 제 영혼을 뿌리째 흔들었습니다. 제 감정을 어떻게 해야 할지 알 수 없었죠.

나중에야 제 경험이 조금도 이상하지 않았다는 걸 알게 되었습니다. 많은 사람이 오랫동안 일을 하지 못할 때 지치고 우울한 기분이 됩니다. 해피엔딩을 원한다면 이런 우울한 감정을 없애야 합니다. 다행히도 이런 감정을 해결할 방법이 있습니다.

구직 활동 시, 회복력을 유지하는 10가지 방법

얼마 전에 이런 문장이 쓰여 있는 범퍼 스티커를 봤습니다. "당신이 생각하는 모든 것을 믿지 마세요." 생각이 언제나 나에게 유리한 것만 떠올려 주는 게 아니란 사실을 일깨워주는 멋진 문구였죠. 사람은 자신이 생각하는 걸 완전히 믿는 경향이 있습니다. 물론 믿어도 될 때가 많죠. 하지만 항상 그런 것은 절대 아닙니다. 우리 머릿속에는 지나친 동조자가 살거든요. 줏대가 없죠.

생각은 모든 실수나 완벽하지 못했던 때를 지나치게 의식하고, 앞으로도 완벽하지 못할 거라고 믿곤 합니다. 하지만 우리가 생각하는 게 그대로 사실이 되지는 않습니다. 따라서 자신에게 불리한 생각을 하고 있다면, 단지 생각일 뿐이라고 자신에게 말하세요. 생각은 바꿀 수 있으니까요. 불리한 생각 대신 더 긍정적인 생각에 집중하는 게 유리합니다.

자신의 사고방식에 대해 더 많이 알수록, 나를 방해하는 부정적인 생각을 밀어낼 수 있습니다. 긍정적인 방향으로 생각을 바꿀 수 있죠. 심리학자들이 말하는 회복 탄력성이 좋아지는 것입니다. 운동을 통해 근력을 키우는 것처럼, 낙담하는 상황과 삶의 고비마다 대처 능력을 키우는 것입니다.

해고된 기술 에디터의 실제 사례를 들어보겠습니다. 그는 아내와 이혼했고 어머니는 암 투병 중이었습니다. 그것도 모자라 치료사마저 조기 퇴직을 해버렸죠. 그는 프로그래밍 쪽으로 직업을 바꾸려고 코딩 부트캠프coding bootcamp에 등록했습니다. 지원서를 백 개가 넘게 제출했고, 합격할 것 같은 면접도 봤죠. 하지만 일자리를 구하지 못했고 돈도 벌지 못했습니다.

마침내 그는 이 책에서 조언한 대로 도움의 손길을 내밀어 줄 사람을 찾았습니다. 코딩 스쿨의 직업 센터에서 기술 산업에 종사하는 몇몇 친구들에게 도와달라고 했죠. 그는 면접을 볼 때 고용주가 지원자들에게 무엇을 원하는지 더 많이 배우고 깨닫게 됐다고 했습니다.

도움을 요청하는 것에 대해 거부감을 느끼지 마세요. 도와 달라고 요청하면 새로운 분야에서 일할 수 있는 통찰력과 인맥을 더 얻게 됩니다.

사고방식을 바꾸면 판도를 바꿀 수 있습니다. 다음은 이를 위한 10가지 방법입니다. 이 방법은 첫 번째부터 열 번째까지 순서를 지켜서 진행해야 하는 과정이 아닙니다. 그러니 시도해 볼 수 있는 것부터 접근해 보기 바랍니다. 지금 당장 적합해 보이는 방법을 시도하고, 목록을 자주 다시 살펴보세요.

1. 충분하게 자면서 몸과 마음을 돌보세요

잠을 충분히 자세요. 밤에 잠을 충분히 자지 못하면 낮잠으로라도 수면을 보충하세요. 잠이 부족하거나 몸이 힘들면 우울해지기 쉽습니다. 잠이 부족하면 세상이 밝거나 행복해 보이지 않습니다. 우울한 기분이 들 때도 마찬가지입니다.

피곤한 상태와 우울한 상태는 구별이 어렵습니다. 수년 동안 자신의 상황 때문에 우울하다고 생각했는데, 알고 보니 너무 피곤해서 우울했다는 걸 알게 된 구직자들도 많습니다. 피곤함과 우울함, 두 가지 상태에 빠져있는 구직자가 많습니다. 어쨌든 잠을 조금 더 자세요. 밤에 자든 낮잠을 자든, 잠을 자는 것만으로 더 행복하고 낙천적인 사람으로 변하는 경우가 많습니다.

2. 건강과 체력을 유지하세요

구직자들은 마음이 조급한 나머지, 구직 활동을 하지 않으면 운동이나 식사 시간에도 인색합니다. 하지만 매일 정크푸드를 먹으며 몇 시간씩 컴퓨터 앞에 앉아 있으면, 건강은 물론 인생관에도 나쁜 영향을 미칩니다. 실업자와 구직자는 스트레스와 불안, 우울증 같은 정서적, 정신적 건강 문제를 많이 겪습니다.

우울감과 스트레스로 힘들 때, 잠깐이라도 야외에서 휴식을 취하세요. 야외에서 휴식을 취하면 기분이 좋아집니다. 맑은 공기와 햇빛은 몸과 마음의 건강에도 도움이 되죠. 건강을 유지하기 위해 투자하는 것 역시 취업과 마찬가지로 중요합니다. 필요하다고 생각되면 망설이지 말고 의사의 진찰을 받으세요. 좋은 음식을 먹고 물을 충분히 마시고, 식단에서 설탕을 줄이거나 없애는 것도 고려해 보세요.

3. 당신 자신에게 친절하게 대하세요

수년 동안 진행된 구직 관련 연구에서 자존감과 자신감을 성공적인 구직의 필수적인 핵심 요소로 꼽아왔습니다. 하지만 최근 들어 '자기 연민의 중요성'이 주목을 받고 있습니다. 직장을 잃고 구직에도 실패했다면 자신에게 어떤 말을 하게 될까요? 아마도 친구에게는 절대 하지 않을 말을 나에게 할 것입니다. 자신을 친구를 대하듯 배려하세요. 낙담한 친구에게 하는 것처럼 연민과 위로를 보내세요. 자기 연민에는 자신의 안전, 건강, 행복, 마음의 평화에 초점을 맞춘 몇 가지 핵심 문구를 스스로에게 되뇌는 게 포함됩니다.

예를 들어 마음이 불안해질 때 자신을 꾸짖거나 불안감과 싸우는 대신, 크리스 거머 박사의 제안(chrisgermer.com/meditations)을 시도해 보세요. 자신에게 "그냥 두려운 거야."라고 말하세요. "별일 아니야."라고 하면서 어깨도 한번 으쓱해 보고요. 불안이란 바로 두려움이기 때문입니다. 누구나 때로는 두려움을 느끼며, 구직 활동이 무서울 수 있습니다. 그러니 스스로를 달래고 감정을 정상화해서, 판단하지 말고 그냥 느낄 수 있게 하세요. 이렇게 하면 자신만의 지원 시스템이 될 수 있습니다. 내가 나의 경호원이 되는 거죠. 강력한 지원 시스템을 만드는 것도 자기 연민을 표현하는 또 다른 방법입니다.

자신에게 친절하게 대하세요. 자신에게 친절을 베푸는 재미있는 방법은 홀쩍 미니 모험을 떠나는 것입니다. 공원처럼 가깝고 저렴한 장소를 찾아보세요. 우리 주변에는 한 번도 가보지 않았지만, 관광객이 찾는 곳이 종종 있습니다. 저는 뉴욕에서 오랫동안 살았

지만 엠파이어 스테이트 빌딩에 한 번도 가본 적이 없었어요. 샌프
란시스코에 수년 동안 살면서도 동물원에 한 번도 가보지 않았답니
다. 무슨 말인지 아시겠죠. 만약 제가 이 두 도시에 살면서 오랫동안
실직 상태라면, 가보지 못한 곳에 가려고 당장 출발할 것입니다.

이런 모험을 함께하거나 가장 필요할 때 기분을 북돋워 줄 든든
한 친구를 찾아보세요. 그래야 과거에 잃어버린 많은 것들에 대한
집착을 버리고 미래를 향해 시선을 돌릴 수 있습니다. 뒤돌아보지
말고 앞을 보세요. 정복해야 할 새로운 세계가 기다리고 있답니다.

4. 자신의 행동이 중요하다고 믿으세요

당신의 하는 일이 차이를 만듭니다. 포기한 사람들 대부분은 단
순히 자신이 할 수 없다고 생각합니다. 그들은 무력감을 느끼고 자
신의 미래에 대한 희망을 잃어버립니다. 게다가 직장의 변화에 압
도당하는 느낌은 무력감을 증가시키기도 합니다.

'학습된 무력감'에 관한 전문가인 마틴 셀리그만Martin Seligman
박사의 연구를 알려드리겠습니다. 그는 사람과 동물이 특정 상황에
서(특히 상황이나 결과를 자신이 통제할 수 없다고 느낄 때), 어떻게 무력감을 느끼는지
연구했습니다. 수년 동안 '학습된 무력감'을 연구하던 그는 갑자기

연구 방향을 '학습된 낙관주의'로 돌렸죠. 무력감을 학습하는 것과 같은 방식으로 낙관적인 태도를 배우는 방법에 관해 연구하기 시작한 것입니다. 그의 저서 '학습된 낙관주의'는 다르게 생각하는 방법을 알려줍니다.

무력감은 바꿀 수 없는 것이 아닙니다. 바꿀 수 있는 마음의 상태입니다. 변화는 삶을 바꾸는 힘이 자신으로부터 나온다는 사실을 아는 것에서 시작됩니다. 당신의 삶이기 때문입니다. 내 앞에 닥친 어려움이 무엇인지 아는 것부터 시작해서, 이 어려움을 극복하기 위한 행동을 하세요. 당신이 무엇을 선택하느냐가 중요하며, 그 선택과 행동을 믿어야 합니다. 그것은 삶을 변화시킬 수 있습니다. '내 행동이 중요하다면 어떤 행동을 취해야 하는가?'라고 자신에게 묻는 것만으로 새로운 길을 시작할 수 있습니다.

5. 새로운 시각을 통해 새로운 관점을 얻으세요

집중할 대상을 선택해서 현실에 대한 인식을 긍정적으로 바꾸세요. 이것은 희망적인 생각이나 매력의 힘으로 하는 게 아닙니다. 새로운 직업을 생각하면 마술처럼 긍정적으로 바뀌는 게 아니라, 노력과 성공할 수 있다는 믿음을 결합하는 것입니다. 인식을 바꾸기 좋은 도구 하나는 감사하는 질문으로 구성된 사고 체계입니다.[16] '행동의 새로운 가능성을 창출하는 새로운 아이디어, 이야기, 이미지를 자극'하기 위해 처음 개발된 방법이죠.

먼저 어렵고 힘든 현실을 부정하는 것이 아니라, 삶의 어떤 측면에 집중할지를 선택합니다. 그리고 이 선택으로 당신의 현실을 창조하는 것입니다. 사람은 무엇에 집중할지 마음대로 선택할 수 있습니다. 그러니 긍정적인 쪽을 선택하세요. 마지막으로 더 나은 답을 얻기 위해 스스로에게 더 나은 질문을 하는 것입니다. '구직 활동이 왜 이렇게 힘들까?' 또는 '왜 나는 더 많은 능력을 갖고 있지 않을까?'가 아니라 '지금 내 삶에서 더 많이 보고 싶은 것은 무엇일까?', '구직 활동을 진전시키기 위해 오늘 무엇에 집중해야 할까?'라고 자문해 보세요.

과거에 어떤 직장에서 성공했나요? 현재 직업이 있거나 과거에 직업을 가진 적이 있다면, 그 직업을 가지려고 뭔가 제대로 해냈을 것입니다. 또 어떤 목표를 세우고 달성한 적이 있나요? 다소 엉뚱하게 들릴 수도 있지만, 당신이 해낸 것들을 떠올리는 것이 중요합니다. 이상하게도 사람들은 성취한 것들은 잊어버려요. 그리고 성취하지 못한 것에만 집중하곤 합니다.

구직 활동에 대해 불안감을 느끼나요? 면접을 볼 때나 구직 네트워크에 연결할 때, 합격 불합격을 확인할 때 마음이 불안한가요? 이런 불안을 에너지로 재구성하면 어떨까요? 가만히 생각해 보세요. 불안할 때 더 활기찬 기분이 들지 않나요? 적당한 긴장은 삶을 활기차게 해주거든요. 불안해하고 걱정하는 대신 취업 활동에 얼마나 많은 에너지가 필요한지에 집중해 보세요. 에너지는 당신을 고용할지도 모를 잠재적 고용주에게 전달할 수 있는 좋은 요소입니다.

당신의 성향을 판단해 보세요. 잘 안 된 일에만 집중하는 경향이 있다면 감사 목록을 작성해 보세요. 오늘 감사한 일 두세 가지를 적고, 내일도 그다음 날도 다시 적어 보세요. 하루 동안 감사할 만한 일이 얼마나 많은지 알아차릴 수 있을 겁니다. 이 목록을 작성할 때 너무 많은 규칙을 만들지 마세요. 감사 목록 작성은 관점을 새롭게 바꾸는 데 큰 효과가 있습니다. 하지만 감사 목록을 날마다 적게 강요해서 번거로운 일로 만들면, 그 효과가 사라진다고 합니다. 일주일 정도 목록을 작성하다가 목록 작성이 스트레스가 되거나 짜증이 나면 중단하세요. 원할 때만 목록 작성을 하세요.

나 대신 다른 사람에게 집중하세요. 실직 기간이나 구직 기간이 점점 길어지면서 시간이 남기 시작하면, 부정적인 생각이 들기 쉽습니다. 그러면 당신보다 더 어려운 사람들을 위해 자원봉사를 하러 가세요. 푸드 뱅크, 병원, 주택 지원 같은 곳을 말하는 것입니다. 어

떻게 찾아봐야 할지 모른다면 검색해 보세요. 구글Google에서 마을
이나 도시 이름, 도움을 주고 싶은 문제를 입력하고 검색하면, 자원
봉사자를 필요로 하는 곳을 찾을 수 있을 겁니다. 실직 상태에서 도
움이 필요한 사람을 돕다 보면 사회에서 버림받았다는 느낌은 멀리
사라질 것입니다.

6. 마음을 내려놓고 새로운 미래를 상상하세요

긍정적인 미래를 상상하면 그 미래를 현실로 만들 가능성이 더
커집니다. 이미지는 행동에 영감을 줍니다. 미래를 그려보는 시간
은 낭비가 아닙니다. 시간을 내서 명상하고, 이상적인 미래를 생각
해 보세요. 경력을 발전시키고, 새로운 진로를 찾고, 자신에 대해 새
로운 것을 알아보는 것에 집중하세요. 비전을 더 명확히 하려면 목
록을 만들어 보세요. 다음 중에서 몇 가지를 작성해 보세요.

줄리아 카메론Julia Cameron은 그녀의 책에서 자신이 좋아하는
25가지 목록을 만들라고 추천합니다. 그리고 그 목록을 인생에 관
한 결정을 내릴 때 참고하는 거죠.

미래가 암울함과 파멸로 가득 차 있을 거라고 생각됩니까? 그렇
다면 이 점을 명심하세요. 당신은 점성술사가 아닙니다. 구직과 같

은 복잡한 상황에서는 미래를 예측하기 어렵습니다. 어느 날 갑자기 당신을 다음 직장으로 데려다 줄 사람을 만날 수도 있으니까요. 그러니 긍정적인 가능성, 즉 앞으로 일어날 수 있는 일에 집중하세요. 그리고 그 긍정적인 꿈을 현실로 만들기 위해 최선을 다해 일하고 노력하세요.

비전 보드를 만들거나 원하는 성공에 대한 사진을 붙여 보세요 (자세한 내용은 6장의 이상적인 업무 환경 시각화 부분을 참조하세요). 잡지나 인터넷에서 달성하고 싶은 목표를 시각적으로 표현한 사진을 스크랩하세요. 자신에게 힘을 주는 단어나 명언도 찾아보고요. 비전 보드를 만든다고 해서 마술처럼 일이 술술 풀리지는 않습니다. 하지만 비전 보드를 매일 보면, 자신에게 의미 있고 중요한 것이 무엇인지를 상기하는 데 도움이 될 것입니다. 그러면 목표에 더 가까워지기 위해 그날 어떤 행동을 해야 하는지 결정할 수 있습니다.

7. 목표 설정의 힘을 활용하세요

긍정적인 현실과 미래에 집중하는 하나의 방법은 의미 있는 목표를 설정하는 것입니다. 현재 상황을 좋아지게 할 수 있는 것을 작은 것부터 생각해 보세요. 비교적 달성하기 쉬운 목표를 설정할 수 있나요? 그 목표들을 적어 두고 달성할 때마다 지워 나가세요. 할 일 목록에서 항목을 하나씩 지워 나갈 때의 만족감만큼 좋은 기분은 없죠?

저는 제 목록을 작성하기 전에 방금 완료한 작업을 적어 두고 그 과정에서 약간의 여유를 갖는 것을 좋아합니다. 방금 완료한 작업은 바로 지울 수 있습니다. 그날의 목표 중에서 이미 무언가를 해냈다는 사실만으로도, 아직 완료하지 못한 다른 작업을 볼 때 힘이 솟습니다. 구직에 대한 목표를 설정하고 있다면 '『비상이동 매뉴얼』 구입하기'라는 목록을 작성해 보세요. 이미 구매했으니 지워도 됩니다. 『비상이동 매뉴얼』 읽기 시작'이라는 다른 목표를 세울 수도 있습니다. 어떻게 해야 할까요? 그것도 지워 버리세요. 이미 읽고 있으니까요. 벌써 기분이 좋아지지 않나요? 우스꽝스럽게 들릴지 모르지만, 연구 결과에 근거를 둔 방법이니 한번 시도해 보세요.

한 가지 목표를 설정하면 이 책 6장의 꽃 연습Flower Exercise을 완료할 수 있습니다. 이 연습만으로도 힘을 얻고 더 집중할 수 있으며, 당신이 하는 일에서 의미를 찾는 데 도움이 될 것입니다. 일곱 번째 꽃잎까지 단계를 완료하면 꿈의 직업에 한 걸음 더 가까워지고 자기 인식과 자신감이 높아집니다.

한 번에 전체 작업이 아닌 탐색 단위에만 집중하세요. 이 책을 장으로 나눈 이유가 바로 여기에 있습니다. 한 번에 모든 것을 읽고 해낼 필요는 없습니다. 한 번에 한 장씩 하면 되고, 심지어 한 번에 한 가지 연습 문제씩 더 작은 목표를 설정할 수 있습니다. 할 일 목록을 합리적으로 만드세요. 일부 전문가들은 '하지 말아야 할' 목록, 즉 곧 하고 싶지만 지금 당장 하기에는 적절하지 않은 항목들을 제안하기도 합니다. 이렇게 하면 목록을 볼 때 압도되는 느낌을 줄이는 데 도움이 됩니다. 당장 해야 할 일보다는 오늘 할 수 있는 한두 가지 또는 세 가지 일에 집중하세요.

8. 미루지 마세요

해야 할 일을 미루는 자신을 발견했다면 저항이라는 적절한 단어를 알아두세요. 저항은 미루는 행동의 핵심입니다. 일자리를 원한다면 그 일자리를 얻기 위한 모든 일을 해야 합니다. 문제는 더 중요한 일일수록 저항할 가능성이 더 높다는 것입니다. 그것이 완벽하기를 원하기 때문입니다. 당신은 실패할까 봐 두려워합니다. 거절을 두려워합니다. 그래서 당신은 저항합니다.

작가는 누구보다도 저항을 잘 압니다. 저항의 챔피언이라고 할 수 있죠. 텅 빈 노트, 한 줄도 쓰지 못한 컴퓨터 화면보다 무서운 것은 없거든요.

예를 들어, 전직 해병대원이자 베스트셀러 작가인 스티븐 프레스필드Steven Pressfield는 『행동하라Do the Work』에서 작가인 자신의 인생을 내내 괴롭혔던 저항과의 싸움을 그려 내고 있습니다. 그는 인간의 타고난 침묵을 극복하고 성공적인 사고방식을 발휘하는 방법으로 '프로로 거듭나기'라는 제안을 합니다. 그는 프로와 아마추어를 비교합니다. 프로는 자신과 자신의 임무를 진지하게 받아들입니다. 아마추어는 그렇지 않습니다. 프로는 어떻게든 필요한 작업을 해냅니다. 하지만 아마추어는 그렇게 못합니다.

어떻게 하면 구직 활동에서 '프로'가 될 수 있을까요? 어떻게 하면 구직 과정에서 최고의 실력을 보여줄 수 있을까요? 어떻게 하면 구직 활동을 진지하게 생각할까요? 다행히 이 책의 모든 장이 도움이 될 것입니다. 구직의 길에서 벗어나게 하는 요인을 메모하고 적어 두세요. 무엇이 당신의 진로를 방해합니까? 앞길을 가로막는 방해 요소를 줄이기 위해 무엇을 할 수 있을까요?

9. 사고의 지평을 넓히고 새로운 것을 배워보세요

평소 관심은 있었지만, 탐구할 시간이 부족했던 주제에 대해 읽어 보세요. 지역 공공 도서관을 방문해 책, CD, DVD, 온라인 자료를 찾아보세요. 도서관 카드가 없으면 새 책을 구매하세요. 하지만 도서관 회원가입을 추천합니다. 도서관이 기존의 책 외에도 얼마나 다양하고 풍부한 리소스를 제공하는지 알면 놀랄 것입니다.

어떤 주제가 떠오르지 않는다면 자기계발과 인간의 마음에 대해 찾아보세요. 당신의 마음은 다음에 무엇을 해야 할지 열심히 고민하고 있습니다. 이것에 대해 더 많이 이해할수록 더 잘 치유할 수 있습니다.

마틴 셀리그만Martin Seligman의 책이라면 무엇이든 읽어보세요. 그의 『낙관성 학습Learned Optimism』을 추천하고 싶습니다. 한 리뷰어가 '저를 우울함에서 벗어나게 해준 책'이라고 평했듯이 우울증에 대처하는 방법에 대한 훌륭한 챕터가 있습니다. 셀리그만의 『플로리시Flourish』도 있습니다. 심리학자 데이비드 번즈David Burns의 저서 『필링 굿Feeling Good』은 우울증과 불안을 개선하는 효과가 임상적으로 입증된 바 있습니다.

읽는 것보다 듣는 것이 더 편안하다면 동영상을 보세요. 많은 자기계발서 저자들이 유튜브YouTube에 많은 동영상을 올리고 있습니다. 동영상에 대해 말하자면 수백만 개의 무료 동영상, 팟캐스트Podcast가 있습니다. 웨비나Webinar(웹사이트에서 진행되는 세미나) 등 온라인에서 무엇이든 배울 수 있습니다. 원하는 것이나 관심 있는 주제를 구글Google 등 자주 사용하는 검색 엔진에 입력하세요. 무엇이든 찾을 수 있습니다. 물론 책도 있어요. 온라인 서점에는 저렴하게 살 수 있는 전자책이 엄청나게 많습니다.

10. 좌절감이나 분노를 해소할 수 있는 긍정적인 방법을 찾아보세요

이런저런 방법을 써 봐도 좌절감이나 분노로 평정심을 유지하기 힘든가요? 그렇다면 운동을 해보세요. 지칠 때까지 운동하는 것은 과도한 에너지와 불안감을 해소하는 좋은 방법입니다. 달리기도 좋고, 강아지 산책 시키기도 좋고, 줄넘기도 좋습니다. 어떤 사람들은 베개나 샌드백을 주먹으로 쳐서 화를 푸는 것도 도움이 된다고 합니다. 얼마나 많은 실직자들이 이 운동이 분노를 해소하는 데 도움이 된다고 말했는지 놀라울 정도입니다. 그리고 이것은 우울증을 해소하는 데에도 도움이 됩니다.

때때로 우울과 분노가 동전의 양면처럼 느껴질 때가 있습니다. 집 안에 운동 기구가 없다면 침대 위에 베개를 쌓아 놓고 때리세요. 손, 손목, 팔에 부상이 생기지 않도록 조심하면서 최대한 세게 때리세요. 이 동작을 반복하는 것만으로도 집에 헬스장을 만든 셈이죠.

실직이나 구직 상태가 아닐 때도 이 방법은 종종 도움이 됩니다. 인간이란 참 이상한 생명체니까요.

여러 방법 중 어느 것을 해도 구직과 실직으로 인해 정신과 감정이 힘들면, 전문적인 심리학자나 상담사 또는 코치의 도움을 받는 것을 고려해 보세요.

외부 도움을 요청해야 할 때

When to Seek Outside Help

구직 과정에서 너무 많은 장애물에 부딪히거나 추진력을 잃고 있다고 느낄 수 있습니다. 이런 상황이 되면 다음과 같은 몇 가지를 자신에게 물어보세요.

- 내가 통제할 수 있고 이겨낼 수 있다고 느끼는가?
- 무엇을 할 것인지 목표를 설정했는가?
- 이러한 목표를 달성하고 있는가?

이 질문에 대한 답이 부정적이라면 도움이 필요할 수 있습니다. 그렇다고 해서 반드시 전문가에게 돈을 주고 도움을 받아야 한다는 뜻은 아닙니다. 친구나 친척에게 허심탄회하게 어려움을 털어놓고

상의할 수도 있습니다. 아마도 그들은 함께 목표를 설정하면서 책임감을 가지고 파트너로서 도움을 줄 수 있을 겁니다. 털어놓고 의논할 사람이 없으면 커뮤니티에서 구직 그룹을 찾아볼 수도 있습니다. 도서관, 정부 산하 고용 기관 또는 기타 단체에서 무료 또는 저렴한 비용으로 지원 그룹을 모집해서 교육을 해주는 경우도 있습니다. 커뮤니티에서 무료로 제공되는 것을 활용하세요.

　도움이 될 만한 흥미 있는 연구 결과를 소개합니다.[17] 사람들이 언덕의 가파른 정도를 어떻게 인식하는지에 초점을 맞춘 연구입니다. 연구 결과, 사람들은 혼자 있을 때 언덕을 더 가파르다고 느낄 가능성이 높다고 합니다. 친구와 함께 올라가면 같은 언덕이라도 덜 가파르게 느껴집니다. 친구가 함께 있다고 상상만 해도 언덕은 덜 가파르게 느껴진다는 사실도 밝혀졌죠. 신기하지 않나요? 나를 지지하는 친구와 소통하거나 자신이 절친이 되어주세요. 이것은 구직 활동을 덜 어렵게 만드는 가장 좋은 방법 가운데 하나입니다.

　다음 장은 구직 과정에서 겪는 감정적 어려움과 힘든 점을 극복하는 데 도움을 주기 위해 마련했습니다. 그러니 계속 읽어보세요. 하지만 더 읽어봐도 도움이 되지 않고 의욕이 생기지 않는다면, 전문가의 도움을 받는 것이 현명할 것입니다. 아래 다섯 가지 사항을 명심하세요.

1. 감정이나 기분이 노력해도 좋아지지 않는다면, 주치의와 상담하거나 공인된 심리학자나 상담사를 만나보는 것이 좋습니다. 그들은 감정 상태가 구직에 미치는 영향을 잘 판단하고 도와줄 것입니다.

2. 커리어 코치의 도움을 받을 경우, 주의 사항이 있습니다. 커리어 코치가 되기 위해 반드시 거쳐야 하는 필수 요건이 없습니다. 누구나 원한다면 커리어 코치가 될 수 있죠. 따라서 서비스 비용을 내기 전에 믿을만한 사람인지 신중하게 알아보고 선택하세요. 일정 수준 이상의 교육을 받았는지를 확인할 수 있는 여러 인증기관이 있습니다.

3. 인증서 및 라이선스가 있는지 조사하는 건 좋은 방법이지만, 주의를 기울여야 합니다. 서비스를 제공받은 사람으로부터 불만이 제기된 적이 없는지 사무국에 문의하는 거죠. 아니면 친구들에게 좋은 코치를 추천 받는 것도 좋습니다. 다시 말하지만, 웹사이트는 감시되지 않습니다. 이 사실을 명심하고 철저히 검토하세요. 웹사이트는 게시자가 말하고 싶은 것을 보여줍니다. 설사 적절한 자격증을 가지고 있더라도 모든 사람이 당신과 잘 맞는 것은 아닙니다. 서비스에 가입하기 전에

전화로 초기 상담을 무료로 받을 수 있는지 알아보세요.

4. 코치 또는 상담사와 소통할 때는 어떤 서비스를 어떻게 제공하는지 물어보세요. 어떤 교육과 훈련을 통해 코치나 상담사 자격을 갖추었는지도요. 상담 성공률을 물어볼 수는 있지만 확인하기는 어렵습니다. 온라인에 이런 내용의 자료를 공유하는 사람도 간혹 있어요. 자료가 없으면 수수료와 고객 계약서 사본을 볼 수 있는지 물어보세요. 미안해할 필요 없습니다. 일자리를 약속하거나 고용을 보장하는 사람이 있다면요? 믿지 말고 바로 거절하세요.

5. 마지막으로 명심할 것은, 누구에게 도움을 요청하든 그 사람이 대신 검색까지 해주지는 않는다는 것입니다. 많은 작업을 당신이 직접 해야 합니다. 직접 이력서를 작성하고 면접을 봐야 하죠. 그러니 이 책에서 제안하는 내용들을 먼저 시도해보는 건 어떨까요? 어떤 이유로든 혼자서는 도저히 나아갈 수 없을 때만 전문가에게 도움을 요청하세요.

구직에 성공해서 원하는 일자리에 취업하는 것은 어떤 생각과 태도로 구직 활동을 하는가에 달려 있습니다. 구직 과정에서 자신을 지지하면서 동기 부여할 방법을 찾고, 자기 연민을 유지하며, 행복하게 준비하면 아무리 힘든 구직 과정이라도 잘 이겨낼 수 있습니다.

다음 장에서는 구직 활동을 할 때, 진심으로 일하고 싶은 꿈의 직장을 구하는 데 걸림돌이 될 수 있는 장애물을 다룹니다. 이러한 장애물을 알아보고, 이를 해결하는 방법을 살펴보겠습니다.

인생이 가장 힘들 때

내면의 더 깊은 힘을

찾을 수 있는 기회가 옵니다.

-조셉 캠벨

Opportunities to find deeper powers

within ourselves come when life

seems

most challenging.

-JOSEPH CAMPBELL

3장

구직할 때 겪는
어려움에
대처하는 방법

How to deal with job search challenges

앞 장에서 긍정적이고 회복 탄력적인 태도가 구직 활동에 얼마나 중요한지 알아보았습니다. 그리고 긍정적으로 구직 활동을 하기 위한 구체적인 방법도 살펴봤죠.

지금 당신이 어떤 생각을 하고 있는지 잘 알고 있습니다. 유망한 직장에서 면접을 보고 불합격 통보를 받은 적이 있다면, 합격을 막는 어떤 불리한 조건이 당신에게 있을지도 모른다고 생각할 것입니다. 어쩌면 채용 면접에 들어가기 전부터 그런 것 때문에 떨어질 것이라고 지레짐작했을 수도 있고요. 책을 손에 들자마자 궁금한 나머지 바로 이 장부터 펼쳤을지도 모릅니다.

당신의 합격을 막는다고 생각하는 불리한 조건은 아마 다음과
같은 문제일 것입니다.

- 신체적인 장애를 가지고 있거나
- 인지 장애가 있거나
- 스펙트럼 장애로 소통이 어렵거나
- 고등학교를 졸업하지 않았거나
- 대학을 졸업하지 않았거나
- 갓 졸업해서 사회 경험이 부족하거나
- 2년 전에 졸업했음에도 아직 실업 상태거나
- 너무 오래전에 졸업했거나
- 너무 아름답거나 잘생겼거나
- 너무 매력이 없거나
- 너무 과체중 혹은 저체중이거나
- 너무 나이가 많거나 혹은 너무 어리거나
- 은퇴할 나이가 되어가거나

- 평생 한 직장만 다녔거나

- 인생 내내 직장을 옮겨 다녔거나

- 너무 오랫동안 취업 시장에서 벗어났거나

- 너무 오랫동안 취업 시장에 있었거나

- 경험이 너무 없거나

- 교도소 기록이 있거나

- 정신과적 이력이 있거나

- 교육을 충분히 받지 못했거나

- 교육을 너무 많이 받았거나

- 트랜스젠더 또는 남성/여성으로 분류할 수 없거나

- LGBTQ+이거나*

- 유색 인종이거나

- 영어를 잘 하지 못하거나

- 무거운 악센트로 영어를 말하거나

- 너무 전문가적이거나

- 너무 일반적이거나

- 전직 성직자 혹은 전직 군인이거나

- 너무 공격적이거나 혹은 너무 수줍어하거나

---

* LGBTQ+는 레즈비언Lesbian, 게이Gay, 양성애자Bisexual, 트랜스젠더Transgender, 퀴어Queer
및 그 밖의 성소수자 커뮤니티를 포괄하는 용어입니다.

- 자원봉사 단체에서만 일했거나
- 작은 조직에서만 일했거나
- 큰 조직에서만 일했거나
- 정부에서만 일했거나
- 매우 다른 문화나 배경에서 왔거나
- 다른 산업에서 왔거나
- 다양성이 충분하지 않거나
- 다른 행성에서 왔거나, 등입니다.

이 중 어디에도 해당하지 않는 사람은 없을 겁니다. 취업에 관해서 '불리한 조건'이 없는 사람은 없다는 뜻이죠. 그러니 처음부터 분명히 해둡시다. 세상의 모든 고용주가 당신을 고용하지 않을 정도로 심각한 '불리한 조건'은 없습니다. 당신이 불리한 조건을 가지고 있더라도, 그 문제 때문에 당신을 고용하지 않는 고용주는 일부에 지나지 않습니다. 당신이 어떤 불리한 조건을 가지고 있든, 가지고 있다고 생각하든, 그것 때문에 세계 어디에서도 일자리를 못 구하는 것은 아닙니다. 그것은 단지 일부 직장에서 당신이 채용되는 것을 막을 뿐입니다.

수백만의 서로 다른 고용주들은 채용에 관해 제각기 다른 요건을 내걸고 있습니다. 만약 당신이 가진 독특한 재능과 기술을 안다면, 어떤 고용주는 바로 당신을 원할 것입니다. 때문에 계속해서 찾아봐야 합니다. 다른 사람들이 어떻게 생각하든, 당신을 원하는 고용주들이 있습니다. 구직 활동 중인 당신의 임무는 바로 그들을 찾는 것입니다.

모든 고용주는 채용 공고에 밝힌 인재를 뽑고 싶어 합니다. 다양성에 관한 문제라면 걱정할 필요가 없습니다. 다양한 기술, 재능, 경험, 배경이 고객층과 더 유대감 있는 관계를 만들고 더 혁신적인 직장을 만든다는 연구 결과가 잇따라 발표되고 있습니다. 그에 따라 고용주들이 다양한 인력을 적극적으로 찾는 경우가 점점 더 많아지고 있으니까요.

보스턴 컨설팅 그룹이 연구한 결과, 관리 팀의 다양성과 조직의 혁신 사이에는 '통계적으로 강력하고 의미있는 상관관계'가 있다고 합니다. 이것은 회사의 수익과도 관련이 있습니다.[18] 다른 연구에 따르면 임원의 30% 이상이 여성인 기업은 여성 고위직 비율이 낮은 기업보다 더 높은 성과를 거둔 것으로 나타났습니다. 인종과 문화가 다양한 경우에도 긍정적인 조사 결과가 나왔습니다. 2019년에는 가장 다양한 인종과 문화로 구성된 기업의 수익성이 가장 낮은 기업보다 약 36% 수익이 높았습니다.[19]

고용주의 웹사이트에 다양성에 대한 선언문이나 다양한 인력을

장려하는 프로그램이 있는지 확인하세요. 다양성을 환영하는 기업

이라면 구직 확률을 조금 높이는 셈이니까요. 당신이 가진 불리한

조건에 대한 편견이나 오해가 걱정되나요? 그렇다면 소셜 미디어나

이력서, 업계 네트워킹을 찾아보고, 가지고 있는 역량을 적극적으로

보여주세요.

당신의 법적 권리
Your legal rights

○

●

◇

⬢

고용주는 법적으로 다음을 근거로 고용 과정에서 차별할 수 없습니다.

- 인종

- 피부색

- 종교

- 성별(성 정체성 및 임신 포함)

- 성에 대한 지향성

- 출신 국가

- 연령(40세 이상)

- 장애 또는 유전 정보

안타깝게도 구직자는 고용주가 이러한 것들을 이유로 차별을 하는지 안 하는지 알기 힘듭니다. 편견으로 인한 차별은 미묘하고 무의식적이며 숨겨져 있는 경우가 많거든요. 만약에 당신이 불법적인 차별을 받았다고 생각한다면, 차별에 대항할 수 있는 권리를 알아두세요.

첫 번째 단계는 변호사와 상담하는 것입니다. 많은 변호사가 가벼운 무료 상담을 통해 법적 소송을 진행할 만한지 아닌지를 판단해줍니다. 하지만 변호사들은 소송을 제기했을 경우 생길 수 있는 위험에 대해서도 경고할 것입니다. 고용주의 상황에 따라 여러 변수가 있을 수 있으니까요. 불만을 제기하는 등, 문제를 해결할 다른 선택지를 알려주기도 합니다.

구직자가 차별받지 않도록 보호하는 법에는 1964년 제정된 인권법 제7장, 공정 근로기준법, 고용상 연령차별금지법, 미국 장애인법 및 2008년의 ADA개정법, 1973년 제정된 재활법 503조항(한국: 근로기준법, 고용상 연령차별금지 및 고령자고용촉진에 관한 법, 장애인고용촉진 및 직업재활법) 등이 있습니다.

특히 많은 기업이 단순히 장애인을 고용하는 데 그치지 않고, 다양한 프로그램이나 특별 지원 프로그램을 통해 적극적으로 채용하려고 노력합니다. 거주하거나 취업하고 싶은 지역의 직업재활원을 방문하면 유용한 평가와 안내를 받을 수도 있습니다. 특히 업무 중 사고로 생긴 부상 또는 다른 원인의 사고로 입은 부상일 경우, 필요하면 보험이나 직장 보험에서 전문가가 구직 활동에 도움을 줄 수 있습니다. 인터넷을 활용하는 방법도 있습니다. 찾아보면 다양한 진단이 있으니, 어떤 결과가 나오는지 해보는 거죠. 필요한 특정 진단을 해주는 전문 협회가 있는지 찾아보세요. 당신이 아직 모르거나 찾지 못한 지원 시스템이 있을 수 있습니다.

많은 고용주가 장애인을 고용하기 위해 노력하고 있으므로, 이 사실을 유리하게 활용하세요. 면접을 볼 때 장애가 당신에게 어떻게 도움이 되었는지, 장애로 인해 어떤 다양한 관점을 제시할 수 있는지를 설명하세요. 타인에 대해 더 민감해졌을 수도 있고, 당신의 강점과 기술을 더 잘 인식하게 되었을 수도 있으니까요. 당신의 장애와 장애 극복 경험을 편안하게 설명할수록 고용주가 더 편안해하고 채용할 가능성도 높아집니다. 고용주는 일반적으로 장애가 있지만 회복하고 극복한 사람을 좋아하고, 당신이 어쩌면 완벽한 스토리를 지니고 있을지도 모르니까요.

기타 잠재적인 고용주의 판단 또는 편견

Other potential employer judgments or biases

구직자는 여러 가지 이유로 부정적인 판단을 내리는 고용주를 파악해야 합니다. 구직 과정 내내 당신의 강점과 재능, 기술에 집중하세요. 불합격하더라도 그것 때문에 낙담하지 마세요. 한 곳의 일자리에서 거절당했을 뿐이니까요. 세상에는 수많은 일자리와 고용주가 있습니다. 그리고 누군가는 분명 당신의 강점과 재능을 알아볼 것입니다.

이제 고용주의 보이지 않는 편견을 극복하기 위한 몇 가지 방법을 알아보겠습니다.

실직 기간이 너무 긴 경우

어떤 고용주는 실직 기간에 관한 편견을 가지고 있고 어떤 고용주는 그렇지 않습니다. 예를 들어 1년 이상 실직 상태라면, 어떤 문제가 있을 거라는 편견 때문에 채용하지 않는 고용주도 있습니다.

구직 활동을 하는데도 실직 기간이 길어지면 거절 당했다고 느끼고 낙담할 수 있습니다. 그렇게 되면 구직에 대한 열의나 관심을 전달하기가 어려워집니다. 불안, 우울증 또는 기타 정신 건강에 문제가 있다면 상담사나 심리학자의 도움을 받으세요. 혼자서 해결하려고 하지 마세요.

코로나19 팬데믹이 시작된 이후 장기 실업 상태에 신경 쓰지 않는 고용주들이 많아졌습니다. 그러니 장기 실업에 개의치 않는 일자리를 찾을 때까지 계속 노력하세요. 공백기를 긍정적으로 사용한 스토리를 준비하는 것도 도움이 됩니다. 공백기에 했던 학습, 습득한 지식 또는 기술, 자원봉사 활동, 가족에 대한 책임감 등에 초점을 맞추세요.

업무 관련 장벽

이직은 직업을 바꾸는 것입니다. 먼 곳의 일자리를 구하거나, 직원이 적은 기업에서 직원이 많은 기업으로 옮기거나, 반대로 직원 수가 많은 곳에서 적은 회사로 옮기거나, 너무 빨리 직장을 바꾸거나, 이전 직장에 너무 오래 머무는 등의 형태로 나타납니다. 이직하면 대부분 도전 과제가 생깁니다. 직장 생활에서 경험한 거의 모든 것이 새로 지원한 직장의 검토 대상이 될 수 있거든요.

가장 좋은 대응책은 취업하려는 직장에서 꺼릴 만한 것을 파악하고 당신의 이력을 설명할 준비를 하는 것입니다. 긍정적인 태도를 유지하고 당신이 해낸 일에 집중하세요. 이직한 지 얼마 되지 않았다면, 장기적인 기회를 열망하고 있음을 설명하세요. 먼 곳에서 구직 중이라면 온라인 면접을 할 수 있다고 밝히세요. 필요하다면 새로운 곳으로 이동할 의향이 있다고도 말하고요. 과거에 했던 것 중에서 좋았던 점과 새로운 역할을 하면서 배운 점, 앞으로 이루고 싶은 것에 집중하세요. 그리고 면접 과정에서 이런 것들을 충분히 어필하세요.

나이

사람들은 흔히 나이가 많으면 취업에 불리하다고 생각합니다. 연령 차별을 40세 이상, 특히 X세대와 베이비붐 세대에게만 적용되는 것으로 생각하는 경향이 있죠.

그러나 전통적인 산업에서는 '너무 젊다'는 것이 '너무 늙었다'는 것만큼이나 큰 장애가 될 수 있습니다. 너무 많은 기사와 전문가들이 Z세대와 젊은 밀레니얼 세대를 폄하하기 때문입니다. 지나치게 이상주의적인 아이들이라, 땀 흘리며 하는 노동의 가치를 모른다고 생각하는 거죠.

고용주는 젊은 직원들이, 나이 든 직원들 같은 직업 윤리와 헌신적인 태도를 갖고 있지 않다고 생각할 수 있습니다. 채용 후 업무 교육에 들인 노력과 비용을 회수할 만큼 오래 근무하지 않을 것이라고 우려할 수도 있고요. 따라서 이 연령대에 속한다면 이력서를 최대한 세련되게 다듬으세요. 그리고 자기소개서와 면접에서 배우려는 열의와 회사에서 경력을 쌓고 싶다는 의지를 강조함으로써 이런 편견을 없애야 합니다.

다른 한편으로 나이 든 사람들에 대한 편견도 있습니다. 소위 은퇴 시기를 맞이하는 수백만 명의 베이비붐 세대 중 한 명이라면, 일자리를 찾기가 특히 어려울 수 있습니다. 60세 또는 65세가 되었을 때 연금이 넉넉하지 않을 수도 있고, 평균 수명도 길어져서 과거보다 훨씬 늦은 나이까지 일해야 할 수도 있습니다.

물론 마흔이 넘으면 연령 차별을 받지 않도록 법적으로 보호받을 수 있지만, 그렇다고 해서 차별을 당하지 않는 것은 아닙니다. 고령 근로자에 대한 일반적인 편견은 이력서와 면접에서 해결하세요. 취업하려는 회사에 특정 기술이나 프로그램이 중요한 경우, 해당 분야의 역량을 이력서에 강조하세요. 면접에서는 지속적인 학습에 대한 열정을 강조하고, 최근 직장에서 또는 평생 교육이나 웹 튜토리얼을 통해 습득한 새로운 기술과 스킬을 예로 들어 설명하세요. 당신의 나이가 아니라 기술과 에너지와 열정을 파세요.

나이 많은 근로자를 고용할 때 고용주가 걱정하는 또 다른 문제는 급여입니다. 40세 이상 특히 50세 이상의 구직자 중 상당수는 자신의 연륜에 걸맞은 급여를 기대합니다. 하지만 일부 고용주는 숙련된 고령자 한 명을 고용할 비용으로 덜 숙련된 20대 직원 두 명을 고용할 수 있다고 생각합니다. 물론 당신의 가치가 젊은 비숙련자 두 명보다 더 클지라도, 높은 급여를 기꺼이 주려는 고용자는 많지 않습니다.

하지만 이러한 편견에도 불구하고 여전히 취업할 수 있습니다. 좋은 인재를 채용하려는 고용주들이 있으니까요. 긍정적인 태도를 가지고 진정한 열정을 보여준다면 나이에 상관없이 채용할 것입니다. 나이 들어 구직에 성공하려면, 보통의 구직자들보다 더 오랫동안 구직 활동을 하세요. 편견 없이 당신을 알아보는 조직에서 가치를 인정받을 수 있게, 그런 일자리를 찾아 구직 활동을 지치지 않고 계속하는 끈기가 필요합니다.

교육

교육 수준에 관해 고용주는 두 가지 편견을 가질 수 있습니다. 지원자가 지원한 직책에 필요한 지식이나 기술이 부족하다고 생각할 수 있고, 지식이나 기술 또는 경험이 너무 많다고 생각할 수도 있습니다.

많이 아는 것이 왜 문제가 될까요? 그들은 당신이 지루해할 거라고 걱정하거나, 그들이 줄 급여보다 더 많은 급여를 원할 것으로 생각하겠죠. 아니면 그만큼 빨리 승진하기를 원할 가능성이 높다고 생각할 겁니다. 단순히 조직에 들어가는 수단으로 그 일자리를 원한다고 생각할 수도 있고요. 이 경우 해당 직책에 지원한 이유를 명확하게 설명해야 합니다.

근무 시간이나 책임이 더 많은 직책으로 옮겼을 수도 있습니다. 생산직 직원이 관리직으로 승진한 후 예전에 하던 업무를 그리워하거나, 새로 맡은 관리 업무가 마음에 들지 않는 경우도 종종 있죠. 그럴 때 당신은 이야기를 잘해야 합니다. 고용주를 충분히 설득할 수 있을 만큼요.

반면에 지원자의 교육 수준이 낮다고 생각할 경우, 이것은 문자 그대로 사실이거나 편견일 수 있습니다. 필요한 학위나 면허를 요구하거나 "우리는 전문대 이상의 학위를 가진 사람만 채용합니다." 라고 할 수 있죠. 사실 많은 기업에서 직책에 상관없이 전문대 학위를 기본적으로 요구하는 경우가 많아지고 있습니다. 이것은 학위가 아니라 실력으로 인정받는 조직에서 열심히 일한 사람에겐 가혹한 일이죠. 채용이라는 관문의 문턱을 넘지 못하게 되니까요.

이런 편견을 극복하려면 해야 할 업무에 관해 가지고 있는 기술을 명확히 밝히세요. 학위가 있고 해당 기술을 수행할 수 있다는 증거도 제시하고요. 포트폴리오나 실력을 입증할 수 있는 자료가 있으면 큰 도움이 됩니다. 필요하면 더 배우고 기술을 쌓겠다는 의욕을 보여주어야 합니다. 필요할 경우 고용주가 직무 교육을 후원하느지 물어볼 수도 있습니다. 직무 교육을 받거나 추가 교육 비용을 제공하는 직장이 많으니까요. 놀랍게도 이런 혜택은 복리 후생 패키지의 일부거든요.

그러나 중요한 건 합격입니다. 나중에 제공하는 학습 기회와 관계없이, 채용되면 업무를 수행할 능력과 실무에 바로 투입될 능력이 있음을 강조하고 입증해야 합니다.

추가에 집중하기

안타깝게도 고용주의 편견은 거의 모든 업무 환경에 존재합니다. 지원서를 내도 면접조차 보지 못할 수도 있고, 거절 이유를 모를 수도 있습니다. 하지만 힘을 내세요. 우리는 변화하는 시대에 살고 있으니까요. 고용주들은 직무나 직책에 '적합한' 지원자를 찾습니다. 하지만 이 '적합'이라는 것이 자신과 닮은 외모와 행동을 하는 사람만 고용하는 코드가 되기도 합니다. 게다가 그 사실을 깨닫지도 못하죠.

'적합성'에 초점을 맞추는 방법 가운데 하나는 '추가Add에'에 집중하는 것입니다. 업무 환경에 무엇을 더할 수 있을까요? 특정 환경에서 일하는 사람들과 다르거나 당신의 독특한 특성이 이점이 될 수도 있습니다. 어떻게 하면 고용주에게 당신의 특성과 기술을 보여 줄 수 있을까요? 어떻게 하면 당신을 고용함으로써 얻을 수 있는 이 점이 많다고 알려줄 수 있을까요? 다음은 어느 성공한 구직자로부 터 받은 편지입니다.

이 책을 읽기 전에 저는 구인 광고에만 의존한 구직 활동으로 우울하고 방황하고 있었습니다. 총 4개월 동안 구인 광고를 보고 지원했는데 단 한 통의 전화도 받지 못했습니다. 저는 지구상에서 가장 쓸모없는 사람이라고 느꼈습니다. 저는 미국에서 근무한 경험 이 전혀 없는 전직 중국 교수였으며 두 살 반짜리 딸을 둔 여성입니 다. 7개월 전에 남편이 일자리를 제안 받아 이곳에 왔습니다.

그러던 중 작년 6월 11일, 지역 서점에서 당신의 책을 보게 되 었습니다. 그 후 3주 동안 일요일을 제외하고 하루에 10시간씩 책 을 읽고 꽃 연습Flower Exercise의 모든 꽃잎을 따라 했습니다. 저에 대해 더 잘 알게 된 후, 다시 취업에 도전할 준비가 되었다고 느꼈어 요. 저는 처음부터 마지막까지, 즉 연봉 협상을 할 때까지 내내 『파 라슈트』를 지침서로 삼았습니다.

단 2주 만에 두 개의 일자리를 얻었는데, 그중 하나는 급여가 매 우 좋은 훌륭한 직장이었기 때문에 수락했습니다. 직원이 20명 정도 인 작은 회사입니다. 이것은 또한 직업의 변화이기도 합니다. 저는 영어 교수였지만 이제는 관리자가 된 것입니다.

세상에는 두 가지 유형의 고용주가 있습니다. 제 이야기를 듣고 기뻐하셨으면 좋겠습니다.

면접을 진행하면서 고용주가 저에게 한 말 중 몇 가지가 있습니다.

"저는 스케줄을 매우 유연하게 운영합니다. 어떤 주에 저는 직원들을 대신해 저녁 근무를 세 번 할 때도 있습니다. 가장 잘할 수 있는 업무에 직원들을 투입하고 싶지만 그러지 못한 경우가 있기 때문입니다. 만약 그런 문제가 있다면 제가 해결할 수 있으니 꼭 말해주세요. 또한 저는 당신이 최선을 다해야만 저도 최선을 다할 수 있다고 굳게 믿습니다. 혹시라도 스트레스를 많이 받으면 저에게 말해주면 좋겠어요. 어제도 한 직원이 저에게 찾아와서 '지금 너무 힘들다'고 말했어요. 그래서 저는 그 직원과 함께 앉아서 몇 가지 물건을 옮겼어요. 이는 우리가 매우 팀 지향적이라는 것을 의미하기도 합니다. 누군가 집에 일이 생겨서 교대 근무를 할 수 없는 경우, 모두가 기꺼이 그 자리를 메웁니다. 여기 있는 모든 사람이 당신을 위해 기꺼이 그렇게 할 거라고 저는 알고 있습니다. 또한 저는 스트레스를 받으면 우스갯소리에 의지하게 되는 것 같습니다."

바로 이곳이 저를 위한 곳이라는 것을 알았습니다.

수줍음 극복하기
Overcoming shyness

○

●

⬡

⬢

구직 활동 중 당신에게 가장 불리하게 작용할 것 같은 성격 특성은 무엇인가요? 조사 결과에 의하면 목록의 맨 위에 수줍음이 있습니다. 사실 '수줍음'은 조금 구식이고 부정확한 용어입니다. 모든 수줍음이 문제가 되는 건 아니며, 불안감이나 내향성으로 나타날 때 잠재적으로 문제가 됩니다. 컴퓨터 게임, 앱, 페이스북Facebook, 링크드인Linkedin, 트위터Twitter, 인스타그램Instagram, 기타 소셜 미디어를 통해 인터넷에서 얼굴 없는 사람들과 연결하고 소통하는 데만 익숙해져 있는 사람들이 많습니다. 인터넷에서는 전문가인 사람들도 콜드 콜Cold Call(불특정 고객에게 하는 무작위 전화 영업)에 공포를 느끼고, 사람들과 직접 대면해야 하는 상황에서는 젤리처럼 변합니다.

사실 모든 사람에게는 자신만의 도전 과제가 있습니다. 표준 링크드인Linkedin 프로필을 만드는 데는 자신감 넘치는 사람도, 해당 분야에서 영향력있는 낯선 사람들과 어울려야 하는 네트워킹 이벤트에 참석하는 생각만으로도 위축될 수 있습니다. 채용 담당자와 대면 면접은 할 수 있지만 줌Zoom을 통해 여러 명의 채용 위원들을 만나는 건 부담스러운 사람도 있죠. 특히 그들 모두에게 깊은 인상을 남겨야 한다는 생각만 해도 식은땀이 날 수 있고요.

때때로 낮은 자존감 때문에 극도의 불안을 느낄 수도 있습니다. 하지만 구직 활동에서 외향성을 강조하는 것은 당연합니다. 구직자인 당신은 평소보다 더 사교적이고 사람들 앞에서도 편안하게 말할 수 있도록 내면의 외향성을 최대한 끌어올려야 합니다. 물론 불안하고 내향적인 사람에게는 무척 어려운 숙제일 것입니다. 하지만 다음 힌트가 도움이 될 것입니다. 이 글을 읽은 후에도 여전히 너무 불안하다면, 여러 번 말한 것처럼 의사나 치료 전문가와 상담하는 것이 도움이 될 수 있습니다.

당신은 혼자가 아닙니다. 설문 조사에 따르면, 75%의 사람들이 살면서 한 번쯤은 부끄러움을 느낀다고 합니다. 많은 사람이 여전히 그렇습니다. 하지만 직장을 잃고 고용주와 마주 앉아 면접을 봐야 할 때는 극복해야 합니다. 아무도 짐작하지 못했지만, 저도 제 인생의 많은 부분에서 극도로 부끄러워했습니다.

따라서 압도당하거나 어려움을 겪을 때 어떻게 해야 할까요? 구직 활동 중에 요구되는 사회적 상호작용을 어떻게 해야 할까요? 여기 12가지 제안이 있습니다.

1. 자신의 모습에 대해 사과하지 마세요

자신의 장점을 찾아내어 면접에 활용할 수 있도록, 장점을 파악하세요. 내향성이 항상 불리한 것만은 아니니까요.

내향적인 자신을 '절제된 성향과 스타일이 있다'라고 소개해도 괜찮습니다. 사실 이런 표현은 일반적으로 "당신의 약점은 무엇인가요?"라는 면접 질문에 훌륭한 답변이 될 수 있습니다. 다음과 같이 답변해 보세요.

"저는 절제된 스타일을 선호하는 편이라 사람들이 제 생각을 항상 알 수는 없습니다. 그래서 저는 필요할 때 명확하게 피드백을 주는 법을 배웠고, 제가 명확하지 않은 부분이 있다면 사람들에게 물어보라고 권합니다. 그러니 저에게 궁금한 점이 있거나 제가 명확하게 답변하지 못한다면, 명확하게 설명해 달라고 요청해 주셨으면 합니다." 또는 "저는 말을 많이 하는 편이 아닙니다. 결정을 내리기 전에 다른 사람의 의견을 경청하는 편입니다."라고 언급할 수도 있습니다. 이외에도 당신의 성향을 장점으로 느껴지도록 여러 표현을 연구해 보세요.

2. 성공할 때까지 연습하세요

면접과 같은 특정 상황에서 편안할 사람은 많지 않겠죠. 하지만 이런 상황을 긍정적으로 바라보세요. 면접에서 당신의 기량을 발휘하는 방법을 배우고 연습하면 편안한 집으로 돌아갈 수 있고 좋은 결과도 얻을 수 있습니다. 약간의 불편함을 감수하고 '척'하는 것이 큰 도움이 될 수 있습니다.

3. 자기 연민을 연습하세요(2장에서 설명한 대로)

내성적이고 수줍음이 많은 사람은 매 순간을 분석하는 경향이 있습니다. 자신이 저지른 '실수'에 지나치게 민감하게 반응하는 등 자신에게 특히 가혹하죠. 대중 앞에 나설 때 자의식을 느끼며, 구직 활동 중에도 자신을 너무 공개적으로 드러내는 것처럼 느낄 수 있습니다.

데이비드 번즈David Burns 박사는 그의 저서 『필링 굿Feeling Good』에서 사람들에게 경고합니다. 사람들이 무슨 생각을 하는지 추측하거나, 일이 어떻게 될지 안다고 가정하는 '마음 읽는 사람' 또는 '점쟁이'가 되지 말라고요. 누구도 어떻게 될지 예측할 수 없습니다. 머릿속에서만 생활하지 마세요. 당신의 머릿속 정보는 유일한 정보가 아니며, 그 정보가 틀릴 수도 있다는 점을 기억하세요. 번즈 박사의 말처럼, 무언가를 느낀다고 해서 그것이 진실이 되는 것은 아닙니다.

4. 자신을 지나치게 분석하지 마세요

면접이나 네트워킹 이벤트 또는 기타 외향적인 활동을 마친 후, 당신은 어떻게 하나요? 분명 자신의 활동을 되새김질하며 스스로 자책할 것입니다. 너무 자책하지 마세요. 자신의 상황을 지나치게 분석하거나, 자신을 움츠러들게 하는 순간을 떠올리지 마세요. 당신은 먹었던 것들을 다시 꺼내 되새김질하는 소가 아닙니다.

5. 성공에 집중하세요

당신은 무엇을 했나요? 고용주가 당신에 대해 알기를 바라는 세 가지 강점은 무엇인가요? 이러한 강점을 면접관이 듣고 싶어할 만한 이야기로 어떻게 만들 수 있을까요? 저는 놀랍고 기발한 이야기를 하는 내성적인 사람들을 많이 알고 있습니다. 하지만 청중 앞에서 말하는 것에 대한 불안감 때문에 자신의 강점을 말하지 못하는 경우가 많습니다. 자신의 강점에 대해 더 많이 알수록 자신의 단점에 집중하고 싶은 유혹을 덜 받게 됩니다.

6. 리허설하기

컴퓨터의 웹캠이나 휴대폰을 사용해서 친구와 함께 거울 앞에서 연습해 보세요. 연습을 많이 할수록 낯설지 않고 덜 긴장할 수 있습니다. 가능하면 실제 겪을 상황 그대로를 연습하세요. 거울을 보고, 웹캠을 보고, 친구를 보며 모의 인터뷰를 하세요. 이런 리허설을 통해 인터뷰 내용을 개선할 수 있고 스트레스를 줄일 수 있습니다. 그리고 실제로 인터뷰할 때는 연습할 때처럼 하세요. 실전은 연습처럼, 연습은 실전처럼 하세요.

7. 마음챙김 명상을 실천하세요

수줍음이 많은 사람과 내성적인 사람들에게 세상은 스트레스 덩어리입니다. 건강한 방법으로 스트레스를 해소해야 합니다. 내성적인 사람들이 불안해하는 것은 드문 일이 아닙니다. 이럴 때 마음챙김 명상은 스트레스를 처리하는 가장 좋은 방법 가운데 하나로 밝혀졌습니다. 면접 전에 몇 분간 마음챙김 호흡을 하는 것도 큰 도움이 될 수 있습니다.

8. 내가 아닌 상대방에게 집중하세요

대부분의 면접은 일대일 면접으로 진행됩니다. 따라서 내성적인 사람이라면 면접에 다음과 같이 접근하세요. 면접관이 하는 말에 귀를 기울이세요. 그리고 자연스럽게 호기심을 발휘해서 불안감을 극복할 수 있는 질문을 하세요. 면접도 대화이기 때문입니다.

9. 한 번에 한 명에게 집중하세요

모든 면접이 일대일 면접은 아닙니다. 중간 규모의 그룹은 장황하다고 느낄 수 있죠. 따라서 그룹 면접을 받는 경우 한 번에 한 사람에게 집중하려고 노력하세요. 다른 사람이 무엇을 하고 있는지에 대해 신경 쓰지 말고, 질문하는 사람에게 주의를 기울이세요. 하지만 가능하면 방에 있는 모든 사람과 눈을 맞추면서 질문에 대답하세요. 다른 사람을 무시하고 중요한 사람만 바라보는 경향을 버리세요. 여전히 긴장된다면, 친근한 얼굴을 찾아보세요. 인터뷰에는 보통 적어도 한 명은 친근한 얼굴이 있거든요.

10. 항상 감사 메모로 면접을 마무리하세요

가끔 면접관에게 말했어야 할 것을 잊었다는 사실을 면접이 끝난 후에 깨닫는 경우가 있습니다. 그때는 감사 메모를 기회로 활용하세요. 대신 "제가 잘못 말했어요." 또는 "제가 설명하지 못한 것 같습니다."라고 적는 대신, 제 답변에 요점을 추가하고 싶습니다."와 같은 식으로 작성하세요.

단어를 현명하게 선택하세요. 인터뷰에서 말한 모든 내용을 다시 말하거나 수정하지 마세요! 명확히 말하고 싶은 한 가지, 많아도 두 가지 정도만 선택하면 됩니다. 그 외에는 지원자와 해당 직책의 연관성, 배운 점, 회사에서 일할 수 있는 기회에 대한 기대감을 다시 한번 강조하는 내용으로 감사 메모를 작성하세요(감사 메모에 대한 자세한 내용은 7장의 '감사 메모를 꼭 보내주세요'를 참고하세요).

11. 계획을 세워 네트워킹 이벤트에 대비하세요

네트워킹 이벤트에서 나누는 '가벼운 대화'가 익숙하지 않을 수도 있습니다. 그럴 때는 먼저 편안한 환경을 찾아보세요. 행사장 곳곳에 마련된 작은 테이블과 같은 장소 말이죠. 그러면 테이블에 앉은 사람과 언제든지 음식에 관해 이야기할 수 있으니까요. 음식에 관한 한, 누구나 이야깃거리가 있기 마련이죠.

많은 내성적인 사람들은 사실 강한 열정을 가지고 있습니다. 같은 생각을 하는 사람들과 함께 있으면 그것에 대해 이야기할 수 있습니다. 따라서 누군가를 만날 때는 서로의 공통점을 찾아보는 실험을 해보세요. TV 프로그램, 영화 또는 음악과 같은 공통 화제에 집중하세요. 여러 사람을 만나기 하루 전에 신문을 읽으세요. 신문의 헤드라인을 확인하세요. 사람들이 이야기할 흥미로운 이벤트가

있는지 확인하세요. 콘서트, 축제, 스포츠 이벤트 등 엔터테인먼트
는 항상 좋은 대화의 시작점이 됩니다. 일단 시작되면 그다음은 한
결 대화하기 쉬워집니다.

12. 자신의 강점을 활용하세요

직접 만나는 것보다 온라인을 더 잘 활용한다면 온라인 인맥 형
성 기회를 활용하세요. 링크드인, 페이스북 등 인터넷 기반의 해당
분야 전문가 모임 등이 있으니까요. 그들은 온라인 네트워킹을 통
해서 소중한 관계를 형성하고, 많은 일자리를 얻었습니다.

내향성, 수줍음 또는 사회적 불안으로 어려움을 겪는 사람들에
게 구직 과정에서 가장 힘든 단계는 면접과 인맥 형성입니다. 이 두
가지 활동 모두 오랜 시간의 상호작용과 대화가 필요합니다. 힘들
어도 이런 활동을 통해 사회적 기술과 적절한 네트워킹 및 면접 태
도를 배울 수 있습니다.

그렇다면 수줍음이 많고 구직 과정에서 겪게 될 사람들과의 만
남이 어려운 사람은 어떻게 해야 할까요? 대처할 준비가 전혀 되어
있지 않다고 느껴진다면 무엇부터 해야 할까요? 정답이 있고 효과적

인 방법이 있습니다. 하지만 먼저 약간의 역사를 살펴보기로 하죠.

9장에서 인터뷰에 대해 일반적인 조언을 할 예정인데, 특히 PIE 시스템이 도움이 될 것입니다. PIE 시스템이 궁금하다면 계속 읽어보세요. 존 크리스탈John Crystal은 경력 상담사로서 획기적인 연구를 통해 낙하산 접근법의 기초를 제공한 인물이죠. 그는 수줍음을 치료하는 방법은 열정을 갖는 것이라고 했습니다. 예를 들어 누군가와 이야기를 나눌 때 논의 중인 주제에 흥미가 생겨 열정적으로 이야기를 하면, 흥분한 나머지 수줍음을 잊게 된다는 것입니다.

그래서 그는 부끄러움이 많다면 진짜로 하고 싶은 일만 하라고 했습니다. 누구나 열정을 가지고 있습니다. 풀고 싶은 의문과 수수께끼, 알고 싶은 지식에 대한 정보만 찾아보세요. 스위스의 직업 전문가인 다니엘 포롯Daniel Porot은 존의 시스템을 가져와 정리했습니다. 그는 존이 세 가지 유형의 면접을 추천하는 걸 관찰했습니다. 그리고 이것을 정리했습니다. 그는 매력적인 차트를 고안해 냈고, 'PIE 방법'이라는 이름을 붙였습니다. 지금은 유명해진 이름이죠. 이 방법은 전 세계 수천 명의 구직자와 경력 전환자들이 수줍음을 극복하고 구직 활동을 하는 데 도움을 주었습니다.[20]

왜 'PIE'로 표기했을까요?

P는 워밍업 단계를 의미합니다. 존 크리스탈은 이 워밍업을 '현

장 조사 실습'이라고 명명했습니다. 다니엘 포롯은 즐거움을 위해 P(Pleasure)라고 부릅니다.

I(Informational)는 정보 제공용 인터뷰입니다.

E(Employment)는 채용 권한이 있는 사람과의 채용 면접을 위한 단계입니다. 도표에 그 과정이 자세히 설명되어 있습니다.

PLEASURE(즐거움) **P**	INFORMATION(정보) **I**	EMPLOYMENT(고용) **E**
인터뷰 유형		
현장 조사 실습	정보 제공 인터뷰 또는 연구	채용 면접 또는 채용 인터뷰
목적		
사람들과 즐겁게 대화하는 데 익숙해지기 : 네트워크에 침투하기	일자리를 구하기 전에 원하는 일자리가 있는지 알아보기	가장 하고 싶다고 결정한 업무에 채용되기
면접에 임하는 방법		
다른 사람을 데려갈 수 있습니다.	혼자서 또는 다른 사람을 동반할 수 있습니다.	혼자서
누구와 대화하나요?		
직무에 관련이 없더라도 어떤 주제에 열정을 공유하는 모든 사람	당신이 생각하고 있는 실제 일을 하고 있는 작업자	당신이 가장 하고 싶어 하는 일에 당신을 고용할 수 있는 능력/권한이 있는 고용주
요청하는 시간		
대부분의 고용주는 정오에 점심 약속이 있기 때문에 오전 11시 45분에 만나자고 무리하게 요청하지 마세요(정오에 약속을 잡는 것이 좋습니다).	대부분의 고용주는 정오에 점심 약속이 있기 때문에 오전11시 45분에 만나자고 무리하게 요청하지 마세요(정오에 약속을 잡는 것이 좋습니다).	시간을 확인하고 약속을 지키세요. 대부분의 고용주는 정오에 점심 약속이 있기 때문에 오전 11시 45분에 만나자고 무리하게 요청하지 마세요(정오에 약속을 잡는 것이 좋습니다).

질문 내용		
공통 관심사나 열정에 대한 호기심으로 생긴 질문, 아무 것도 떠오르지 않으면 물어보세요. -이 취미, 관심사 등을 어떻게 시작하셨나요? -가장 좋아하거나 관심이 가는 것은 무엇인가요? -가장 마음에 들지 않는 점은 무엇인가요? -이 관심사, 취미 또는 열정을 공유하거나 제 호기심에 대해 더 자세히 알려줄 수 있는 다른 사람을 알고 있나요? -가서 만나봐도 될까요? -그분들을 보러 가자고 제안한 분이라고 말씀드려도 될까요? -추천해 주셨다고 말씀드려도 될까요? 이름과 주소를 알려 주세요.	이 직무나 이런 종류의 업무에 대해 궁금한 점이 있으면 질문하세요. -어떻게 이 일에 관심을 갖게 되었고 어떻게 채용되었나요? -이 일에 대해 가장 마음에 들거나 관심 있는 점은 무엇인가요? -가장 마음에 들지 않는 점은 무엇인가요? -이 업무에서는 어떤 종류의 도전이나 문제를 해결해야 하나요? -이러한 도전이나 문제를 해결하기 위해 어떤 기술이 필요한가요? -이런 종류의 일을 하거나 비슷한 일을 하지만, 차이점이 있는 다른 사람을 알고 있나요? 그 사람의 이름과 주소를 알려 주세요.	조직에 대해 어떤 점이 마음에 드는지, 어떤 종류의 일을 하고 싶은지 이야기합니다. -어떤 종류의 문제를 해결하고 싶은지 이야기합니다. -이러한 문제를 해결하기 위해 어떤 기술이 필요한지 이야기합니다. -과거에 이러한 문제를 해결한 경험에 대해 이야기합니다.
그 후: 그날 밤		
감사 메모를 보내세요.	감사 메모를 보내세요.	감사 메모를 보내세요.

이 책의 지침을 따라도 변화가 없거나 제안을 실행하지 못하겠다면 심리학자, 상담사, 친구 또는 코치에게 도움을 요청하세요. 모의 면접을 하는 거죠. 면접과 네트워킹 상황에 대비한 연습을 충분히 하면, 면접 현장에서 큰 힘이 됩니다.

자존감 대 나르시시즘

Self-esteem versus narcissism

수줍음이나 내성적인 성격이 갖는 문제에 대해 진지하게 알아 봤죠? 이제는 그에 못지않게 어려울 수 있는 성격 스펙트럼의 다른 쪽 끝을 살펴보기로 합시다. 대부분의 사람들이 알고 있듯이, 자신 에 대한 올바른 태도는 '높은 자존감'을 끌어냅니다. 하지만 자존감 은 예술입니다. 균형의 예술이죠. 어떤 균형일까요? 바로 자신에 대 해 너무 적게 생각하는 것과 너무 많이 생각하는 것 사이의 균형입 니다.

자기 자신에 대해 너무 많이 생각하는 것을 가리키는 용어가 있 죠? 이기주의 또는 요즘 말하는 나르시시즘입니다. 대부분의 사람 들은 인생의 어느 시점에선가 나르시시즘을 경험합니다. 따라서 그 것이 어떤 모습인지 잘 알고 있습니다. 인터넷에 나르시시스트를 발견하는 방법, 나르시시스트와 함께 일할 때 주의해야 할 점 등, 나르시시즘에 대한 내용이 많습니다. 이에 관한 책도 많죠.

실제로 많이 보기도 합니다. 거의 모든 사람들이 유명인과 인플루언서가 마치 전염병처럼 나르시시스트가 되는 문화적 상황에 살고 있으니까요. 치료가 필요할 정도의 자기애성 인격 장애는 매우 드물지만, 자기중심적이거나 타인을 의식하지 못하는 것은 너무 흔한 일입니다. 어쩌면 당신은 거울에서 자신의 이런 모습을 본 적이 있을 것입니다. 당신도 그렇다는 걸 인식했는지는 모르겠지만요.

일부 구직자는 합리적인 방식으로 자신을 칭찬하는 데 어려움이 없습니다. 하지만 많은 구직자는 자기애적이거나 지나치게 자신만만해 보이는 걸 피하려고 지나치게 조심합니다. 때로는 자화자찬도 필요합니다. 기술과 재능이 최소화되고 과소평가되거나 건방져 보일까 걱정하느라 면접관에게 깊은 인상을 줄 기회를 놓칠 수도 있으니까요.

어떻게 하면 이기적이거나 자신만만하게 들리지 않고, 정직하고 겸손하고 감사하게 나의 재능에 대해 적절한 태도를 보여줄 수 있을까요?

방법은 다음과 같습니다. 자신의 재능을 명확하게 볼수록, 다른 사람들이 가진 재능에 더 많은 주의를 기울여야 합니다. 자신이 얼마나 특별한지에 대해 더 민감해질수록, 주변 사람들이 얼마나 특별한지에 대해 더 민감해져야 합니다.

자신에게 더 많은 주의를 기울일수록, 다른 사람에게도 더 많은 주의를 기울여야 합니다. 다른 사람에 대해 호기심을 가지세요. 공감과 감사는 나르시시즘적 성향을 억제합니다.

특히 구직 활동을 할 때는 만나는 모든 사람에게 예의 바르고 전문적으로 대하십시오. 거의 모든 채용 관리자나 현업 직원들은 면접에 관해 상사에게 전할 에피소드를 가지고 있습니다. '낮은 사람들'에게 무례하거나 무시했던 면접 지원자에 관한 에피소드죠. 어떤 종류든 건강한 조직에서는, 직위가 높은 상사가 주차 자리를 가로채거나, 접수원에게 못되게 굴거나, 문밖으로 나가는 길에 책상에 있던 마지막 도넛을 가져간 사람에 대해 수근거립니다.

면접관에게 아무리 잘 보였어도 이런 지원자들의 이력서는 대부분 재활용 쓰레기통에 버려집니다. 개방적이고 친절하며 전문적인 태도는 누구에게도 해가 되지 않습니다. 잠시 시간을 내서 접수원의 하루가 어땠는지 물어보고, 택배 기사를 위해 문을 잡아주세요. 함께 일하고 싶은 사람이 되어 보세요. 나에 대해 많이 생각할수록 사랑하는 사람, 친구, 지인, 낯선 사람 등 만나는 모든 사람에 대해서도 많이 생각해야 합니다.

다른 문화권의 사람이라면, 자신의 분야에서 다른 사람보다 높이 올라서면 안 된다는 의미의 '키 큰 양귀비 증후군'을 이야기할 것입니다. 여기에는 많은 진실이 내포되어 있습니다. 자신을 높이려고만 하지 마세요. 그렇다고 무조건 자신을 낮추지도 말고요. 자신을 낮추는 대신 다른 사람을 높이면, 자신을 다른 사람과 동등하게 만들 수 있습니다.

가장 친한 친구나 배우자가 가장 잘하는 기술이 무엇인가요? 알고 있나요? 알고 있는 게 확실해요? 그들에게 가장 잘하는 기술이 무엇이라고 생각하는지 물어본 적이 있나요? 지난 한 주 동안 이런 기술에 대해 칭찬해 준 적이 있나요? 없다면, 지금 당장 시작하세요! 다른 사람에게 칭찬할 만한 점이 있다고 생각하고 칭찬했다면, 자신을 칭찬하는 것도 괜찮습니다.

이제 잠시 시간을 내어 자신의 기술과 강점에 집중해 보겠습니다. 다음은 이를 식별하는 가이드입니다.

'할 수 없는 것'이 아니라
'할 수 있는 것'에 집중하기
Focus on what you can do, not what you can't do

○

●

⬡

⬢

할 수 없는 일이 아니라 할 수 있는 일에 집중하려면, 종이나 컴퓨터 프로그램에서 빈 공간을 두 칸으로 나눠서 작성하세요.

내가 가진 주요 기술	내가 가장 좋아하는 기술

다음은 기술을 나타내는 동작 동사 목록입니다. 다소 포괄적이므로 다른 아이디어를 자유롭게 추가해도 좋습니다. 이 동사들을 출발점으로 삼고, 내가 가진 주요 기술을 적어 보세요. 필요한 경우 추가 용지를 사용하세요.

첫 번째 칸을 다 작성했으면, 내가 할 수 있고 좋아하는 일 다섯 가지를 골라 두 번째 칸에 적습니다. 과거에 내가 언제, 어떻게 행동했는지 몇 가지 예를 적어 보세요. 가능하면 최근의 일을 기록하세요.

■ 동사로서의 248개 스킬 목록

달성하기	achieving	얻어 내기	attaining
연기하기	acting	감사 하기	auditing
적응하기	adapting	예산 편성	budgeting
연설/강연	addressing	개발하기	building
관리하기	administering	계산하기	calculating
조언하기	advising	차트 작성	charting
분석하기	analyzing	체크하기	checking
예상하기	anticipating	분류하기	classifying
중재/조정	arbitrating	코치하기	coaching
정리하기	arranging	모으기	collecting
규명하기	ascertaining	의사소통	communicating
조립하기	assembling	집대성	compiling
평가하기	assessing	완성하기	completing

작곡하기	composing	해부하기	dissecting
컴퓨팅	computing	분배하기	distributing
개념화하기	conceptualizing	전환하기	diverting
지휘하기	conducting	극본 쓰기	dramatizing
보존하기	conserving	그림그리기	drawing
통합하기	consolidating	운전하기	driving
건설하기	constructing	편집하기	editing
지배하기	controlling	제거하기	eliminating
코디네이션	coordinating	공감하기	empathizing
대처하기	coping	집행하기	enforcing
상담하기	counseling	설립하기	establishing
생성하기	creating	견적 내기	estimating
춤추기	dancing	평가하기	evaluating
결정하기	deciding	시험 보기	examining
정의하기	defining	확장하기	expanding
배달하기	delivering	실험하기	experimenting
디자인	designing	설명하기	explaining
열거하기	detailing	표현하기	expressing
감지하기	detecting	추출하기	extracting
결정하기	determining	서류 정리	filing
개발하기	developing	자금 조달	financing
구상하기	devising	고치기	fixing
진단하기	diagnosing	따라가기	following
채굴하기	digging	공식화하기	formulating
연출하기	directing	기초 세우기	founding
발견하기	discovering	모으기	gathering
분배하기	dispensing	생성하기	generating
표시하기	displaying	획득하기	getting
반증하기	disproving	기부하기	giving

안내하기	guiding	재고 조사	inventorying
처리하기	handling	조사하기	investigating
책임감 있는	having responsibility	판결하기	judging
		간직하기	keeping
인솔하기	heading	이끌기	leading
돕기	helping	배우기	learning
가설 세우기	hypothesizing	강의하기	lecturing
식별하기	identifying	들어올리기	lifting
삽화 그리기	illustrating	듣기	listening
상상하기	imagining	벌목하기	logging
실행하기	implementing	유지하기	maintaining
개선하기	improving	만들기	making
즉흥적으로 작곡	improvising	처리하기	managing
(연주, 노래)하기		조작하기	manipulating
증가시키기	increasing	중재하기	mediating
영향 끼치기	influencing	회의하기	meeting
알려주기	informing	외우기	memorizing
시작하기	initiating	멘토링	mentoring
혁신하기	innovating	모형 만들기	modeling
시찰하기	inspecting	모니터링	monitoring
용기 주기	inspiring	동기 부여하기	motivating
설치하기	installing	항해하기	navigating
제정하기	instituting	교섭하기	negotiating
가르치기	instructing	관찰하기	observing
통합하기	integrating	입수하기	obtaining
해석하기	interpreting	제공하기	offering
인터뷰하기	interviewing	운영하기	operating
직관적으로 알기	intuiting	주문하기	ordering
창안하기	inventing	조직하기	organizing

창설하기	originating	읽기	reading
감독하기	overseeing	실현하기	realizing
그림 그리기	painting	추리하기	reasoning
지각하기	perceiving	받기	receiving
공연하기	performing	추천하기	recommending
설득하기	persuading	화해하기	reconciling
촬영하기	photographing	녹음하기	recording
조종하기	piloting	모집하기	recruiting
계획하기	planning	축약하기	reducing
놀기	playing	참조하기	referring
예측하기	predicting	사회 복귀시키기	rehabilitating
준비하기	preparing	연관 짓기	relating
처방하기	prescribing	기억하기	remembering
표현하기	presenting	연출하기	rendering
인쇄술	printing	수리하기	repairing
문제 해결	problem solving	보고하기	reporting
처리하기	processing	대표하기	representing
생산하기	producing	연구하기	researching
프로그래밍	programming	해결하기	resolving
기획하기	projecting	응답하기	responding
홍보하기	promoting	복원하기	restoring
교정하기	proofreading	회수하기	retrieving
보호하기	protecting	검토하기	reviewing
제공하기	providing	모험하기	risking
증명하기	proving	계획 짜기	scheduling
공론화하기	publicizing	선택하기	selecting
구매하기	purchasing	판매하기	selling
질문하기	questioning	감지하기	sensing
기르기	raising	구분하기	separating

섬기기	serving	번역하기	translating
배치하기	setting	여행가기	traveling
설정하기	setting up	대접하기	treating
바느질하기	sewing	문제 해결	roubleshooting
모양 만들기	shaping	과외 교습	tutoring
공유하기	sharing	타자 치기	typing
보여주기	showing	심판하기	umpiring
노래하기	singing	이해하기	understanding
스케치하기	sketching	대역 연습하기	understudying
해결하기	solving	책임맡기	undertaking
정렬하기	sorting	통일하기	unifying
이야기하기	speaking	합일하기	uniting
공부하기	studying	업그레이드	upgrading
요약하기	summarizing	사용하기	using
감독하기	supervising	활용하기	utilizing
공급하기	supplying	언어화하기	verbalizing
상징화하기	symbolizing	세탁하기	washing
시너지 효과 내기	synergizing	무게 재기	weighing
합성하기	synthesizing	승리하기	winning
체계화하기	systematizing	일하기	working
지침 주기	instructions	쓰기	writing
말하기	talking		
가르치기	teaching		
팀 만들기	team-building		
이야기하기	telling		
보살피기	tending		
시험 보기	testing		
훈련하기	training		
필사하기	transcribing		

누구에게나 문제가 있으므로 강점에 집중하세요

나만의 고유한 기술과 특성이 업무 수행에 어떤 도움을 줄까요? 어떻게 하면 남들보다 더 나은 방식으로, 남들과 다르게 업무를 수행할 수 있을까요? 어떻게 하면 더 포용적이고, 더 많은 사람과 소통할 수 있을까요?

당신은 고용주가 채용을 망설이는 문제를 가지고 있을지 모릅니다. 하지만 당신이 가진 기술과 강점, 관심사와 가치관에 초점을 맞추세요. 그걸 파악하고 기록한다면, 당신의 재능에 가장 적합한 직장을 찾을 수 있을 것입니다.

명심하세요. 고용주는 실력을 기준으로 구직자를 채용합니다. 당신은 실력으로 합격 통보를 받습니다. 차별은 여전히 존재하지만, 많은 조직이 다양한 인력을 채용하기 위해 적극적으로 노력하고 있습니다. 당신의 배경과 실력이 바로 그 조직이 원하는 인재일 수 있습니다.

포용적인 직장을 인식하고 찾는 방법

진짜 명품을 가지고 싶다면 진짜와 가짜를 구별할 수 있어야 합니다. 다양성을 포용하는 기업을 찾을 때도 마찬가지로 진짜와 가짜가 있고, 구직자는 그것을 구별해야 합니다. 다양성과 포용성에 관심이 있다고 말하는 기업과 진정으로 포용적인 환경을 조성하기 위해 전략을 실행하는 기업 사이에는 차이가 있습니다.

사진이 반드시 진실을 말해주지는 않습니다. 일부 조직에서는 잠재 고객이나 직원에게 '다양성'을 암시하거나 보여주기 위해 웹사이트나 마케팅 자료에 다양한 사진을 보여주지만 그것은 진정한 포용적 문화를 나타내지 않습니다. 사진은 최소한의 시작일 뿐이며, 더 깊이 파고들어야 합니다. 다음은 다양성, 형평성, 포용성에 대한 조직의 노력을 평가하기 위한 5가지 팁입니다.

1. 회사 웹사이트를 검토합니다.
- 조직에서는 이사회 구성원, 경영진, 사장 또는 기타 주요 사진을 종종 회사 웹사이트에 게시합니다. 사진 속 인물들을 살펴보세요. 얼마나 다양한지 또는 동질적인지 자세히 보세요.
- '회사 소개' 섹션을 읽고 다양성 및 포용에 대해 어떻게 말하는지 보세요. 다양성과 포용에 대한 열망과 노력을 찾아볼 수 있는 문구가 있는지 확인하세요.
- 사명 선언문이나 핵심 가치 선언문을 검토하고, 다양성과 포용에 관한 표현을 찾아보세요.

- 웹사이트의 인사 섹션을 읽고 근로자를 위한 지원 프로그램이 있는지 보고, 차별 금지 정책을 확인하세요. 인사 파트에서는 법에서 요구하는 공식적인 법적 진술만 게시하나요, 아니면 그 이상도 하나요?
- 회사에서 다양성과 포용성을 토대로 직원을 고용하고 있는지 확인하세요.
- 육아 및 부모를 위한 기타 지원 관련 정책 섹션을 확인하세요.
- 장애인을 위한 섹션이 있는지 확인하세요. 어떤 편의 사항이 언급되어 있거나 필요 사항을 추가로 논의할 수 있는 연락처가 있나요?

2. 링크드인Linkedin을 사용하여 해당 회사의 직원을 찾고 그들의 다양성에 주목하세요.

3. '소송' 또는 '차별' 등의 단어로 회사 이름을 구글Google에서 검색해 보세요. 이 영역에서 이력을 찾는 것은 부정적일 수도 있고 긍정적일 수도 있습니다. 물론 관행이 계속되고 있다면 부정적이지만, 회사가 변화와 성장을 위해 명확한 계획을 수립했다면 긍정적일 수 있습니다.

4. 면접에서 다양성 및 포용성과 관련된 질문을 할 수 있습니다. "귀사는 다양성과 포용성을 어떻게 지원하고 있나요?"라고 묻는 것만으로도 충분히 대화를 시작할 수 있습니다. 면접관이 이 질문에 자신 있게 대답한다면, 회사가 진정으로 평등한 문화에 관심이 있을 가능성이 높습니다.

5. 직원을 위한 구체적인 지원이 있는지 자세히 알아보고 문의하세요.
- 다양성 및 포용성과 관련된 사내 네트워크나 지원 그룹이 있나요? 직원들 누구나 참여할 수 있도록 열려 있나요?
- 조직에 선배 직원이 신입 사원의 경력을 성장시켜 줄 수 있도록 지원하는 멘토링 시스템이 있나요?
- 다양성, 형평성, 그리고 포괄성과 관련된 훈련 기회가 주어지나요?

당신이 걱정하는 분야나 고용주가 관심 없을 문제에는 집중하지 마세요. 당신이 하는 일에 집중하세요. 항상 배우려는 마음가짐을 유지하세요. 당신은 이 직업을 위해서나, 더 나은 지원자가 되기 위해 무엇을 배울 수 있나요? 고용주가 당신을 고용하면 행운일 수 있는 모든 이유에 집중하세요. 고용주가 당신을 고용하지 않을 수 있는 모든 이유를 생각하지 말고요.

결론은 고용주에게 당신을 숙련되고 유용한 자원으로 제공해야 한다는 것입니다. 실력은 언제나 긴 시간을 극복합니다. 기술이 확실하면 일자리를 찾을 수 있습니다.

다음 장에서는 당신이 습득한 기술을 집중적으로 연습해서 다음을 수행할 수 있도록 준비합니다. 잠재적 고용주에게 당신이 제공할 수 있는 것을 보여줘야 하니까요.

수년 전 저를 키워주신 할머니께 들은 이야기입니다.

누군가 당신을 길에 태웠는데

앞을 보니 그 길이 불편하고

목적지가 마음에 들지 않고

뒤를 보니 그곳으로 돌아가고 싶지 않다면,

그 길에서 벗어나라고요.

— 마야 안젤루

I was told many years ago by my grandmother

who raised me.

I somebody puts you on a road and

you don't feel comfortable on it and

you look ahead and you don't like the destination, and

you look behind and you don't want to return to that place,

step off the road.

- MAYA ANGELOU

4장

직업을
선택하거나
바꾸거나,
일자리를 찾는 방법

How to choose or change careers,

or find a job

이 책을 읽는 이유는 경력을 쌓으려고 계획하거나, 직종을 새로 바꾸고 싶거나, 직장을 찾고 있기 때문입니다. 이 장에서는 가장 효율적이고 효과적인 방법을 통해 앞으로 나아가는 방법을 소개합니다. 이 과정에서 시간을 낭비하고 싶은 사람은 없을 것입니다. 그렇다면 무엇이 효과가 있고 무엇이 소용이 없는지 알아야 합니다. 구직 활동을 진행하는 방법에 대한 잘못된 상식이 많이 있으니까요. 이런 잘못된 상식을 바로잡고 올바른 방향을 제시하겠습니다.

어떤 의미에서는 비교적 간단하게 일자리를 찾을 수 있습니다. 이론적으로는요. 자, 먼저 경력을 바꾸거나 원하는 일을 결정하고, 다음에는 나를 고용할 가능성이 있는 고용주들을 파악합니다. 그리고 나를 고용할 고용주를 만날 때까지 고용주들에게 연락을 취하는 거죠. 간단하죠? 그런데 현실은 그렇지 않습니다. 구직에는 많은 시간과 노력이 필요합니다. 이 장에서는 기본 사항을 살펴보고 다음 장에서는 구직 활동을 구체화할 것입니다.

경력 선택 또는 이직

Choosing or changing your career

혹시 처음으로 직업을 선택 중인가요? 아니면 어느 분야에서 일하고 있었는데 직업을 바꾸고 싶은 건가요? 어느 쪽이든 상관없습니다. 이 책의 5장과 6장에서 직업을 선택하거나 변경할 때 가장 효과적이고 철저하게 검증된 방법 가운데 하나를 알려드리겠습니다. 처음 직장을 구하거나 직업을 바꾸는 두 경우 모두 행운을 얻을 것입니다.

앞서 설명할 꽃 연습Flower Exercise은 새로운 직업이나 다음 직업을 고려하는 데 가장 필요한 핵심적인 요소를 세분화하는 좋은 방법입니다. 바로 '나에 대해 알기'때문입니다. 좋아하는 것과 싫어하는 것, 강점과 약점, 관심사, 경력 요구 사항 등, 나에 대해 더 많이 알수록 더 나은 선택을 할 수 있습니다. 지금 당장은 물론 미래에도 더 나은 직업을요.

　하지만 이에 앞서 좋은 커리어 계획이 무엇인지를 먼저 살펴보겠습니다. 사람들은 보통 한두 가지의 좁은 아이디어로 시작해서 점차 더 넓은 스펙트럼으로 확장한 다음, 다시 범위를 좁혀 가장 적합한 아이디어를 찾는 경우가 많습니다. 하지만 이제부터는 먼저 시야를 넓히세요. 생각 중인 옵션을 최대한 늘릴 때까지 범위 좁히는 것을 미루는 게 좋습니다. 온갖 직업을 모두 떠올려 본 다음에 하고 싶은 직업으로 범위를 좁히는 거죠.

　예를 들어봅시다. 당신이 저널리스트지만 교사나 그래픽 디자이너, 스타일리스트가 되는 것도 생각해 본 적이 있다고 가정해 보세요. 순서가 어떻게 될까요? 먼저 정신적 지평을 넓혀 당신이 할 수 있는 여러 가능성을 살펴보겠죠. 그런 다음에 가장 관심 있는 두세 가지로 좁히기 시작하면 됩니다.

　이직하려고 할 때, 반드시 고려해야 할 몇 가지 사항을 제안합니다.

폭넓게 탐색

매력적이거나 흥미로워 보이거나 평소에 선망하던 직업을 찾아보세요. 인생은 멀리서 보면 희극이지만 가까이서 보면 비극이라는 말이 있죠? 직업도 마찬가지입니다. 선망하던 직업의 실체가 상상한 만큼 멋지지 않은 경우가 꽤 많습니다. 그러니 직업 선택 전에 먼저 그 일을 이미 하는 사람들과 이야기를 나눠보세요. 그 직업이나 직무가 겉으로 보이는 것만큼, 그리고 당신이 원했던 만큼 훌륭한지 알아보세요. 그들에게 인터뷰를 요청하고 물어보는 거죠.

"이 일에서 가장 마음에 드는 점은 무엇인가요? 이 일에서 가장 마음에 들지 않는 점은 무엇인가요? 그리고 어떻게 이 일을 시작하게 되었나요?"

마지막 질문은 당신이 이 직종이나 직업을 선택할 중요한 단서가 됩니다. 직업으로 가는 경로니까요. 그리고 그들에게 자신의 직업을 어떻게 생각하는지 물어보세요. 그 사람들이 자부심을 느끼지 못하고 싫어한다면 어쩌면 당신에게도 불만족스러울 수 있으니까요.

하지만 사람마다 자신의 직업을 다른 시각으로 바라볼 수 있습니다. 따라서 인터뷰 대상자가 말하는 것에 너무 큰 의미를 두지는 마세요. 예를 들어 소방관 중 누군가는 사람을 살리는 보람 있는 직업이라고 생각하지만, 누군가는 잠도 편히 못 자는 힘든 직업이라고 말할 수 있으니까요. 어떤 직업이든, 자신의 재능과 창의력에 맞는 방식으로 일하고 정의할 수 있는 여지가 많습니다.

안정성 유지

한 직종에서 다른 직종으로 옮길 때, 생활의 일관성을 염두에 두세요. 직업이나 직종을 바꾸는 동안, 시간과 수입과 환경이 크게 변화할 수밖에 없습니다. 구직 기간이 길어질 수도, 수입이 줄어들거나 없을 수도 있습니다. 이러는 동안에도 이직하거나 취업할 때까지 안정적으로 생활이 유지되어야 합니다. 다시 말해, 모든 것을 한꺼번에 바꾸지는 마세요. 인생의 전환기를 맞이할 때는 굳건히 서있을 자리가 필요합니다. 그리고 그 자리는 성격, 신앙, 가치관, 재능 또는 불변의 기술 등 당신에 대해 변함없는 것들이 뒷받침해 줄 것입니다.

취업 시장이 아니라 나부터 시작하기

가능하다면 취업 시장이나 '인기 있는' 직업보다는 당신이 원하는 것부터 시작하는 게 좋습니다. 하고 싶은 일을 해야 강한 열정이 생기고, 일이 힘들어도 행복하게 지낼 수 있습니다.

구직에 나서는 당신도 마찬가지입니다. 일하고 싶은 열망으로 불타오를 때, 합격 여부를 결정하는 고용주에게 훨씬 더 매력적으로 보일 수 있습니다.

하고 싶은 일에 대한 비전과 열정을 가지기에는 너무 힘든 구직 기간일 수도 있지만 시도해 보세요. 어떤 직업이든, 직업을 가짐으로써 얻어지는 혜택을 생각하면 내가 하는 일에 열정이 생길 것입니다.

어떤 사람들은 자신이 원하는 것보다 구직 시장의 수요와 희망에 초점을 맞춰 구직 활동을 하려고 합니다. 이러한 예측으로 결정한 직업은 종종 '인기 있는' 일자리지만, 신중하게 접근하라고 권하고 싶습니다. 예측은 어디까지나 예측일 뿐입니다. 다섯 명의 전문가에게 물어보면 다섯 가지의 매우 다른 목록이 나올 수도 있죠. 그리고 이러한 목록 중 상당수는 기술 산업에 치우쳐 있습니다. 2020년과 2030년 사이에 가장 빠르게 성장할 것으로 예상되는 직업에 대한 노동통계국의 2020년 보고서를 볼까요? 이 보고서에 따르면

상위 직업 목록은 다음과 같습니다. [21]

1. 풍력 터빈 기술자

2. 영화관 직원(영사기사, 매표원, 안내원)

3. 전문 간호사

4. 태양광 패널 설치자

5. 레스토랑 셰프

6. 유명인 및 스포츠 에이전트 및 비즈니스 매니저

7. 의상 도우미 및 스타일리스트

8. 운동선수

9. 작업 치료사

10. 통계학자

이들 중에서 몇 가지 직업이 흥미롭게 느껴집니까? 당신이 가진 기술을 사용할 수 있는 직업은 몇 개나 되죠? 당신에게 맞는 직업이 있다면 꼭 조사해 보세요. 하지만 흥미를 끄는 직업이 없다면, 이것은 쓸모없는 목록일 뿐입니다. 사실 인기 직업 목록이 흥미롭기는 하지만, 진로를 결정하는 데 도움이 되는 경우는 거의 없습니다.

온라인(www.bls.gov/ooh)에서 제공되는 직업 전망 핸드북은 보다 정교한 수준의 직업 전망을 제시하고 있습니다. 매년 업데이트되고 있죠. 여기에서 직업군별 직업과 직종, 새로 생겨날 것으로 예상되는 일자리 수, 평균보다 빠른 일자리 증가율, 필요한 교육 또는 훈련 수준, 중간 임금 등을 검색할 수 있습니다. 또한 '유사 직종' 기능도 있습니다.

인기 직업을 선택하는 게 현명한 결정처럼 생각될 수 있습니다. 지금 각광받고 있으니까요. 하지만 나중에 역효과를 낼 수도 있습니다. 누군가가 '핫'한 직업을 가졌다고 해서, 그 직업이 나에게도 맞는 것은 아닙니다. 직업은 취미활동처럼 잠시 해보고 바꾸는 게 아니니까요. 그러니 5장과 6장의 꽃 연습을 완료하세요. 나에 관해 파악하고 직업을 선택하는 것이야말로, 취업이나 이직 과정에 있는 당신에게 가장 중요한 것입니다.

좋아하는 일에 집중

가장 행복하고 성취감을 느낄 수 있는 최고의 일과 최고의 직업은 인기 직업이 아닙니다. 내가 좋아하는 과목이나 분야 또는 나의 전문 지식을 활용할 수 있는 일, 내가 선호하는 사람들, 선호하는 근무 조건, 원하는 급여 또는 기타 보상을 제공하는 직업, 그리고 그 일

138
비상이동 매뉴얼

을 통해 나의 목표와 가치를 이뤄 나가는 게 최고의 직업입니다. 좋아하는 일에 집중하는 것이 그래서 중요합니다. 이를 위해서 내가 어떤 사람인지에 대해, 내가 가진 능력Self-Inventory을 철저하게 파악하는 일이 필요합니다. 6장의 꽃 연습을 하면 도움이 될 것입니다.

천천히 시간 보내기

구직 활동은 대부분 생각보다 오랜 시간이 걸립니다. 물론 남들보다 빨리 끝내는 사람도 있지만요. 많은 사람이 이력서는 한두 시간 안에 작성할 수 있는 간단한 문서라고 생각합니다. 하지만 이력서를 작성하기 위해서는 시간이 꽤 많이 걸립니다. 서두르면 좋은 이력서를 작성할 수 없습니다. 이력서는 고용주에게 당신의 실물보다 먼저 당신에 관해 알려주는 얼굴이니까요.

새로운 직업을 선택할 때는 더 많은 시간과 생각을 할애할수록 더 나은 선택을 할 수 있습니다. 성급하게 해결책을 찾으면 종종 불이익이 따라옵니다. 실수해도 괜찮습니다. 맞지 않는 곳에 취직해서 고통받다 그만두는 것보다 구직자 신분으로 몇 달 더 지내는 편이 낫습니다. 여유 있게 하세요. 대부분의 사람들은 일생을 살면서 최소 5~7개의 직업을 갖게 되며, 많게는 10개 이상의 직업을 갖게 됩니다. 30년 동안 6개의 직업을 가졌을 경우, 한 직업으로 평균 5년은 유지할 테니까요.

재미있게 유지

새로운 직업을 선택하고 취업하는 과정은 가능한 한 즐겁게 해야 합니다. 그래야 지치지 않고 정말로 하고 싶은 일을 찾을 가능성이 높아집니다.

어떻게 재미있게 할까요? 일단 커다란 백지와 필기도구를 준비하세요. 색연필이나 펜을 사용해서 내가 살고 싶은 곳, 함께 하고 싶은 사람, 하고 싶은 일, 살고 싶은 집, 이상적인 휴가 등 꿈에 그리던 삶의 모습을 그려 보세요. 그림을 그릴 때는 지금의 현실에 구애받지 마세요. 마법사가 되었다고 상상하세요. 마술 지팡이를 휘두르면 원하고 생각하는 모든 게 이루어지는 거죠. 그림을 잘 그리지 못한다고 말하겠죠. 그러면 스티커나 기호를 사용해도 됩니다. 사물의 기호를 만들거나 라벨을 붙인 작은 장식품을 만들어도 좋습니다.

당신이 꿈꾸는 이상적인 삶의 비전을 한꺼번에 볼 수 있도록 한 페이지에 어떻게든 만들어 보세요. 잡지나 인터넷에서 사진과 명언을 오려서 종이에 붙이는 방식으로 비전 보드를 만들 수도 있습니다. 어때요, 만족스러운가요? 우스꽝스러운가요? 하지만 이 연습의 힘은 가끔 저를 놀라게 합니다. 그 이유가 뭘까요? 그림이나 기호를 사용함으로써 논리적 사고를 벗어날 수 있기 때문입니다. 변화를 설계하는 창의적 사고에 집중할 수 있죠. 스스로 새로운 삶을 탐색하면서 이런 재미있는 일을 해보세요. 그리고 그 비전 보드를 잘 보이는 곳에 붙여 두고 보세요. 더 원하는 게 생기면 수정해도 좋습니다.

학교에서 좋아하는 것 공부하기

이제 막 고등학교를 졸업했을 경우, 대학 학위가 취업을 보장해준다고 생각하고 대학 학위를 취득하지 마세요! 그렇지 않습니다. 설사 그렇다 하더라도 그 직업을 원하고 좋아하는 경우에만 대학 진학이라는 접근 방식에 의미가 있습니다.

사람들이 쓴 편지로 가득 찬 제 이메일을 보여주고 싶네요. '고학력 신화를 믿고 멋져 보이는 분야의 학위를 취득한 후 쉽게 취업할 수 있다고 생각했습니다. 하지만 2년이 지난 지금도 실업자 신세를 면치 못하고 있습니다.' 이런 내용의 편지들 말입니다. 좋은 시절이든 나쁜 시절이든, 불경기든 호경기든, 그들은 쓸쓸해하고 분노하며 사회가 자신에게 거짓말을 했다고 느끼고 실망합니다. 특히 법대 졸업생들은 최근 몇 년 동안 졸업생들의 취업 수치를 조작한 로스쿨을 고소했고, 뉴스에 자주 등장했습니다.

이런 값비싼 실수를 피하려면 이 책의 도움을 받으세요. 직업을 직접 선택하고, 선택한 직업에 대해 끝까지 탐구하고, 자신이 정말 좋아하는지 알아본 다음 학위를 취득해야 합니다. 학위가 직업을 보장해 주기 때문이 아니라, 이렇게 한 선택에는 열정과 열망, 에너지가 느껴지기 때문입니다.

이 책에서 소셜 미디어, 이력서 작성 등에 대해 제안하는 내용을 익히고 연습하세요. 그러면 고용주에게 당신의 학위를 그들의 언어로 설명할 수 있을 것입니다. 그렇게 취업해야 사람들이 꿈꾸는 삶을 당신도 찾았다고 느낄 것입니다.

진로 테스트는 신중하게 사용

진로를 결정하기 힘들 때 사람들은 흔히 진로 테스트를 해봅니다. 책이나 인터넷을 이용하거나 직업상담사를 찾아가는 등 어디에서나 진로 테스트를 받을 수 있으니까요. 때때로 이것은 진로 선택자나 이직자가 찾고 있는 통찰력, 방향성, 지침을 정확하게 제공합니다. 하지만 너무 신뢰하지는 마세요. 테스트는 성격 특성과 관심사에 대한 제한된 관점만 보여줍니다. 일반적으로 사용되므로 특정 기술을 측정하지는 않습니다.

게다가 많은 테스트는 의도하는 방향으로 왜곡될 수 있습니다. 만일 변호사가 되고 싶다면 변호사라는 직업에 맞춰 답을 조정할 수 있죠. 진로가 결정되지 않은 사람들은 종종 테스트 결과도 다양하게 나옵니다. 그렇다면 테스트를 왜 하는 걸까요?

테스트는 때로 유용한 정보를 제공하기도 합니다. 나의 강점을 파악하는 테스트를 했다면 상위 다섯 가지 강점을 파악할 수 있고, 이 결과를 면접에 대비한 스토리로 만들 수 있겠죠. 나의 성격 특성을 알려주는 테스트는 특성에 맞는 직업을 생각해 보는 데도 도움이 됩니다. 정보가 반드시 나쁜 것은 아니며, 불완전한 경우가 많을 뿐입니다. 따라서 테스트를 받을 때는 '인생에서 이 직업을 선택하는 것이 맞다'라는 확실한 답을 찾기보다는 직업에 대한 단서나 제안을 찾는 데 초점을 맞춰야 합니다.

흥미에 기반한 진로 검사는 검사할 당시 자신에 관해 알고 있는 것만 반영할 수 있습니다. 어떤 기술과 재능을 지니고 있는지, 나를 어떻게 활용하고 싶은지 예측할 수는 없습니다. 따라서 테스트 결과는 폭넓게 해석해야 합니다. 하지만 사람들은 테스트 결과를 거의 항상 문자 그대로 해석합니다.

연구, 저술, 강의 분야에서 뛰어난 경력을 쌓아온 어느 심리학 교수는 대학에서 회계학에 대한 커리어 테스트를 받았습니다. 그는 회계학 커리큘럼을 살펴봤지만 건조하고 지루하다는 느낌을 받았죠. 나중에 그는 자신이 수학을 좋아하고 아버지가 회계사라는 사실을 반영한 테스트였다는 사실을 깨달았습니다. 회계는 그에게 그냥 친숙한 분야였을 뿐, 진로를 결정할 만한 관심은 아니었습니다.

창의적인 유형의 사람은 식물에 관심이 없는데도 '플로리스트' 같은 결과가 나옵니다. 어느 컴퓨터 기반 테스트에서는 '사람을 좋아하는' 사회적인 유형에게 장례지도사를 추천해서 악명이 높아졌고, 일부 사람들은 실망했죠.

숙련된 상담사가 테스트를 신중하게 해석하지 않으면, 테스트 결과는 오히려 잘못된 방향으로 이끌 가능성도 높습니다. 커리어 테스트는 궁극적으로 아이디어를 구체화하는 데 도움이 될 수 있지만, 무엇을 해야 할지 알려줄 거라고 기대하면 안 됩니다. 테스트는 정답을 알려주지 않습니다. 하지만 통찰력을 얻을 수는 있으니, 원한다면 테스트를 받아보세요. 다만 큰 기대는 걸지 말고요.

테스트를 좋아한다면 직접 해보세요. 인터넷에 많은 테스트가 올라와 있습니다. 상담사가 유료로 제공하기도 하니까, 원하는 검사가 있다면 여러 곳을 둘러보세요.

경력 변경 프로세스를 세분화하기

Let's break down the career change process

○

●

⬡

⬢

    직업을 선택하거나 변경하기 위한 좋은 방법은 다음과 같습니다. 다음 페이지의 다이어그램에 설명된 것처럼, 당신에게 맞는 커리어를 체계적으로 세분화하고 구축해 보세요. 이 과정을 통해 당신에게 맞는 커리어를 찾아낼 수 있습니다.

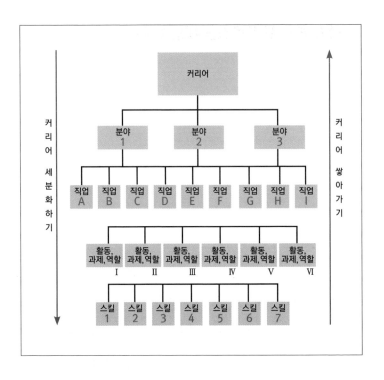

이 다이어그램에는 두 가지 방법으로 접근할 수 있습니다.

먼저 가장 중요한 소질, 즉 당신이 특히 잘하는 소질이나 좋아하는 소질을 맨 아래에 나열하는 것으로 시작할 수 있습니다. 그런 다음 이러한 소질을 특정 업무 또는 이와 관련된 직무로 분류합니다. 예를 들어, 작가로서의 소질이 있을 수 있습니다. 다음에는 뉴스 기사, 카피, 신간 보도자료 등 어떤 글을 쓸지 선택해서, 그 기술을 직무에 어떻게 활용할지 생각해 볼 수 있겠죠. 그런 다음 해당 작업이 포함된 직무를 파악하면, 진로 선택으로 탐색할 만한 광범위한 분야를 결정할 수 있습니다.

맨 위에서 시작할 수도 있습니다. 이미 전환했거나 시작하고 싶은 분야가 있을 수 있습니다. 마케팅 분야에 관심이 있다면, 맨 위에 '마케팅 경력'으로 시작합니다. 그리고 광고, 영업, 홍보 등 두세 가지 분야로 세분화합니다. 다음에는 해당 분야와 관련된 채용 공고를 찾아보고, 채용 공고에 설명된 활동과 직무를 기록합니다. 마지막으로 필요한 소질을 분석해 보고, 자신을 비교해서 가장 적합한 직업을 결정하는 것입니다.

두 단계로 경력 변경하기

두 단계로 경력을 변경하는 것은 새 직업을 찾는 방법은 아닙니다. 희망하는 직업을 알아보고, 그 직업으로 이동하는 방법이죠. 한 단계가 아니라 두 단계로 경력을 변경하는 방법은 많은 경력 전환자들이 성공한 방법입니다.

정확히 어떻게 할 수 있을까요?

먼저 정의부터 알아봅시다. 어떤 직업Job은 한 분야Field의 이름이 붙여진 직업의 이름Job Title입니다. 직업에는 직업과 분야라는 두 가지 부문이 있습니다. 직업은 무언가 하는 일을 의미합니다. 분야는 무엇을 하는지를 의미합니다.

극적인 경력 전환은 직업과 분야 두 가지를 모두 바꾸는 것입니다. 이것은 아래의 다이어그램에서 보듯이 어려워 보이는 경로입니다. 이 어려운 경로를 시도할 때의 문제점은 과거의 경력을 내세울 수 없다는 것입니다. 하지만 두 단계로 경력을 전환하면 이야기가 달라집니다.

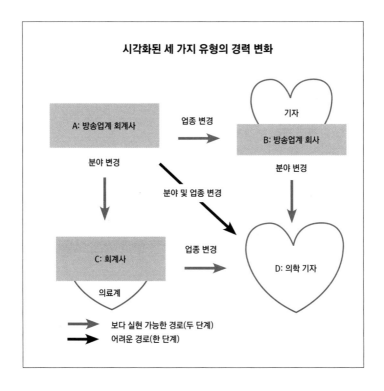

시각화된 세 가지 유형의 경력 변화

A: 방송업계 회계사 → 업종 변경 → B: 방송업계 회사 (기자)

분야 변경

분야 및 업종 변경

C: 회계사 → 업종 변경 → D: 의학 기자

의료계

분야 변경

보다 실현 가능한 경로(두 단계)
어려운 경로(한 단계)

현재 방송업계 회사에서 회계사로 일하고 있고, 경력을 바꾸고 싶다고 가정해 봅시다. 새로운 의학 발전에 관한 리포터가 되고 싶다고 해보죠.

가장 어려운 길을 선택해서 방송업계 회계사 A로 취업 시장에 나갔다가 의학 분야 기자 D로 새로운 경력을 시작하려고 한다면, 꽤 어려운 도전이 될 것입니다. 물론 운이 좋고 새로운 분야에 관련된 지식과 기술을 강조하는 소셜 미디어 프로필을 잘 작성하면 성공할 수도 있습니다. 하지만 만약 그렇지 않다면요? 문제가 해결되지 않으면 다음과 같은 시나리오가 발생할 수 있겠죠.

- 면접관: "리포터가 되고 싶다고 하셨군요. 전에 기자를 해본 적이 있나요?"
- 당신의 대답: "아니요."
- 면접관: "의료 분야에 종사하고 싶다고 하셨군요. 전에 의료 분야에 종사한 적이 있나요?"
- 당신의 대답: "아니요."
이야기 끝, 당신의 경력 전환은 끝장났습니다.

반면에 분야나 직업 중 하나만 변경한다면 언제든지 이전 경력을 주장할 수 있습니다. 위 다이어그램에서 3년 동안 A에서 C로, C

에서 D로 두 단계를 거쳐 경력 전환을 한다고 가정해 보겠습니다.

- 첫 이직 시 면접관(해당 분야만 변경): "전에도 비슷한 일을 해본 적이 있나요?"
- 당신의 대답: "네, 수년 동안 회계사로 일했습니다."
- 두 번째 이직 시 면접관(직업이 변경): "전에 이런 종류의 일을 해본 적이 있나요?"
- 당신의 대답: "네, 의료계에서 수년 동안 일했습니다."

이 경우 당신의 경력 전환은 성공할 가능성이 높습니다.

이번에는 3년 동안 A에서 B로, B에서 D로 경력을 전환한다고 가정해 보겠습니다.

- 첫 이직 시 면접관(직업만 변경): "전에 이런 종류의 일을 해본 적이 있나요?"
- 당신의 대답: "네, 방송업계에서 수년 동안 일했습니다."
- 두 번째 이직 시 면접관(해당 분야만 변경): "전에 이런 종류의 일을 해본 적이 있나요?"
- 당신의 대답: "네, 수년 동안 리포터로 일했습니다."

이번에도 경력 전환의 가능성은 상당히 높아질 것입니다.

이렇게 두 단계로 경력을 전환하면 이직할 때마다 이전 경력을 합법적으로 주장할 수 있습니다. 말할 필요도 없이, 채용될 확률은 매번 엄청나게 높아집니다.

경력 전환의 가능성은 사람마다 다르게 나타납니다. 어떤 사람은 쉽게 전환할 수 있지만, 어떤 사람에게는 추가 교육이나 훈련이 필요해서 천천히 진행되기도 합니다. 새로운 분야로 이동하기 위해 급여가 줄어드는 걸 받아들여야 하는 경우도 드물지 않습니다. 필요하다면 조금씩 천천히 전진하는 것도 중요합니다.

다른 사람과 나를 비교하지 마세요. 경력을 전환하면 동종업계 동료들보다 뒤처진다고 느낄 수 있습니다. 그리고 얼마 동안 새로운 분야에서 따라잡아야 할 것들도 있어서 바쁘고 힘들겠죠. 하지만 바꾼 직업이 궁극적으로 당신을 더 행복하게 해줄 수 있다면 그만한 가치가 있을 것입니다.

흥미로운 경력 전환 사례를 하나 소개하겠습니다. 캣 이브스Kat Eves는 항상 패션에 관심이 많았습니다. 대학에서 저널리즘을 공부하는 동안 그녀는 친구들의 쇼핑을 따라가서 돕는 것을 좋아했습니다. 그녀의 친구 중에 덩치가 크고 멋을 전혀 모르는 남자가 있었죠. 그는 옷을 어떻게 입어야 멋지게 보이는지 몰랐지만, 다행히 옷을 잘 입는 사람을 알고 있었죠. 그는 캣과 함께 쇼핑에 나섰고, 자신을 완벽하게 만들어주는 옷을 샀어요. 덕분에 관심을 보이는 사람이 생겼고, 결국 그녀와 사귀게 되었답니다!

대학 졸업 후 캣은 저널리즘 분야에서 일자리를 찾기 위해 샌프란시스코로 이사했습니다. 하지만 우선 집세를 내야 했죠. 그래서 다양한 라이브 이벤트 티켓을 판매하는 공연장을 찾아가 일했습니다. 영업 기술을 인정받은 그녀는 기술 스타트업의 채용 담당자에게 연락을 받았습니다. 그녀의 진짜 관심사는 영업이 아니었지만, 급여를 더 많이 받을 수 있었어요. 그리고 빠르게 변화하는 스타트업의 분위기에서 그녀는 어떻게 일해야 하는지 많은 것을 배웠습니다.

하지만 그녀가 원했던 글 쓰는 직업은 아니었죠. 그래서 그녀는 크리에이티브 에이전시에서 임시직으로 일하는 모험을 했습니다. 그 결과 소규모 출판사의 계약직으로 일하게 되었습니다. 접수 담당자였죠. 그런데 그 회사가 우연한 기회에 Spa 매거진과 사무실을 공유하게 되었어요. 그녀는 Spa의 편집자들과 뷰티와 패션에 관한 대화를 나눴고, 마침내 첫 번째 기사를 쓰고 우정을 쌓게 되었습니다.

게다가 그 친구 중 한 명을 통해 다른 출판사의 책 홍보 담당자로 일할 수 있는 내부 정보를 얻었습니다. 급여는 많지 않았지만, 이 일을 통해 그녀는 글을 쓸 기회를 얻었습니다. 아직 많은 언론사가 페이스북Facebook, 트위터Twitter, 인스타그램Instagram을 사용하지 않던 시절에, 그녀는 출판사가 소셜 미디어라는 새로운 세계에 발을 들여놓도록 도왔습니다. 이 일을 계기로 그녀는 재미 삼아 패션에 관한 인스타를 시작했고, 자신과 친구들의 의상 사진과 함께 플러스 사이즈 패셔니스타를 위한 팁을 게시했습니다.

이 이야기의 나머지는 책 한 권을 쓸 만큼 흥미진진하지만, 넘어 가겠습니다. 그녀가 일한 출판사는 윤리적 비즈니스 관행을 기반으로 브랜드를 구축한 회사였어요. 그녀가 맡았던 책 홍보 업무는 출판사의 마케팅 및 홍보 업무로 이어졌습니다. 캣이 대학에서 만난 덩치 큰 남자의 아내가 전화하기 전까지는 그야말로 꿈에 그리던 직업이었어요. 그 부부는 LA로 이주했고, 그녀의 친구 중 한 명이 인기 드라마 「아나키의 아들들Sons of Anarchy」에서 배역을 맡게 되었습니다. 그는 연기는 잘할 수 있었지만, 레드카펫에서 어떻게 옷을 입어야 할지 몰랐어요. 캣이 이번에도 도왔을까요? 캣은 전문 스타일리스트의 작업 방식에 대해 거의 몰랐어요. 하지만 LA로 날아가서 환상적인 레드카펫 룩을 만들어 냈죠. 이 일을 계기로 그녀는 패션에 대한 꿈을 키우기 시작했습니다.

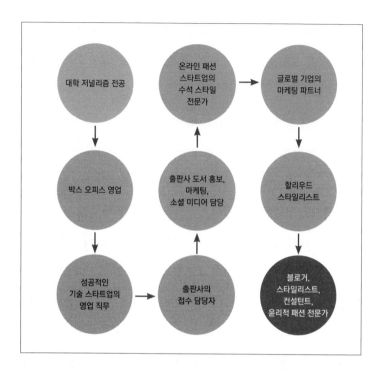

캣은 실리콘 밸리의 한 온라인 패션 스타트업에 취직했습니다. 광고 제작부터 화보 촬영 기획까지 모든 업무를 담당했죠. 그러던 중 대형 마케팅 회사의 채용 담당자가 회사를 그만두었습니다. 캣이 그 일을 맡았죠. 패션도 아니고 글쓰기도 아니었지만, 구글Google부터 웰스 파고Wells Fargo에 이르기까지 베이 지역 대기업들의 마케팅 계획을 보고 네트워크를 형성할 수 있는 좋은 기회였습니다.

1년 후 그녀는 사진작가인 남편과 함께 할리우드Hollywood로 이사하기로 결심했습니다. 몇 주 만에 프리랜서 일을 시작했고, 어느 날 뮤직비디오 의상을 사기 위해 메이시스 매장에서 줄을 서서 기다리다가 성공한 할리우드 스타일리스트를 만났습니다. 곧 그녀는 루폴의 드래그 레이스 심사위원 등 유명인의 의상을 담당했을 뿐만 아니라, 보그Vogue, 인스타일InStyle 등에서 패션 전문가로 인용되었습니다.

그녀의 다음 계획은 뭘까요? 확실하지는 않지만, 분명 더 멋진 일을 하겠죠? 그녀가 궁금하면 인스타그램(@styleethic)과 웹 사이트(attestyleethic.com)에서 캣을 찾아보세요.

구직자들에게 어떤 조언을 해주고 싶냐는 질문에 그녀는 "직감이 '안 된다'고 말하지 않는 것은 무엇이든 '예스'라고 말하고, 항상 자신의 가치를 염두에 두세요."라고 답합니다. 그것이 최고의 지침입니다. 직업 윤리에 대해 옳지 않다고 느끼면 행복하지 않을 것입니다. 그녀는 새로운 도시로 이사하는 것도 꿈을 좇는 좋은 방법이라고 조언합니다. 덧붙여 함께 일하고 싶거나 배우고 싶었던 모든 사람에게 다가가 "안녕하세요, 전 이 도시에 새로 이사 왔어요. 커피 한 잔 같이 마실 수 있을까요?"라고 말해보세요. 그녀를 보세요. 엘리베이터에서 잡지 편집자와의 대화, 메이시스 매장에서 내 뒤에 줄 선 여성, 완벽한 셔츠를 찾아야 하는 대학 친구 등 어디서든 기회가 올 수 있다는 사실을 기억하세요.

완전히 다른 두 가지 구직 전략

The two completely different strategies for finding a job

○

●

⬡

⬡

직장을 구하거나 직장을 옮길 때는 보통 두 가지 방법이 있습니다. 하나는 모두가 '구직 활동은 이렇게 해야 한다.'라고 말하는 방식입니다. 전통적인 접근법이지요. 사람들이 항상 해왔던 방식이고, 알고 있는 유일한 방법이기 때문이기도 하죠. 대부분의 사람들은 이 방법을 알고 있거나 금방 배울 수 있습니다. 많은 시간이 필요하지 않으니까요.

어떻게 하냐고요? 먼저 온라인과 오프라인에서 고용주가 올린 구인 광고를 찾아보는 거죠. 그리고 가장 흥미 있는 회사에 접근합니다. 지원서를 업로드하고 응답을 기다립니다. 동시에 이력서를 작성하고 게시합니다. 또는 메일링 리스트에 이력서를 수북하게 보내세요. 그래도 채용 제의가 오지 않으면 이력서를 더 많이 보내세요. 이력서를 어디에나 게시하세요.

이 방법이 효과가 있었다면 다행입니다! 만약 그랬다면 아마도 이 책을 읽지 않았겠지요. 하지만 이 방법이 효과가 없다면, 좋은 소식은 완전히 다른 두 번째 구직 또는 이직 방법이 있다는 것입니다. 소위 낙하산 접근법입니다.

이 방식은 취업 시장이 아니라 자신으로부터 시작합니다. 내가 어떤 사람인지, 내 재능 중 어떤 재능을 가장 잘 활용할 수 있는지 파악합니다. 그런 다음 나에게 맞는 직장을 찾아야 합니다. 하지만 채용 공고가 올라오거나 공석이 생길 때까지 기다리지 마세요. 이 력서가 아니라 사람을 통해 접근해야 합니다. 나를 알고 그 조직도 아는, 다리 역할을 해줄 사람을 통해서요.

전통적인 접근 방식을 계속 사용했는데 효과가 없다면 중단하세요. 접근 방식을 바꿔야 합니다. 다음 표의 오른쪽 열에 설명된 대로 낙하산 접근법을 사용해 보세요. 전통적인 접근 방식 열을 살펴보고 이러한 조치를 얼마나 많이 취해 왔는지 확인하세요. 그런 다음 낙 하산 접근 방식 열을 살펴보고 대신 어떤 조치를 해야 할지 기록해 보세요. 물론 낙하산 접근 방식을 사용하는 편이 더 어렵습니다.

구직은 여러 사람의 도움이 필요하고, 많은 작업이 필요하죠.

게다가 당신이 누구인지, 당신의 삶이 어디로 가고 있는지 열심히 생각하고 성찰하게 만듭니다. 그래서 가치있는 일입니다. 첫 장에서 구직은 당신의 일이고 당신이 책임져야 한다고 했던 말을 기억하고 있나요? 이런 작업은 구직에 대한 책임감과 주인의식을 갖는 것입니다. 단지 일자리에 관한 것이 아닙니다. 한 걸음 물러서서 인생 전체에 대해 생각하게 합니다. 인생에서 무엇을 원하는지를 생각해 보세요. '나는 누구인가?'로 시작해서 '무엇을 할 것인가?'까지 고려해야 합니다. 누가, 무엇을 우선시하는지를 알아야 하죠.

이 두 가지가 당신이 선택할 수 있는 기본적인 구직 또는 경력 전환 전략입니다. 각 전략은 차트에 표시된 것처럼 11가지 요소로 더 세분화할 수 있습니다.

	전통적인 접근 방식	낙하산 접근 방식
찾고 있는 것	직업	좋아하는 소질과 좋아하는 분야 또는 지식을 활용하는 이상적인 직업
당신의 기본 계획	구인 게시판에서 어떤 일자리가 있는지 확인하세요.	탐색을 시작하기 전에 어떤 직업에 관심이 있고 동기를 부여할 수 있는지 결정하세요.
준비 사항	취업 시장에서 원하는 것이 무엇인지, '인기 있는 직업'이 무엇인지 조사해 보세요. 당신의 최고 무기는 '적응'하는 능력입니다.	스스로에게 숙제를 내어 자신이 가장 잘하고 가장 좋아하는 일이 무엇인지 알아보세요. 당신의 최고 무기는 '열정'입니다.
어떤 고용주에게 접근해야 하는지 파악하는 방법	공석이 생길 때까지 기다립니다.	정보 제공 인터뷰를 통해 숙제를 바탕으로 어떤 조직에 가장 관심이 있는지 파악합니다(그 당시 공석이 없더라도).
연락 방법	이력서	온라인 또는 오프라인에서 인맥을 쌓은 연결자(브릿지 피플)
이력서의 목적	당신이 왜 그곳에 채용되어야 하는지에 대해 설득하세요.	그들과의 첫 인터뷰
인터뷰하는 경우, 주요 목표	당신이 왜 그곳에 채용되어야 하는지에 대해 설득하세요.	그곳에서 또 다른 인터뷰를 할 수 있는 멋진 대화를 나눌 수 있습니다.

인터뷰에서 하는 이야기	자신, 자산, 경험	그들의 관심사와 필요인 50%의 시간은 그들이 질문하도록 내버려 두세요. 50%의 시간은 장소와 그곳의 직업에 대해 알고 싶은 것, 그리고 어떻게 도울 수 있는지에 대해 물어보세요.
무엇을 찾고자 하는가	저를 원하나요?	내가 그들을 원하는가? 그들도 나를 원하는가? 내가 가장 좋아하는 일을 여기서 하면서 동시에 그들을 도울 수 있는가?
최종 면접을 끝내는 방법	그들에게 물어보세요. "언제쯤 연락을 받을 수 있을까요?"	열정을 전달할 수 있는 가장 좋은 방법을 결정하고 채용 절차에 대해 문의하세요. "채용 제안을 할 수 있을까요?"(종료를 요청하는 방법이기도 합니다.)
취업 후, 시작 전에 해야 할 일	감사 메모를 보내세요. 휴식을 취하고 긴장을 풀고 성공적인 구직 활동의 끝을 음미하세요.	감사 메모를 보내세요. 그런 다음 조용히 계속 찾아보세요(예상치 못한 상황으로 인해 시작하기 전에 제안이 거절될 수도 있습니다).

고려해야 할 전통적인 구직 기술

Traditional job-search techniques to consider

○

●

⬡

⬢

이 책의 나머지 부분은 낙하산 접근법을 자세히 안내할 것입니다. 하지만 전통적인 접근법의 일부 방법도 낙하산 접근법의 주요 방법과 결합하면 효과적일 수 있습니다. 해야 할 일을 하고, 당신이 가장 잘할 수 있는 기술과 가장 선호하는 고용 환경을 파악한 다음, 당신에게 가능한 다음 단계를 선택하세요. 낙하산 접근법으로 넘어가기 전에 여전히 해볼 만한 가치가 있는 몇 가지 전통적인 기법을 소개합니다.

1. 온라인에서 고용주의 채용 공고 검색하기

구직자는 대부분 채용 공고를 찾아보는 작업을 꼭 해야 하는지에 대해 의문조차 갖지 않습니다. 인터넷을 사용하지 않는 사람이 거의 없는 탓에, 구직 활동을 시작할 때 가장 먼저 온라인부터 뒤져 보게 됩니다. 문제는 이렇게 직장을 구하는 구직자들이 너무 많아서, 일반적으로 높은 경쟁률을 뚫어야 한다는 것입니다. 반면에 어떤 구직자들은 이런 방식으로도 좋은 일자리를 얻습니다. 그러니 이 방법을 무시할 수는 없습니다.

이런 방식으로 구직에 성공한 예를 몇 명 보겠습니다. 뉴멕시코주 타오스라는 소도시에서 시스템 관리자로 일하던 사람이 있었습니다. 그는 샌프란시스코로 이사하고 싶었죠. 그래서 월요일 밤 10시에 샌프란시스코의 온라인에 이력서를 올렸습니다. 그리고 수요일 아침까지 그는 70개가 넘는 고용주의 답장을 받았죠.

어느 마케팅 전문가는 인터넷에서 찾은 지침대로 이력서를 작성했습니다. 그리고 두 개의 구인 광고에 이력서를 보냈습니다. 이력서를 보낸 지 72시간 안에 두 회사에서 연락이 왔고, 지금은 그중 한 회사에서 일하고 있죠.

한 공동 주택 관리자는 가까운 공동 주택에서 관리자를 구한다는 온라인 채용 공고를 봤습니다. 그녀는 이력서를 보냈고, 면접 후 그곳에 취업했습니다.

이런 사례는 우연일까요, 아니면 일반적인 경험일까요? 답은 해당 직업 분야와 수요 공급의 법칙에 따라 달라집니다. 엔지니어링, 금융, 의료와 같은 일부 분야는 자격을 갖춘 지원자 수보다 채용 공고가 많습니다. 그래서 전통적인 접근 방식으로도 고용주의 응답을 받을 가능성이 더 높습니다. 하지만 지원자의 공급이 구인 수요보다 많은 분야라면, 고용주는 구인 광고에 답장할 필요가 없습니다. 채용해 달라는 지원자들이 넘치니까요. 따라서 지원서를 제출해도 고용주에게 연락 받지 못할 가능성이 높죠. 이 경우에는 당연히 인맥을 찾는 낙하산 접근법이 훨씬 더 효과적일 것입니다.

2. 사설 직업소개소나 서치펌에 도움 요청하기

인력 에이전시, 인재 에이전시, 리크루팅 회사라고도 하는 이런 회사들은 예전에는 사무직만 알선했습니다. 하지만 이제는 알선하지 않는 직종을 찾기 어렵습니다. 대도시 지역에서 특히 그렇습니다. 어디서든 이런 식으로 찾아보면 됩니다.

대행업체에 수수료를 지불하지 마세요. 인력 대행사의 수수료는 채용 광고를 낸 고용주가 지불해야 합니다. 대행업체에서 수수료를 요구하면 바로 거절하세요.

3. 자신의 분야에 적합한 전문지 또는 무역 저널의 광고에 답변하기

일하고 싶은 직업이나 분야의 전문 기관을 찾아보고 흥미를 끄는 구직 광고가 있으면 답변하세요. 어떤 게시판은 회원가입을 해야 읽을 수 있습니다. 하지만 웹사이트에 해당 직업에 대한 구직 관련 기사가 포함되어 있는 경우도 있습니다.

4. 구직 지원 그룹에 가입하기

같은 일자리를 목표로 하는 지원자들이 팀을 이루는 구직 지원 그룹은 거의 모든 커뮤니티에서 찾아볼 수 있습니다. 지원자들의 경력에 차이가 있어 구직 성공률은 다양하지만, 정서적으로 교감하고 고립감을 줄이는 데 큰 도움이 됩니다. 대부분의 지원 그룹은 일주일에 한 번 정도, 기껏해야 두세 시간 정도만 만납니다. 그렇지만 외로울 수 있는 구직자에게 유대감을 주고 정보를 공유한다는 것은 정말 큰 선물입니다. 피할 수만 있다면 혼자서 구직 활동을 하는 일은 피해야 합니다. 우리는 구직 과정에서 격려와 지원이 필요합니다. 구직 지원 그룹이 필요하다면 지역 도서관에 문의하거나 온라인에서 그룹을 찾아보세요.

5. 고용주가 근로자 픽업하는 곳 가기

무역업이나 건설업에 종사하는 노조원이라면 이 방법을 통해 일자리를 찾을 수 있습니다. 이런 곳에서 근로자를 픽업하는 고용주는 구직자들에게 그 일자리를 얻는 데 얼마나 오래 걸리는지, 그 일자리의 수명이 얼마나 짧은지에 대해 말하지 않을 수도 있습니다. 일반적으로 근로 기간이 며칠에 불과한 경우가 많거든요. 이 구직 방법은 대부분 비공개로 진행됩니다.

육체노동 기술이 있지만 노동조합에 가입하지 않은 사람이라면 주변에 물어보세요. 현장에서 일할 사람을 찾는 고용주가 이른 아침 마을이나 도시의 정해진 길거리에서 일용직 근로자를 픽업하는 경우가 많으니까요. 보통 단기간 일할 사람을 찾는 경우가 많고, 마당 작업 또는 기타 육체노동을 할 사람을 찾습니다. 일반적으로 일한 당일에 현금으로 보수를 받을 수 있죠. 비록 임시직이기는 하지만, 정규직 일자리를 찾지 못하거나 단기간 일거리가 필요할 때 약간의 돈을 벌 수 있는 임시방편이 될 수 있습니다.

6. 긱 경제 - 프리랜서 업무에 참여하기

긱 경제Gig Economy란 산업 현장에서 계약직·임시직·일용직 등을 필요에 따라 고용하는 경제 상황을 말합니다. 단기 계약이나 프리랜서 작업이 주를 이루며, 주로 디지털 플랫폼을 통해 긱 근로자와 고객을 연결합니다. 현대판 픽업 노동인 '긱 경제'는 '공유경제' 또는 '액세스 경제'를 주도하기도 합니다.

이런 종류의 일자리를 찾고 싶다면 검색 엔진에 '공유경제 일자리'를 입력해서 일할 기회를 찾아보세요. 이런 일자리들은 단기적이고 일시적인 돈벌이가 많지만, 더 나은 기회를 찾을 수 있게 도와줄 사람을 만날 가능성은 언제나 열려 있답니다.

7. 일자리 소개 요청하기

가족, 친구, 커뮤니티나 지인들에게 당신의 재능과 배경이 필요한 일자리가 있는지 물어보세요. 예를 들어 이런 질문을 조심스럽게 해보는 거죠.

"현재 근무하는 회사나 다른 기업에 채용 공고 낸 곳을 혹시 아세요?"

"구인 정보를 알고 있을 만한 사람을 알고 있나요?"

페이스북에 게시할 수도 있습니다. 믿기 어렵겠지만, 이런 방법을 사용하면 고용주가 원하지 않는 이력서를 온라인으로 보내는 것보다 더 좋은 결과를 얻을 수 있답니다.

8. 고용주의 사무실 또는 제조 공장 찾아가기

이 방법은 직원 수가 25명 이하인 기업에 가장 효과가 있습니다. 운이 좋으면 공석이 생긴 자리에 곧바로 채용되기도 합니다. 한 구직자가 오전 11시에 어느 건축 사무소의 문을 두드렸다가 곧바로 채용되었습니다. 전임자가 그날 오전 10시에 퇴사한 상태였거든요. 이 방법을 시도해 봤는데도 일자리를 구하지 못했다면, 직원 수가

50명 이하인 소규모 회사로 넓혀 보세요.

이것이 전통적인 접근 방식의 전부입니다. 이런 구직 방법은 모두 똑같은 결과가 나오지는 않습니다. 지금까지 살펴본 바에 의하면, 어떤 방법은 꽤 좋은 성과가 있었습니다. 구직을 위해 노력한 시간에 대한 보상을 받을 수도 있죠. 그러나 어떤 방법들은 성과가 거의 없어서, 시간과 에너지만 낭비할 가능성도 있습니다. 이런 방법들이 그 자체로는 유용할 수 있지만, 일반적으로 취업 성공률이 높지는 않다는 점을 명심하세요.

이러한 방법들은 구직 활동의 일부일 뿐입니다. 따라서 몇 가지 방법만 사용하면 원하는 일자리를 구할 가능성은 높지 않습니다. 가능성이 낮은 일에 많은 에너지를 쓰지 마세요. 에너지를 절약하세요. 가능성이 높은 쪽에 투자하세요.

다음 장에서는 구직 또는 이직에 대한 다른 접근 방식을 알아보겠습니다. 바로 낙하산 접근 방식이죠. 구직이나 이직은 취업 시장을 파악하는 것이 아니라 나를 파악하는 것에서 시작됩니다.

낙하산 접근법과 꽃 연습 활용하기

The parachute approach and using the flower exercise

○

●

⬡

⬢

직업을 선택하거나 변경할 때 낙하산 접근법을 활용하는 것은 인터넷에 의존하는 것만큼 인기 있는 방법은 아닙니다. 훨씬 더 많은 시간과 노력이 필요하기 때문이죠. 이 과정은 당신에게 꼭 맞는 직업, 즉 꿈의 직업 또는 인생의 사명인 직업을 선택하기 위한 신중하고 철저한 단계별 과정입니다. 이 과정은 의지력이 약한 사람이나 게으른 사람은 힘들 수 있습니다. 하지만 직업을 바꾸기 위해 다른 방법을 사용했음에도 원하는 직업을 찾지 못했다면, 이런 방법이 있다는 사실이 고맙게 생각될 것입니다.

저는 다음과 같은 편지를 자주 받습니다.

"저는 꽃 활동으로 큰 도움을 받았습니다. 숙제를 한 후 대안을 찾았고 희망이 생겼습니다."

"이 책에 담긴 삶을 변화시키는 일련의 활동은 제가 누구인지 더 잘 이해하고, 제 재능을 더 깊이 인식하고, 제가 이용할 수 있는 자원을 활용하는 데 확실히 도움이 되었습니다."

5장과 6장에서 살펴보겠지만, 새로운 직업의 선택에 관련된 단계는 다음과 같습니다.

1. '꽃 연습Flower Exercise'을 통해 당신에게 맞는 직업을 찾을 수 있습니다. 꽃 연습은 당신에 대한 기본적인 측면들을 파악해서 꽃잎으로 표현하는 것입니다.

2. 그런 다음 가장 좋아하는 기술 5가지와 가장 좋아하는 지식 분야 3가지를 한 장의 종이에 정리합니다. 그리고 정보를 찾아서 당신의 성향에 맞는 커리어를 알아냅니다.

3. 그 과정에서 당신이 가장 좋아하는 3가지 지식 분야를 하나의 커리어로 결합해서 당신만의 개성을 살릴 방법이 없는지 알아보세요.

4. 잠정적으로 선택한 직종이나 직군에서 실제로 일하는 사람과 대화해 보세요. 그 직업이 당신에게 맞는지 확인하기 위한 대화입니다.

5. 다음에는 관심 있는 지역(현재 거주 지역)에서 관련한 일자리가 어

떤 조직에 있는지 알아보세요.

6. 다음에는 가장 효과적인 업무를 할 수 있는 일자리 중 실제로 관심 있는 조직의 이름을 찾아보세요.

7. 그 조직에 바로 취업하려고 하지 말고 먼저 알아보세요. 해당 조직에서 채용 공고를 했는지와 상관없이, 그곳에서 근무하는 것에 관해 알아보세요. 약속을 잡고 찾아가서 알아볼 수 있습니다.

본질적으로 여기에서 당신이 해야 할 일은 과거의 경험을 가장 기본적인 구성 요소인 소질로 분류한 다음, 가장 좋아하는 구성 요소로 미래를 위한 새로운 경력을 만들어 나가는 것입니다. 일반적인 흐름과 반대로 아래쪽에서 위로 단계를 거슬러 올라가는 것입니다. 앞에서 언급했던 '경력 변경 프로세스'를 세분화해 보겠습니다.

경력 선택 및 변경을 위한 5가지 팁

Top five tips for choosing and changing careers

○

●

⬡

⬢

직업을 선택하거나 변경해야 할 때마다 명심해야 할 5가지 사항이 있습니다. 이 중 대부분은 이미 알고 있겠지만, 다시 한번 알려드립니다.

1. 매력적이거나 흥미로워 보이는 직업을 선택해 보세요. 그리고 그 일을 실제로 하는 사람들과 이야기를 나누면서 그 직업이나 직무가 첫인상만큼 훌륭한지 알아보세요. 그들이 자신의 직업을 어떻게 생각하는지 인터뷰해 보세요.

   사람마다 자신의 직업을 다른 시각으로 바라볼 수 있습니다. 인터뷰한 사람이 말하는 것이 당신에게도 똑같이 적용될 거라고 가정하지 마세요. 어떤 직업이든, 그 안에는 당신의 재능, 창의력에 맞는 방식으로 조정하고 정의할 수 있는 여지가 많이 있습니다.

예를 들어 한 건축가는 다른 건축가와는 다른 방식으로 자신의 소명을 인식할 수 있습니다. 2015년 3월 프라이 오토Frei Otto가 프리츠커 건축상Pritzker Architectural Prize을 사후에 수상했습니다. 심사단은 "오토는 건축가를 정의할 때 연구원이자 발명가, 엔지니어, 건축가, 교사, 환경 운동가, 인본주의자 등의 개념을 모두 포용했다."라고 평했습니다. 오토는 생전에 '새의 깃털부터 비눗방울과 거미줄에 이르기까지, 모든 자연현상'에서 영감을 얻었다고 말했습니다.[22]

2. 한 직종에서 다른 직종으로 이직할 때는, 이직하는 기간에 생길 변화에도 생활의 일관성을 유지할 수 있도록 미리 준비하세요. 다시 말하자면 한꺼번에 모든 것을 바꾸지 말라는 것입니다. 신중해져야 합니다.

3. 가능하다면 당신이 하는 일부터 시작하는 게 좋습니다. 취업 시장보다는 당신이 원하는 것을 찾아야 합니다. 주어지는 것과 당신이 원하는 것의 차이점은 강한 열정에 있습니다. 강한 열정으로 불타오르는 구직자는 고용주에게 훨씬 더 매력적으

로 보일 수 있습니다. 현재 처한 상황이 힘들어서 무엇을 하고 싶은지에 대한 비전을 세우기 어려울 수도 있지만, 한번 시도해 보세요.

4. 최고의 일, 최고의 경력은 당신을 가장 행복하고 성취감 있게 만들 것입니다. 이를 위해서는 당신이 누구인지에 대한 철저한 자기 능력 파악이 필요합니다. 자세한 지침은 다음 두 장에서 확인할 수 있습니다.

5. 인내심을 가지세요. 구직과 이직은 당신과 직장에 대해 발견해 나가는 과정입니다. 당신에게 가장 적합한 게 무엇인지는 시간이 지나면 알게 될 것입니다. 나이가 어리거나 젊다면 선택할 때 실수를 해도 괜찮습니다. 잘못된 결정을 바로잡을 시간이 있으니까요.

마지막 참고 사항: 구직 활동에 많은 시간을 쓰고 싶지 않다면 조금만 투자해도 됩니다. 하지만 그렇게 해서 취업을 못했다면 구직에 더 많은 시간을 투자하세요. 구직 활동은 풀타임으로 해야 합니다.

인생의 어느 시점에 이르면, 날이 점점 짧아지고 있다는 사실을

현실적으로 이해해야 한다고 생각합니다.

언젠가는 할 수 있을 거라고 생각하면서 미룰 수는 없습니다.

정말 하고 싶다면 지금 하는 것이 좋습니다.

그래서 저는 자신이 좋아하는 일이 무엇인지 알아야

그 일을 많이 할 수 있다고 믿습니다.

– 노라 에프론

You do get to a certain point in life where you have to

realistically, I think, understand that the days are getting shorter.

you can't put things off, thinking you'll get to them someday.

If you really want to do them, you better do them.

So I'm very much a believer in knowing what it is that you

love doing so that you can do a great deal of it.

— NORA EPHRON

5장

꽃 연습 소개

IIntroduction to flower exercise

단계를 건너뛰지 마세요.

이 책의 다음 장에 소개하는 '꽃 연습Flower Exercise'은 오랜 시간 동안 검증된 강력한 구직 도구입니다. 지금까지 개발된 것 중 가장 효과적이죠. 단계별로 충실히 이 활동을 하면, 구직자 대부분이 효과를 볼 수 있습니다. 시간과 에너지를 아낌없이 투자해서 제대로 하세요. 그러면 이런 과정 없이 이력서를 보낼 때보다 일자리를 찾을 확률이 훨씬 더 높아질 것입니다.

단순히 돈을 벌 수 있는 일자리가 아니라 당신이 진정으로 하고 싶은 일을 찾아야 합니다. 당신이 때때로 '꿈의 직업'이라고 부르는 일 말입니다.

이 작업을 제대로 하려면 시간이 조금 걸립니다. 적어도 꿈의 직업을 찾고 싶다면, 저를 믿으세요. 단계를 건너뛸 생각은 아예 하지 마세요. 그렇지 않으면 스스로를 속이는 것이니까요. 이제부터 어떻게, 왜 이런 일을 하는지 살펴봅시다.

왜 '자기 진단 목록'인가?

Why a Self-Inventory?

전통적인 방법으로 취업에 실패한 후, 구직에 도움이 되는 자기 진단Self-Inventory 목록을 작성하는 이유는 무엇일까요? 이 질문에 대한 답을 알아야 자기 진단 목록을 완성하려는 동기 부여가 될 것입니다. 그렇지 않으면 '세상에! 이 작업은 해야 할 게 너무 많아!' 하고 그냥 포기해 버릴지도 모르니까요.

스스로에 대해 조사하는 인벤토리, 즉 자기 진단 목록이 취업에 효과를 발휘하는 8가지 이유가 있습니다.

1. 이 연습을 하면 적어도 여섯 가지 방법으로 나를 설명할 수 있게 됩니다. 그러면 여러 취업 시장에 쉽게 접근할 수 있습니다. 나에 대한 진단 목록을 작성하면 나를 하나의 직책으로

만 평가하지 않게 됩니다. 나를 단순히 '컴퓨터 기술자', '건설 노동자', '회계사', '엔지니어', '유치원 교사', '전직 군인' 등으로 판단하지 않겠죠. 당신은 다양한 기술과 경험을 가진 사람입니다.

예를 들어, 당신이 가르치고 글을 쓰고 무언가 키우는 것을 좋아한다고 해봅시다. 그러면 가르치는 직업이나 글을 쓰는 직업 또는 정원 가꾸는 직업에 접근할 수 있습니다. 새로운 분야를 위해 재교육을 받았다면 교육 받은 그 분야 하나에서만 일할 수 있겠죠. 하지만 나에 관한 진단 목록을 작성하면, 하나가 아니라 여러 취업 시장이 열리게 됩니다.

2. 이 연습을 하면 마음챙김을 통해 더 좋은 의사 결정을 하는 데 도움이 됩니다. 나에 대해 알아보고 기록하는 시간에, 당신과 당신의 삶에서 무엇이 가장 중요한지에 집중하세요. 그러면 더 현명한 선택을 하게 되고, 더 많은 가능성이 열릴 것입니다.

3. 나에 관한 인벤토리, 즉 자기 진단 목록을 직접 작성해 보면 원하는 것을 정확하게 설명할 수 있습니다. 그러면 가족 및 지인들이 더 효과적인 도움을 줄 수 있습니다. "제가 지금 실

직 상태예요. 그러니 뭐든 일자리가 있으면 알려주세요."라고
말하는 것이 아니라 어떤 종류의 '일', 어떤 업무 환경에서 일
하고 싶은지 정확하게 설명할 수 있습니다.

당신은 당신이 가진 소질과 재능, 원하는 직업에 대해 자신감
있게 말하기 위해 집중해서 구직 활동을 할 것입니다. 이렇게
하면 구직 활동을 할 때 집중해서 매우 구체적으로 찾게 됩니
다. 그러면 다른 방법으로는 찾을 수 없었던 일자리를 구할
수 있고 구직자의 능력도 향상됩니다.

4. 평범한 직업이 아니라 나를 정말로 설레게 하는 직업에 대한
그림을 그리세요. 그러면 구직 활동에 훨씬 더 많은 시간과
에너지, 결단력을 쏟을 수밖에 없습니다. 나를 설레게 하는
직업은 정말 찾아볼 만한 가치가 있습니다. 정말 하고 싶은
일이 있다면 구직 활동을 위한 노력과 헌신, 결단력이 배가 됩
니다. 끈기는 성공적인 구직 활동의 필수 요소입니다. 당신이
싸울 만한 가치가 있는 목표를 찾아냈다면, 끈기는 이제 당신
의 별명이 될 것입니다.

5. 나에 대해 완벽하게 파악하고 자기 진단 목록을 작성했다면,
이제 회사에서 채용 공고를 낼 때까지 기다릴 필요가 없습니

다. 나에 대해 습득한 지식으로 무장하면 나의 성향에 맞는 곳을 선택할 수 있습니다. 회사에서 구인 공고를 내든, 채용을 하기로 결정하든, 내가 그 회사에 필요하다는 확신을 가지고 접근할 수 있습니다.

지인이든 누구든, 회사와 연결해 주는 사람을 '다리 역할을 하는 사람'이라고 부르는 이유는 그들이 당신과 회사를 모두 알고 있기 때문입니다. 당신이 그 회사에 필요한 사람이라는 걸 알면, 당신을 회사에 소개해 주는 걸 왜 마다할까요? 농담이 아닙니다. 준비된 구직자나 경력 전환자에게는 생각보다 자주 일어나는 일입니다. 최근에 한 구직자가 저에게 편지를 보내왔습니다.

제가 일하고 싶은 회사를 떠올렸는데, 약 2년 전에 대해 두어 번 미팅해 보고 마음에 들었던 회사였어요. 링크드인Linkedin에서 CEO를 찾아서 저를 기억하는지 물었고, 짧은 미팅에 응해줄 수 있는지 물어봤어요. 그는 수락했고, 저는 그들을 위한 교육 아카데미 설립 아이디어를 제안했습니다. 약 한 달 후, 제가 제안한 대로 교육을 진행하고 싶다는 이메일을 받았어요. 그 직업은 존재하지도 않았고, 그들이 생각하지도 않았던 직업이었으며, 제가 생각한 모든 기준에 부합했기 때문입니다. 6개월 만에 낙하하고 있다가 꿈의 직장으로 갑니다. 나쁘지 않죠?

6. 일반적인 구직 활동을 할 때, 원하는 직무를 놓고 19명 또는 90명의 구직자와 경쟁하게 됩니다. 다른 경쟁자들도 똑같이 경험이 많고 숙련된 사람들이겠죠. 이때 고용주에게 당신만의 독특한 점과 다른 사람에게는 없는 장점을 설득력 있는 이야기와 구체적인 사례를 들면서 정확하게 설명한다면 어떨까요? 당연히 다른 경쟁자보다 돋보일 것입니다.

7. 이직을 고려하면서 스스로를 돌아보고 나면 어떤 방향의 인생과 새로운 직업을 원하는지 확실히 알 수 있을 것입니다. 이미 알고 있는 것과 이미 할 수 있는 것만으로도 재교육을 받은 뒤 새로운 커리어를 구성할 수 있는 경우도 많습니다. 직업 학교나 기술 학교, 전문 대학, 심지어 온라인 자격증이나 단기 교육 프로그램을 통해서도 필요한 지식을 습득할 수 있습니다. 하지만 추가 교육이나 훈련에 돈을 쓰기 전에, 내가 어떤 사람이고 어떤 일을 좋아하는지 파악해 보세요.
때로는 충분한 정보를 제공하는 인터뷰만으로 꿈의 직장을 찾을 때도 있습니다. 예를 들어보죠. 빌Bill은 소매업에서 수년 동안 일해 왔지만, 추후에 석유 업계에서 일하고 싶었습니다. 그는 석유 산업에 대해 거의 몰랐습니다. 그래서 해당 산업에 종사하는 사람들을 직접 찾아다니며 해당 산업에 대한 정보만을 얻었죠. 정보 수집을 위해 인터뷰를 많이 할수록, 그는 더 많은 정보를 알게 되었습니다. 마침내 꿈에 그리던 직장에 취직할 즈음에는, 자신이 방문했던 곳의 사람들보다 경쟁사와 업계의 일부 측면에 대해 더 많이 알고 있었습니다. 이처럼 경력 변경을 위해 필요한 특정 지식을 습득하는 방법은 여러 가지가 있습니다.

8. 실직은 삶에 생기는 커다란 균열입니다. 실직 상태는 원하든 원치 않든, 잠시 멈출 기회입니다. 많이 생각하면서 진정으로 원하는 삶의 방향을 가늠할 수 있죠. 마틴 루터 킹 주니어는 이에 대해 이런 말을 했습니다.

"인생에서 가장 중요한 것은 장애를 처리하는 방법을 배우는 것입니다. 문이 쾅 닫히는 일, 계획이 틀어지는 일, 실패한 결혼 생활, 아니면 누군가 문을 두드리는 바람에 쓰지 못한 사랑스러운 시일 수도 있습니다."

자기 진단 목록은 바로 킹 박사가 말한 장애 처리 방식입니다. 실직이라는 장애를 만났지만, 이때 나에 대해 정확히 알게 되면 좋은 기회로 돌려받으니까요. 낙하산 접근법은 정말

하고 싶은 일을 찾기 전에 내가 누구인지, 무엇을 좋아하는지 목록을 작성하도록 요구합니다. 이 목록은 실직 같은 장애가 가져오는 기회를 활용하는 데 도움이 됩니다.

지금까지 내가 누구인지에 대한 진단 목록을 작성하는 것이 다른 접근법보다 구직 활동에 훨씬 더 효과적인 8가지 이유를 알아봤습니다.

실직했거나 새로운 경력을 위해 고민하고 있다면 자신에게 이렇게 말해야 합니다.

'이 기회를 활용해. 단순히 일자리를 찾는 게 아니라 인생을 찾는 기회로 삼아. 더 깊은 인생, 승리하는 인생, 더 자랑스러운 인생을 위해!'

자신에 대해 잘 알고 찾은 꿈의 직장은 일하면서도 당신을 행복하게 만들어 줄 것입니다.

일주일 내내 "주말은 언제 오나요?"라고 외치는 직장인들이 많습니다. 그들은 "금요일이라 다행이다!"라고 외치죠. 그들은 자신만이 할 수 있는 일이 무엇인지, 자신만이 세상에 제공할 수 있는 것이 무엇인지 생각해 본 적이 없습니다.

당신은 달라야 합니다. 세상은 더 이상 지루한 노동자를 필요로 하지 않습니다. 꿈을 꾸세요. 많이 꿈꾸세요.

　세상에서 가장 슬픈 조언 중 하나는 "이제 현실적으로 생각하세요."입니다. 이 세상의 가장 멋진 것들은 '현실적인' 사람들이 만든 게 아닙니다. 그것들은 자신의 소원을 꺼내 열심히 바라보고, 그것을 이루려고 시간과 에너지를 쏟아부은 사람들에 의해 만들어졌습니다.

자기 진단 목록, 작성 방법

How to do your self-inventory

자기 진단과 꽃 연습을 통해 그려질 꽃 다이어그램은 한 페이지에 일곱 가지로 요약된 자신을 하나의 그래픽으로 설명합니다. 당신은 이 중 하나만이 아니라 모든 것을 갖추고 있습니다. 꽃 다이어그램은 당신에 대한 완전한 그림입니다. 당신이 가진 모든 것을 직장의 언어로 표현한 그림이죠. 당신은 완전한 그림을 작성할 수 있습니다. 이유를 말씀드리죠.

예를 들어, 당신의 한 가지 측면(꽃잎 하나)으로 당신을 정의하는 방법과 일치하는 직업이 있다고 가정해 봅시다. 이 직업은 당신이 가지고 있고 좋아하는 지식을 사용할 수 있죠. 하지만 그게 전부입니다. 그러면 당신이 원하는 나머지들은요? 그 직업은 당신이 좋아하는 기술을 사용할 수 없고, 일하고 싶은 사람들과 함께 일하는 환경을 제공하지도 않고, 당신이 최고의 성과를 낼 수 있는 환경을 제공하지도 않습니다.

당신은 그 직업을 무엇이라고 부를 수 있을까요? 물론 급여를 받고 실직자도 아니겠지만, 가슴을 뛰게 하는 꿈의 직업은 절대 아니죠. 지루한 직업이라고 부를 수 있을 겁니다. 당신은 행복할까요? 아닐 겁니다.

하지만 당신의 일곱 가지 면, 즉 일곱 개의 꽃잎과 일치하는 종류의 직업을 찾을 수 있다고 가정해 봅시다. 어떤 일을 하시겠습니까? 물어볼 필요도 없겠죠. 바보가 아닌 이상 꿈의 직업을 선택할 테니까요.

따라서 완전한 꽃 다이어그램은 당신이 누구인지를 가장 잘 보여주는 그림입니다. 동시에 당신의 모든 것을 가장 완벽하게 표현하고 성취할 수 있는 직업에 대한 그림이기도 하죠. 그 직업은 당신이 가장 빛을 발할 수 있는 곳, 당신의 장점을 가장 잘 활용할 수 있는 곳입니다.

다음 장에서는 꽃을 완전히 채우는 것을 목표로 할 것입니다. 그것을 의무가 아니라 기쁨으로 느끼도록 노력하세요. 처음부터 '이 작업은 분명 재미있을 거야!'라고 결심하세요. 자! 꿈의 직업, 꿈의 커리어를 찾을 준비가 되셨나요?

꽃 연습은 어디에서 찾을 수 있나요?

- 다음 장에 있습니다. 당연하죠! 이 책에 종이 버전이 있습니다. 이미 책을 가지고 있으니 무료입니다.

- 온라인에서도 설명합니다. 많은 요청에 따라 몇 년 전에는 온라인 동영상 강좌를 제작했습니다. 이 강좌는 제가 콘텐츠 및 화면 진행을 맡고, 마르시 볼스Marci Bolles가 총괄 프로듀서, 게리 볼스Gary Bolles가 프로듀서, 에릭 바넷Eric Barnett이 기술 컨설턴트로 참여한 eParachute의 대표들이 유데미Udemy 플랫폼에서 함께 만들었습니다. 이 강좌에서는 제가 가이드가 되어 꽃 연습을 단계별로 안내하고 있습니다. 워크시트를 인쇄하려면 컴퓨터와 프린터가 필요합니다. 누구나 출력할 수 있죠. 개별 독자는 물론 전체 워크숍에서 사용할 수 있습니다.

꽃 연습뿐만 아니라 이 책과 관련된 주제에 대한 다른 온라인 자료도 있습니다. www.youtube.com/user/TheParachuteGuy과 www.jobhuntersbible.com을 방문하세요. 수십 개의 동영상과 다양한 기사를 찾아볼 수 있습니다.

한 가지 주의할 점은 꽃 연습을 할 때는 샛길에서 많은 시간을 보내지 마세요. 어떤 형태를 선택하든 꽃을 완성하는 하나의 주요 작업에 집중하세요. 샛길을 배회하는 것은 나중에 해도 됩니다.

정신적 준비

나에 대해 무엇을 배울 수 있을지 열린 마음으로 꽃 연습을 시작하세요. 이 연습을 제대로 하려면 내가 생각하는 답으로 바로 넘어가지 마세요. 과거의 직책은 모두 잊어버리고 출발하세요. "나는 누구인가?"라고 스스로에게 물어볼 때, 업무와 관련된 대답을 떠올리는 것을 건너 뛰세요. 예를 들어, '나는 회계사입니다, 또는 나는 트럭 운전사, 변호사, 건설 노동자, 영업 사원, 디자이너, 작가, 회계 담당 임원입니다.'라는 식의 답변은 당신과 고용주를 과거에 갇히게 합니다. 대신 이렇게 생각해야 합니다.

"나는 사람입니다."

"나는 … 경험을 해본 사람입니다."

"나는 …에 능숙한 사람입니다."

"나는 …에 대해 많이 알고 있는 사람입니다."

"나는 이런 면에서나 저런 면에서나 독특한 사람입니다."

네. 이것이 유용한 자기 진단 목록의 시작입니다. 당신은 직업이 아니라 사람입니다. 무엇을 배울 수 있을지 마음을 열어두세요.

연습을 완료하기 위한 타임라인

꽃 연습은 그 범위가 놀라울 정도로 넓습니다. 단순히 나의 기술이나 관심사에 대해 한두 가지 목록을 작성하는 게 아니거든요. 나와 미래의 경력 계획에 대해 깊이 있게 알아보는 것입니다. 그러므로 합리적으로 시간을 투자해야 합니다. 무엇이 합리적일까요? 사람마다 다릅니다. 온라인으로 일부를 연습할 수 있으며, 이 연습을 통해 프로세스를 더 빠르게 진행할 수 있습니다. 짧은 에세이를 작성하라는 요청을 받으면, 아이디어를 떠올리는 데 시간이 걸릴 수도 있습니다. 물론 넘치는 에너지로 한번에 에세이를 다 써 내려갈 수도 있습니다.

이것은 당신의 에너지와 스타일에 관한 것입니다. 뒤쪽 내용을 잠깐 살펴보고 다양한 꽃잎을 보세요. 그리고 어떻게 진행할지 결정하세요.

완료 목표를 설정한 다음 계획을 유연하게 세우세요. 언제까지 반드시 해야 한다, 이런 계획은 세우지 마세요. 계획은 시간 단위 또는 일정 단계 완료로 나누세요. 하루에 꽃잎 하나를 완성해야지, 혹은 60분 동안 작업하고 다음에 해야지, 이런 식으로요. 물론 주말을 투자해서 전체 작업을 할 수도 있습니다. 아니면 저녁 몇 시간만 할 수도 있고요.

달력을 보고 필요한 시간을 예상해 보세요. 생각보다 훨씬 더 빨리 진행돼서 놀랄 수도 있습니다. 또는 어떤 꽃잎은 멈추고 생각해야 해서 더 오래 걸릴 수도 있습니다. 예상보다 시간이 오래 걸리더라도 괜찮습니다. 당신에 대해 더 많은 정보를 얻을 수도 있으니까요.

꽃 연습하기 좋은 장소를 찾아보세요. 어떤 사람들은 동네 커피숍에서 작업을 합니다. 집중력을 높이는 데는 카페인과 주변 소음이 적절히 있는 것도 좋다고 합니다. 하지만 누군가는 완전히 조용한 환경을 선호할 수도 있습니다.

집에서도 작업할 수 있어요. 저녁에 집에 갈 수도 있지만, 집에 가면 너무 많은 활동을 하거나 산만해질 수도 있습니다. 당신을 파악하세요. 그리고 작업을 완료할 수 있는 장소를 창의적으로 찾아보세요. 주변 환경을 핑계 삼아 작업하지 않는 것은 금물입니다.

친구나 취업 준비생과 함께 꽃을 완성해 보세요. 원한다면 함께 작업할 그룹을 만들어 보세요. 다른 사람의 참여가 더 큰 동기 부여가 된다면, 함께 작업할 사람을 찾는 것이 좋습니다.

많은 종이 (또는 즐겨 사용하는 노트 앱)

종이에 낙서를 하든 노트 앱이나 빈 문서에 타이핑을 하든, 무언가를 적는 행위는 굉장히 효율적이고 강력한 도구입니다. 여러 연구를 통해 밝혀진 사실이죠. 가능하다면 복고풍의 펜과 종이로 글을 쓰는 것을 추천합니다. 기업가인 데이먼 브라운은 TED 강연에서 '필터링' 효과를 포함한 여러 가지 이유를 설명합니다.[23] 대부분의 사람들은 손으로 쓰는 것보다 타이핑이 훨씬 빠릅니다. 그런데 왜 펜과 종이를 사용하냐고요? 바로 그 시간 때문이죠. 시간과 에너지가 더 필요한 까닭에, 페이지에 담길 내용을 더 신중하게 선택하게 되거든요.

처음에는 많은 종이를 사용하고 많은 아이디어를 작성하세요. 궁극적으로 모든 것을 최종 결과물인 '꽃'이라는 종이 한 장으로 좁히게 될 것입니다. 딱 한 장입니다. 마지막에 딱 한 장에 정리하세요.

처음에는 필요한 종이가 많습니다. 각 꽃잎에 대해 필요한 빈 종이 몇 장(이하 워크시트)으로 시작하세요. 궁극적으로 당신은 이 워크시트의 최종 결과를 꽃 그림에 추가한 후 원할 때 재활용할 수 있습니다.

일종의 그래픽

다시 말하지만, 뇌 연구자들은 인생에 관해 결정을 내릴 때 종이한 장에 많은 단어를 적는 게 아니라 일종의 그래픽(그림 또는 도표)으로 정리하라고 권합니다. 특히 많은 정보를 다룰 때(심리학에서 인지 부하라고 함) 그래픽 정리 도구는 작업 중인 정보를 더 쉽게 기억하고, 이해하고, 처리하는 데 도움이 될 수 있습니다. 연구자들은 그래픽 정리를 하면 뇌의 일부가 활성화된다는 사실을 발견했습니다.

1970년부터 2012년까지 진행했던 워크숍에서 저는 사람들에게 원하는 그래픽을 선택하도록 했습니다. 우리는 일치하는 작업을 찾는 데 중요한 일곱 부분으로 구성된 그림이 필요했습니다. 사람들이 가장 좋아하는 그래픽은 일곱 개의 꽃잎을 가진 꽃으로, 자신을 표현한 그림이나 다이어그램이었습니다. 그래서 자기 진단Self-Inventory의 제목은 꽃 다이어그램(또는 꽃 연습)입니다.

우선순위 지정 도구 또는 그리드

자기 진단 목록을 작성하는 목적이 무엇이라고 생각하나요? 흔히 일련의 개인 목록을 수집해서 가능한 직업이나 경력을 일치시키기 위한 것으로 생각하기 쉽습니다. 예를 들면 이렇게 말하는 거죠. "다음은 제가 직장에서 원하는 모든 것의 목록입니다." 또는 "다음 직장이나 커리어에서 사용할 수 있기를 바라는 모든 기술 목록입니다."

하지만 지난 40여 년 동안 구직자들을 만나면서 각 목록의 항목이 우선순위나 중요도에 따라 정리되지 않는 한 목록은 쓸모없다는 사실을 발견했습니다.

이 항목은 나에게 가장 중요하고, 다음은 그다음으로 중요하고, 그다음은 그다음으로 중요하고, 그다음은 그다음으로 중요하다는 식입니다.

왜 그럴까요? 우리는 불완전한 세상에 살고 있기 때문에, 적어도 초기에는 목록에 있는 항목과 일치하는 항목을 찾지 못할 수도 있습니다. 일부 항목에 대해서만 일치하는 항목을 찾을 수도 있습니다.

일반적으로 '꿈의 직업'과 실제 취업한 직업은 부분적으로만 겹칠 수 있습니다. 중요한 것은 겹치는 항목은 가장 중요하게 생각하는 항목이 아니라 가장 덜 중요하게 생각하는 항목이라는 것입니다. 각 목록의 항목을 중요도 순으로 나열하지 않는다면, 이것을 어떻게 알 수 있을까요?

그냥 '눈대중'으로 보고 싶을 수도 있습니다. 하지만 각 목록을 살펴보고 가장 중요한 항목이나 우선순위를 강조해서 표시하세요.

여기서 중요한 점은 '가장 중요한'이 실제로는 '가장 친숙한, 가장 편안한, 가장 덜 무서운' 등과 같을 수 있다는 것입니다. 이 점을 명심하지 않으면 당신도 모르게 매너리즘에 빠질 수 있습니다. 생각의 우선순위를 정할 때 이 그리드는 강력한 도구가 될 수 있습니다. 조금 복잡해 보이지만, 일단 익숙해지면 앞으로 다가올 다양한 꽃잎이나 구직의 여러 측면에 사용하기가 매우 쉽습니다. 다음은 문제를 시각적으로 요약한 것입니다.

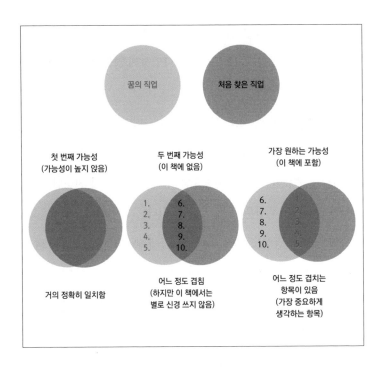

꿈의 직업

처음 찾은 직업

첫 번째 가능성
(가능성이 높지 않음)

두 번째 가능성
(이 책에 없음)

가장 원하는 가능성
(이 책에 포함)

1.   6.
2.   7.
3.   8.
4.   9.
5.   10.

6.
7.
8.
9.
10.

1.
2.
3.
4.
5.

거의 정확히 일치함

어느 정도 겹침
(하지만 이 책에서는
별로 신경 쓰지 않음)

어느 정도 겹치는
항목이 있음
(가장 중요하게
생각하는 항목)

우선순위를 정하는 것이 중요합니다. 어떻게 하면 좋을까요? 예를 들어 꽃 그림의 꽃잎 중 하나에 열 가지 항목의 목록을 작성했다면, 열 가지 중 가장 중요한 항목과 그다음으로 중요한 항목을 어떻게 결정할 수 있을까요? 언뜻 보기에는 당황스러운 도전처럼 보입니다. 하지만 사실 생각보다 쉽습니다. 한 번에 두 항목만 비교하면 열 개의 항목에서 가능한 모든 쌍을 비교할 때보다 쉽습니다. 한 다이어그램에 쌍을 표시하면 그리드가 됩니다. 그리고 이 그리드의 가장 인기 있는 형태는, 제가 1976년에 고안한 우선순위 그리드입니다. 선택한 항목이 몇 개든 상관없이 사용할 수 있지만, 가장 일반적이고 간단한 형태는 10개 항목에 대한 것입니다.

이 우선순위 지정 표의 빈 사본은 두 가지 주요 위치에서 찾을 수 있습니다.

· 이 책에서- 10개의 항목으로 구성된 종이 버전이 다음 장에 나옵니다. 독자들은 개인적인 용도로 원하는 만큼 해당표를 복사하거나 복제할 수 있는 권한을 갖습니다. 물론 전자책이나 다른 출판물에 포함하기 위해서라면 이야기가 다릅니다.

· 온라인에서- 저는 제 친구 비버리 라일Beverly Ryle에게 자동화된 대화형 우선순위 지정 표의 간단한 온라인 버전을 만들 수 있는 권한을 부여했습니다. www.beverlyryle.com/prioritizing-grid에서 무료로 이용할 수 있습니다. 거기에서 10개의 항목 그리드를 사용하거나 원하는 개수 혹은 항목 수로 그리드를 사용자 지정할 수 있습니다. 또한 원하는 만큼 웹사이트를 사용할 수 있고, 매번 결과를 인쇄하여 보관할 수 있습니다. 그리드 작성법은 뒷부분에서 알려드리겠습니다. 꽃잎을 붙이기 전에 스스로에게 물어보는 것이 도움이 될 때가 있습니다. 지금 어떤 꽃잎, 즉 업무의 어떤 부분이 나에게 가장 중요하다고 본능적으로 느끼는가. 그 순서는 어떤가? 말

하자면 꽃잎들은 하나의 항목이 다음 항목으로 이어지는 흐름으로 구성되어 있습니다. 일곱 장의 꽃잎들은 다음 내용을 담고 있죠.

1. 함께 일하는 사람들
2. 업무 공간의 모양과 느낌
3. 좋아하는 기술, 능력 또는 재능을 사용할 수 있는 정도
4. 이 직업이 자신이 좋아하는 분야 또는 지식과 관심 분야에 얼마나 도움이 되는지
5. 급여
6. 지리적 위치
7. 인생의 목적의식을 부여하거나 인생의 목적에 부합하는 정도

한 영역을 먼저 해야 할 경우에는 순서를 바꿀 수도 있지만, 그게 아니라면 대체로 제시된 순서대로 완료하는 편이 낫습니다. 굳이 순서를 바꿀 필요는 없다는 이야기일 뿐, 어느 것을 먼저 할지는 스스로 결정하세요.

혹시 다른 사람들이 어떤 꽃잎을 가장 우선순위로 꼽았는지 궁금한가요? 답은 다양합니다. 생존을 위해 노력하는 사람이라면 보통 급여 꽃잎인 5번을 가장 먼저 선택합니다. 몇 년이 지났다면 목적 꽃잎인 꽃잎 7을 선택합니다. 그 사이에 있다면 능력, 재능, 소질

을 다루는 꽃잎 3번을 선택합니다. 하지만 일곱 개의 꽃잎 중 어느 하나도 빼놓지 마세요.

지금처럼 좋은 시간은 없습니다. 워크시트, 펜, 연필 등 필요한 도구를 챙겨서 조용한 장소를 찾아보세요. 그곳에 도구들을 펼쳐 놓고 마음이 가는 것부터 시작하세요. 어떤 것이든 상관없습니다. 꽃잎 하나하나에 필요한 시간을 충분히 들이고 그 과정을 즐기세요.

6장
꽃 연습-
종합적인 자기 진단 목록

Flower exercise- A comprehensive
self-Inventory list

꽃 연습을 시작할 준비가 되셨나요? 꽃 연습은 종합적인 자기 진단Self-Inventory 목록을 한 송이 꽃으로 표현하는 작업입니다. 일곱 개의 꽃잎으로 이루어졌죠. 당신에게 있는 일곱 가지 측면을 꽃잎 하나하나에 정리하는 것입니다. 당신에게는 자신에 대해 생각하는 일곱 가지 방식, 또는 직장의 언어를 사용하여 자신을 설명하는 일곱 가지 방식이 있기 때문입니다.

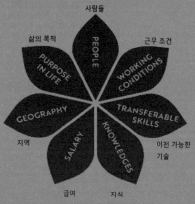

당신을 꽃으로 표현하는 것이 마음에 들지 않나요? 다른 비유를 원한다면, 당신은 일곱 개의 면을 가진 다이아몬드라고 할 수 있습니다. 꽃잎하나하나에 표현할 각각의 내용들은 다음과 같습니다.

1. 당신과 사람들

내가 누구와 어울리며 일하고 싶은지를 적습니다. 연령대, 문제점, 요구 사항, 신체적 또는 정신적 장애, 교육 수준, 지리적 위치 등을 생각하면서 함께 일하거나 돕고 싶은 사람들의 유형에 따라 내가 어떤 사람인지를 묘사합니다.

2. 당신과 직장

가장 좋아하는 직장이나 근무 조건을 생각해 보고 묘사합니다. 실내인지 실외인지, 소규모 조직을 선호하는지 대규모 조직을 선호하는지, 창이 있는 편을 선호하는지 없는 편을 선호하는지까지 설명할 수 있습니다. 이런 환경이 최고의 컨디션과 최고의 효율로 일할 수 있게 해주기 때문입니다.

3. 당신과 기술

내가 어떤 일을 할 수 있는지, 가장 좋아하며 이전 가능한 기술, 능력, 소질이 무엇인지 설명합니다. 이는 당신이 최고의 컨디션과 최고의 효율을 발휘하여 일하기 위한 핵심 요소이기 때문입니다.

4. 당신과 이미 알고 있는 지식

이미 알고 있는 지식 중에서 가장 좋아하는 지식이나 관심사가 무엇인지 설명할 수도 있습니다.

5. 당신과 급여/책임

나의 경험, 기질, 성향에 따라 혼자서 일하고 싶은지 혹은 팀의 일원으로 일하고 싶은지, 다른 사람을 감독하거나 쇼를 진행하는 등 지시하면서 일하고 싶은지 지시받으며 일하고 싶은지, 내가 원하는 책임 수준과 원하는 급여 수준을 설명합니다.

6. 당신과 지리적 요소

당신이 가장 행복하게 최고의 일을 할 수 있으며 가장 살고 싶은 곳을 표현합니다. 국내 또는 해외, 따뜻한 곳 혹은 추운 곳, 동쪽이나 서쪽, 남쪽 아니면 북쪽, 산악 혹은 해안 지역, 도시 아니면 교외, 소박한 농촌 등에 관해서요. 1년 내내 또는 1년 중 일부, 휴가 기간, 안식년에 가고 싶은 곳, 지금이나 5년 후 또는 은퇴 시점에 선호하는 장소와 관련해서 당신이 누구인지 표현할 수도 있습니다.

7. 당신과 당신 인생의 목적

내가 가진 삶의 목표나 사명감, 삶의 목적을 통해 나 자신을 설명합니다. 인생의 목적, 더 나아가 조직이 원하는 목표나 사명, 근무하고 싶은 곳에 대해 묘사할 수도 있습니다.

첫 번째 꽃잎

Petal one

○

●

⬡

⬢

나는 … 종류의 사람들을 좋아합니다

★ 함께 일하고 싶은 사람 유형

· 이 꽃잎을 작성하는 목표: 함께할 때 즐겁게 일할 수 있는 사람, 또는 함께 일하는 하루, 한 주, 한 해를 망칠 수 있는 사람들의 유형을 파악하기 위해서입니다.

· 기대하는 성과

(1) 직장에서 어떤 종류의 사람들이 나를 둘러싸고 있는지 잘 파악하면 가장 효과적으로 일할 수 있습니다.

(2) 어떤 사람들에게 봉사하거나 도움을 주고 싶은지, 나이 혹은

지역, 문제 등을 머릿속으로 잘 그려보세요.

· 꽃잎에 적을 항목

'친절한', '참을성 있는'처럼 사람을 묘사하는 다양한 종류의 형용사일 수도 있고, 홀랜드 코드Holland Code 또는 마이어스-브릭스 유형 지표(MBTI)처럼 사람 유형 분류일 수도 있습니다.

· 도움이 되는 꽃잎 예시

(1) 친절하고 창의적이며 사명감을 가지고 열심히 일하는 사람

(2) 위험에 노출된 도시 청소년의 전망을 개선할 방법을 찾고 자신의 업무에 충실한 사람

· 홀랜드 코드Holland Code: IAS

(1) 친절하고, 관대하고, 이해심이 많고, 재미있고, 똑똑하다.

(2) 실업자, 신앙으로 어려움을 겪고 있는 사람들, 전 세계의 연령대

첫 번째 꽃잎, 워크시트 1. 육각형: 파티 게임 연습

당신은 어떤 사람들과 어울리는 것이 좋고 어떤 사람들과 어울

리는 것이 싫은가요? 존 홀랜드 박사가 개발한 '관심사 분류법'인 홀랜드 코드는 나에게 가장 적합한 인적 업무 환경을 파악하기에 유용한 도구 중 하나입니다. 모든 직업이나 경력에는 특징적인 인적 환경이 있습니다. 어떤 직업이나 직무에 관심이 있는지를 제게 알려주면, 일반적으로 어떤 특징을 가진 사람들과 일하게 되는지 6가지 요소의 관점으로 알려줄 수 있습니다. 또는 다른 쪽에서 접근할 수도 있습니다. 동일한 6가지 요소의 관점에서 어떤 종류의 사람들과 함께 일하는 것이 좋은지 알려준다면, 어떤 직업이 그러한 요소를 충족시킬 수 있는지 알려드릴 수 있습니다. 홀랜드 박사는 전체 직장을 조사한 결과, 기본적으로 직업이 제공할 수 있는 6가지 인적 환경이 있다고 말했습니다. 하나씩 살펴봅시다.

1. 현실적인 사람 환경

사물, 도구, 기계, 동물 등을 명시적이고 질서정연하게 또는 체계적으로 조작하는 활동을 선호하는 사람들이 신청합니다. 이것을 다음과 같이 요약합니다. R(Reality)= 자연, 식물, 동물, 운동, 도구와 기계, 야외 활동을 좋아하는 사람들입니다.

2. 조사하는 사람들의 환경

두뇌를 사용하는 것을 선호하는 사람들, 특히 물리적, 생물학적 또는 문화적 현상에 대한 관찰과 상징적, 체계적, 창의적 조사를 선호하는 사람들이 신청합니다. 이것을 다음과 같이 요약합니다. I(Investigative)= 호기심이 많고 사물, 사람, 데이터 또는 아이디어를 조사하거나 분석하는 것을 좋아하는 사람들입니다.

3. 예술가 환경

덜 체계적이고 모호하며 자유로운 활동과 예술 형식이나 제품을 만드는 역량을 선호하는 사람들이 신청합니다. 이것을 다음과 같이 요약합니다. A(Artistic)= 매우 창의적이고 예술적이며 상상력이 풍부하고 혁신적이며 출퇴근 체크를 좋아하지 않는 사람들입니다.

4. 사회적인 사람 환경

다른 사람들과 협력하여 정보를 제공, 훈련, 개발, 치료 또는 계몽하는 활동을 선호하는 사람들이 신청합니다. 이것을 다음과 같이 요약합니다. S(Social)= 사람들을 돕고, 가르치고, 봉사하고자 하는 사람들입니다.

5. 진취적인 사람 환경

조직 또는 자기 이익의 목표를 달성하기 위해 다른 사람에게 영향을 미치는 활동을 선호하는 사람들이 신청합니다. 이것을 다음과 같이 요약합니다. E(Enterprising)= 프로젝트 조직을 추진하거나, 물건을 판매하거나, 영향력을 행사하거나 설득하거나, 사람들을 이끌고 싶어하는 사람들입니다.

6. 전통적인 사람 환경

기록 보관, 자료 정리, 자료 복제, 정해진 계획에 따른 서면 및 수치 데이터 정리, 비즈니스 및 데이터 처리 기계 작동 등 명시적이고 질서 정연하며 체계적인 데이터 조작과 관련된 활동을 선호하는 사람들로 구성됩니다. '전통적'이란 이러한 환경의 사람들이 일반적으로 가지고 있는 '가치관'을 의미하며, 이것은 우리 문화의 역사적 주

류에 해당합니다. 이것을 다음과 같이 요약합니다. C(Conventional)=
상세하고 체계적인 작업을 좋아하고 작업이나 프로젝트를 완수하
는 것을 좋아하는 사람입니다.

홀랜드의 이론에 따르면, 모든 사람에게 충분한 시간이 있다면
누구나 6가지 분야에서 숙련된 사람이 될 수 있습니다. 대신 어린
시절부터 성인이 될 때까지의 제한된 시간 동안 우리는 6가지 중 세
가지 환경에서만 선호도와 생존 기술을 개발하는 경향이 있습니다.
이것은 당신이 누구와 함께 자랐는지, 누구를 존경했는지, 성인이
될 때까지 이 세 가지 환경에서 전문성을 연습하는 데 얼마나 많은
시간을 투자했는지에 따라 결정됩니다.

여섯 글자인 RIASEC 중에서 사람들이 선호하는 세 가지 환경
에 이름을 붙이면, 예를 들어 SIA가 되겠죠? 이것이 홀랜드 코드입
니다. 자, 질문하겠습니다. 당신이 선호하는 세 가지 환경은 어느 것
인가요? 당신의 홀랜드 코드는 무엇인가요?

사람들은 대부분 꽤 능숙하게 자신의 유형을 추측합니다. 존 홀
랜드John Holland와 오랫동안 친구였던 저는 1975년에 빠르고 쉽게
홀랜드 코드를 알아낼 수 있는 방법을 찾아냈습니다. 이 방법으로
얻은 코드는 홀랜드의 자기 주도적 검색SDS(Self-Directed Search)에서
얻은 결과와 92% 일치했고, 존은 만족해했습니다.

좀 더 확실한 홀랜드 코드 결과를 원한다면 무료 O-NET 관심사 프로파일러를 온라인으로 수강하면(www.mynextmove.org/explore/ip) 코드를 얻을 수 있습니다. 이것은 코드를 학습하는 좋은 방법입니다. 아니면 홀랜드 박사의 공식 SDS(www.self-directed-search.com)를 수강할 수도 있습니다.

R

I

C

A

E

S

R은 '현실적'을 의미합니다. 운동 능력이나 기계 능력이 있고, 사물, 기계, 도구, 식물 또는 동물을 다루거나 야외에서 작업하는 것을 선호하는 사람입니다.

I는 '탐구적'을 의미합니다. 관찰, 학습, 조사, 분석, 평가 또는 문제 해결을 좋아하는 사람입니다.

C는 '전통적인'을 의미합니다. 데이터 작업을 좋아하고, 사무적이며, 수리 능력이 있고, 세부적으로 일을 수행하거나 다른 사람의 지시를 잘 따르는 사람입니다.

A는 '예술적'을 의미합니다. 예술적, 혁신적 또는 체계적인 능력을 갖추고 있으며, 구조화되지 않은 상황에서 상상력이나 창의력을 발휘하여 작업하는 것을 좋아하는 사람입니다.

E는 '진취적인'을 의미합니다. 조직의 목표나 경제적 이익을 위해 사람들에게 영향을 미치고, 설득하고, 성과를 내고, 이끌고, 관리하는 등 사람들과 함께 일하는 것을 좋아하는 사람입니다.

S는 '사회적인'을 의미합니다. 사람들과 함께 일하기를 좋아하고 사람들에게 정보를 제공하고 계몽하고, 돕고, 훈련하고, 발전시키고, 치료하는 일을 좋아하거나 말에 능숙한 사람입니다.

이 연습의 PDF를 다운로드하려면
http://prhlink.com/9781984861221a004로 이동하세요.

하지만 바빠서 이런 방법으로 찾아보기 어렵다면, 제가 고안한 빠른 방법도 있어요. 인터넷에 접속할 필요도 없죠. 저는 이것을 '파티 연습'이라고 부릅니다. 연습이 진행되는 방법을 볼까요? 이 육각형 다이어그램은 파티가 열리고 있는 방의 조감도입니다. 이 파티에는 어떤 이유 때문인지 같은 관심사를 가진 사람들이 6개의 코너 중 하나에 모여 있습니다.

1. 가장 오래 함께 있고 싶은 사람들은 누구인가요? 본능적으로 어느 코너에 있는 사람들에게 끌리나요? 꼭 질문이나 행동으로 말을 걸어야 하는 것은 아니며, 수줍어하는 성격이라면 관심 코너로 가서 듣기만 해도 됩니다.
   여기에 해당 코너의 기호를 적습니다. ___

2. 15분 후, 당신을 제외한 모든 사람이 당신이 선택한 코너를 떠나 다른 파티로 떠납니다. 아직 남아 있는 그룹 중 가장 오랫동안 함께하고 싶은 사람, 가장 끌리는 코너나 그룹은 어디인가요?
   여기에 해당 코너의 기호를 적습니다. ___

3. 15분 후, 이 그룹도 당신을 제외하고 다른 파티로 떠납니다.

아직 남아 있는 코너와 그룹 중 가장 오랫동안 함께하고 싶은 그룹은 어디인가요?

여기에 해당 코너의 기호를 적습니다. ___

방금 선택한 세 글자가 당신의 홀랜드 코드입니다.

이렇게 얻은 세 개의 코드를 여기에 입력합니다. ___ ___ ___

이제 내가 함께 일하고 싶은 사람 유형을 적는 첫 번째 꽃잎에 이 코드를 옮겨 적습니다.

지금까지 사람에 관한 꽃잎 작업을 훌륭하게 해냈습니다.

첫 번째 꽃잎, 워크시트 2. 내가 좋아하는 사람들

함께 있고 싶은 사람들이 중요한 이유가 무엇일까요? 함께 일하는 사람들은 에너지를 소모하게 하거나 에너지를 창출하게 하는 사람이기 때문입니다. 그들은 당신을 끌어내려 효율을 제대로 발휘하지 못하게 하거나, 당신을 끌어올려 최상의 컨디션으로 최고의 성과를 낼 수 있도록 도와줍니다.

다음은 어떤 사람이 어떤 특징을 지니고 있는지를 식별하는 데 도움이 되는 연습입니다. 도표를 채워 넣기 전에 이 표를 더 큰 용지에 복사하세요.

■ 함께 일하고 싶은 사람 유형

1	2	3	4
지금까지 일했던 장소	나를 미치게 만든 사람들의 특징	함께 일하고 싶지 않은 사람 유형 (선호도 순으로)	함께 일하고 싶은 사람 유형 (선호도 순으로)
	이름은 밝히지 말고 그들의 무엇이 나를 힘들게 했는지 설명하세요. 예를 들어, 상사처럼 군림하고, 개인적인 문제에 대해 많은 이야기를 하고, 일이 끝나기 전에 일찍 퇴근하는 습관 등, 순서는 중요하지 않습니다.	2번 열을 검토하고 가장 어려운 유형인 최악의 사람을 순서대로 나열하세요. 1a. 2a. 3a. 4a. 5a.	직장에서 가장 좋아하는 사람들을 떠올려 보세요. 누가 당신을 지지해 주었나요? 적극적으로 나서서 도와준 사람은 누구인가요? 직장에서 가장 좋아하는 사람들의 특징 다섯 가지를 적어 보세요. 1b. 2b. 3b. 4b. 5b.

이 연습의 PDF를 다운로드하려면
http://prhlink.com/9781984861221a005로 이동하세요.

도표의 첫 번째 열을 먼저 쓰세요. 그런 다음에 그 직장과 특정 동료, 고객 등이 왜 마음에 들지 않았는지 생각하면서 2번 열에 기록하세요. 그러면 3번 열이 나오는데, 여기에서 우선순위를 정하기 위한 전략이 필요합니다. 다음 중 어떤 것이 떠오르는지 직감으로 판단하면 됩니다.

2번 열을 사용하거나 우선순위 지정 그리드를 사용할 수 있습니다.

우선순위 그리드를 완성하는 방법

다음은 우선순위 그리드를 만들기 위한 빈 도표입니다. 다음 설명을 읽고 당신이 선택한 항목의 목록을 각 칸에 작성하면 됩니다. 제가 선택한 항목을 기준으로 우선순위 그리드의 예시를 작성해 보겠습니다.

■ 우선순위 그리드

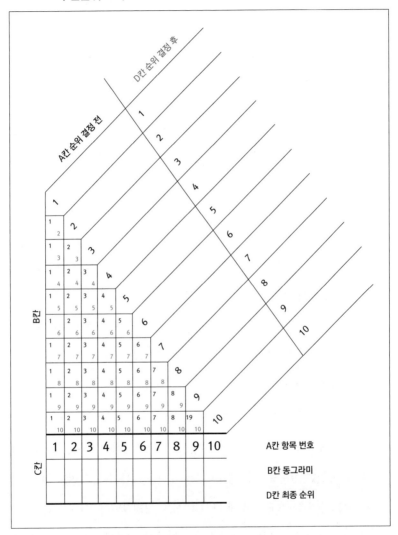

• A칸: 여기에 제가 선택한 순서대로 10가지 항목의 목록을 작성했습니다.

보다시피 제가 함께 일하고 싶지 않은 사람들은 상사가 거만하고, 누구에게도 감사하지 않고, 복장이나 사무실 공간이 지저분하고, 너무 많은 것을 요구하고, 동정심이 없고, 진실을 말하지 않고, 항상 늦고, 완전히 신뢰할 수 없고, 다른 사람에게 우월감을 느끼거나, 아이디어가 전혀 없는 사람들입니다. A칸에서는 이러한 항목을 나열하는 순서가 전혀 중요하지 않습니다.

• B칸: 작은 상자 안에 대각선으로 마주보고 있는 두 개의 숫자를 비교합니다. 이 두 숫자는 A칸 내용의 숫자입니다. 각 상자에 질문합니다. 각 상자에 던지는 질문은 "두 항목 중 나에게 더 중요한 것은 무엇인가?"입니다. '싫어요' 그리드이므로 "이 두 가지 중 어느 것이 더 싫은가요?"라고 질문할 수도 있습니다.

둘 중에 더 싫은 요인이 있으면 그 번호에 동그라미 표시를 합니다. 이렇게 요인 10까지 내려갑니다. 다음 비교 대상은 1과 3, 박스입니다. 동일한 질문으로 둘 중 더 싫은 요인을 고릅니다. 그리고 번호에 동그라미 합니다. 이렇게 다시 10까지 내려갑니다. 선택이 끝나면 위로 다시 올라가 비교합니다. 주의할 점은 대각선 방향으로 내려가면서 두 개를 비교해 하나를 선택해야 한다는 점입니다. 그렇게 하지 않고 하향 직선으로 내려가거나 직선으로 횡보하면 안 됩니다.

■ 우선순위 그리드

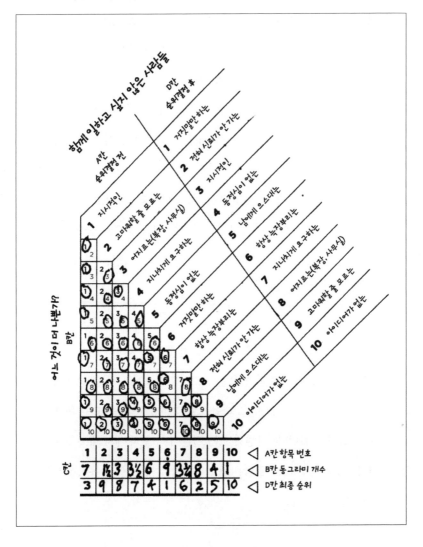

· C칸: C칸에는 그리드 하단에 3개의 행이 있습니다. 첫 번째 행은 A칸의 숫자 10개입니다. 두 번째 행은 B칸의 동그라미 횟수입니다. 보다시피 1번 항목은 7번, 2번 항목은 동그라미가 한 번 그려져 있습니다. (2번 항목과 10번 항목이 동그라미 1개씩으로 동점이므로, 동점을 없애기 위해 B칸에서 2번과 10번이 모두 표시된 상자를 찾아 당시 제가 더 선호하는 게 무엇인지 확인했습니다. 2번이었기 때문에 2번에 10번보다 1/2점을 더 부여했습니다).

3번 항목은 동그라미가 3개 표시되었지만 4번 항목과 7번 항목도 동그라미가 3개씩이어서 셋이 동점입니다! 이 동점을 어떻게 없앨 수 있을까요? 당신이 우선순위 그리드를 만들 때도 동점이 생긴다면, 곰곰이 생각해 봐야 합니다. 저는 제가 중요하다고 생각한 순서대로 가산점을 매겼어요. 4번, 7번, 3번 항목 순으로 중요하다고 생각했습니다. 그래서 4번에는 ½점을, 7번에는 ¼점을 더하고 3번은 그대로 두었습니다.

C칸의 맨 아래 세 번째 행에는 두 번째 행의 동그라미 수에 따라 순위를 매겼습니다. 6번 항목은 동그라미가 9개로 가장 많기 때문에 1위입니다. 8번 항목은 그다음으로 많은 8개의 동그라미를 받았으므로 2순위입니다. 이렇게 모든 결론이 나올 때까지 계속 진행합니다. 이제 이 그리드에 남은 유일한 작업은 재구성된 목록을 D칸에 옮기는 것입니다.

· D칸: 여기서는 C칸에서 매긴 선호도 또는 우선순위에 따라 A 칸의 10개 항목을 정확한 순서대로 다시 써넣는 것입니다. 간단한 작업입니다. C칸에서 매긴 순위대로 적어 넣으면 되니까요. 6번 항목이 가장 많은 동그라미를 받았고 1위를 차지했으므로 6번 항목의 단어를 D칸의 1위 위치에 쓰고, 8번 항목이 2위를 차지했으므로 8번 항목의 단어를 D칸의 2위 위치에 쓰는 작업을 합니다.

이제 D칸에는 선호도와 우선순위에 따른 10개의 항목이 기록되었습니다.

비어 있었던 우선순위 그리드 표를 모두 채웠으면 다시 '함께 일하고 싶은 사람 유형'으로 돌아갑니다. 우선순위 그리드의 D칸에 있는 처음 다섯 가지 요인을 표의 세 번째 열에 복사합니다. 이제 피해야 할 부정적인 요소의 목록이 완성되었습니다.

하지만 당신이 찾으려고 하는 것은 긍정적인 요소의 목록입니다. 따라서 표의 3번째 열에 방금 입력한 다섯 가지 부정적인 항목을 살펴보고, 4번째 열에 그 반대 또는 반대에 가까운 항목을 적습니다. 여기서 '반대'란 반드시 정반대를 의미하는 것은 아닙니다. 3번 열의 불만 중 하나가 '하루 중 매시간 세세한 관리와 감독을 받았다'였다면 4번 열의 반대는 반드시 '감독 없음'이 아니어도 됩니다. '제한된 감독' 또는 이와 유사한 표현이 될 수 있습니다.

이러한 항목은 이미 4번 열에 작성한 목록에 추가한다는 점에 유의하세요. 중복되는 항목이 있으면 그냥 빼세요. 4번 열에서 가장 중요한 긍정적인 항목 옆에 강조 표시를 하거나 별표를 표시합니다. 잘 모르겠다면 우선순위 그리드를 다시 사용하세요.

이제 4번 열의 상위 5개 항목을 '함께 일하고 싶은 사람 유형'에 복사합니다.

축하합니다, 해냈습니다!

첫 번째 꽃잎을 완료했습니다. 이제 잠시 쉬거나 두 번째 꽃잎으로 넘어가세요.

꽃
The Flower
(한 장의 종이에)

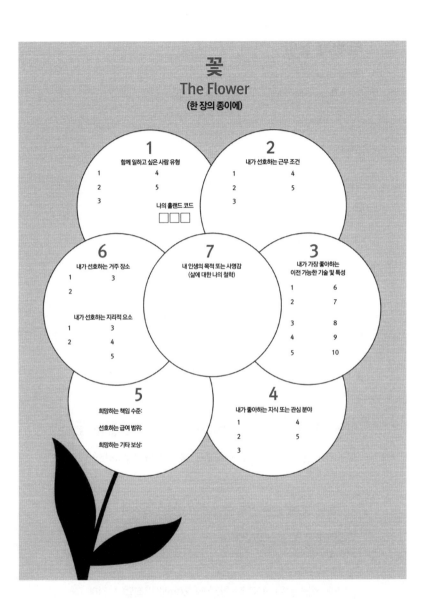

1
함께 일하고 싶은 사람 유형

1   4
2   5
3

나의 홀랜드 코드
☐ ☐ ☐

2
내가 선호하는 근무 조건

1   4
2   5
3

6
내가 선호하는 거주 장소

1   3
2

내가 선호하는 지리적 요소

1   3
2   4
           5

7
내 인생의 목적 또는 사명감
(삶에 대한 나의 철학)

3
내가 가장 좋아하는
이전 가능한 기술 및 특성

1   6
2   7
3   8
4   9
5   10

5
희망하는 책임 수준:

선호하는 급여 범위:

희망하는 기타 보상:

4
내가 좋아하는 지식 또는 관심 분야

1   4
2   5
3

두 번째 꽃잎

Petal two

○

●

⬡

⬢

> 나는 … 과 같은 근무 조건을 선호하는 사람입니다
> _____

★ 내가 선호하는 근무 조건

· 이 꽃잎을 작성하는 목표: 행복하게 일하고 가장 효율적으로 일
할 수 있는 물리적 근무 조건과 환경을 파악하기 위해서입니다.

· 기대하는 성과: 좋은 업무 환경을 조성하고 과거의 나쁜 경험을
되풀이하지 않는 것입니다.

· 꽃잎에 적을 항목: 물리적 환경 및 일반적인 작업 환경에 대한
설명입니다.

· 도움이 되는 꽃잎 예시: 창문이 많은 업무 공간, 녹지가 보이는 멋진 전망, 비교적 조용하고, 점심시간이 적당하며, 출퇴근 시간이 유연하고, 근처에 상점이 많습니다.

당신은 근무하는 물리적 환경에 따라 기분 좋게 일할 수도 있고 기분이 나빠질 수도 있습니다. 취업할 직장을 확정하기 전에 당신이 선호하는 환경을 아는 것이 중요합니다. 이를 위한 가장 좋은 방법은 첫 번째 꽃잎에서 했던 것처럼, 과거에 당신을 불행하게 했던 근무 조건부터 시작하는 것입니다. 그리고 이것을 긍정적으로 뒤집는 거죠.

평지에서 아름답게 자라는 식물도 수천 피트 높은 산에 올라가면 죽는 경우가 많습니다. 각자 잘 살아갈 수 있는 환경이 다르니까요. 마찬가지로 우리는 일하면서 늘 최선을 다합니다. 하지만 특정 환경에서는 좋은 성과를 내고 다른 환경에서는 그렇지 않을 수 있습니다. 따라서 "가장 좋아하는 근무 조건은 무엇인가?"라는 질문은 사실상 "어떤 상황에서 가장 효율적으로 일할 수 있는가?"라는 질문이 됩니다.

이 꽃잎은 환경이 아니라 작업장의 물리적 공간과 위치에 관한 것입니다. 사람에 관한 내용을 추가하려면 첫 번째 꽃잎으로 돌아가세요.

두 번째 꽃잎, 워크시트 1. 내가 성공할 수 있는 물리적 환경

이 페이지의 차트에서 제출을 시작하는 가장 좋은 방법은 첫 번째 꽃잎과 마찬가지로 이전 작업의 바람직하지 않은 측면부터 시작하는 것입니다. 과거 근무 경험에 대해 생각하면서 각 열에 기재하세요. 1열에는 이전과 마찬가지로 근무했던 장소를 나열합니다. 이제 2번 열에 다시는 경험하고 싶지 않은 것들을 나열합니다('창문 없음', '좁은 칸막이' 등). 2번 열에서 최악의 경험 순위를 정하고 3번 열에 순서가 정해진 목록을 작성합니다.

그런 다음 각 항목의 반대되는 항목('자연 채광' 또는 '개인 사무실')을 생각해 보고 4열에 해당 항목을 적습니다. 4열의 핵심 항목(개수는 사용자가 정함)을 이 페이지의 꽃 다이어그램에서 가장 선호하는 근무 조건 꽃잎인 2번 꽃잎에 복사합니다.

■ 근무 조건에 대한 선호 사항

1	2	3	4
내가 일했던 장소	불쾌한 근무 조건	불만족스러운 근무 조건 순위	업무 효율성의 핵심 요소(내가 좋아하거나 필요한 것)
저는 이러한 조건에서 일해야 할 때 업무 효율성이 떨어진다는 것을 과거로부터 배웠습니다(바람직하지 않거나 나쁜 조건을 경험했다면 나열하세요). 1a. 2a. 3a. 4a. 5a.	2번 열에 나열된 요인 또는 특성 중 내가 가장 싫어하는 것은 다음과 같습니다(싫어하는 정도가 높은 순서대로 순위를 매기세요). 1a. 2a. 3a. 4a. 5a.	이러한 조건에서 일할 수 있다면 나의 효율성은 절대적으로 최대가 될 것이라고 생각합니다(이전 직장의 이상적인 측면을 나열하세요).

이 연습의 PDF를 다운로드하려면
http://prhlink.com/9781984861221a006으로 이동하세요.

■ 우선순위 그리드

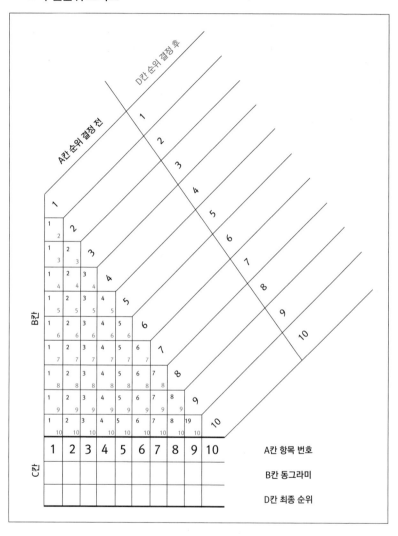

두 번째 꽃잎, 워크시트 2. 이상적인 업무 환경 시각화

첫 번째 워크시트는 키워드와 문구로 표현된 이상적인 업무 공간을 상상하는 데 좋은 출발점이 될 수 있습니다. 하지만 여기에는 두 가지 한계가 있습니다.

첫 번째는 이미 알고 있는 것을 나열하는 것만으로도 상상력이 제한될 수 있다는 것입니다. 예를 들어 작은 큐브 농장은 싫지만, "그 반대편에 개인 사무실이 있나요? 창의적인 오픈 플랜 공간은요? 햇살이 잘 드는 데크에서 재택근무를 하나요?" 이런 근무 여건에 따라 생각이 달라질 수도 있죠.

두 번째 한계는 많은 사람들이 시각적 사고를 한다는 사실입니다. 이러한 유형의 사람들은 그림이 없는 이상적인 업무 공간을 상상하기 어렵습니다. 이상적인 업무 환경을 구체적으로 머릿속에 그려 보려면, 가능한 아이디어가 담긴 비전 보드를 만들어 보세요. 무언가를 시각화하면 상상한 목표에 집중하는 데 도움이 된다고 합니다.[24] 이것을 실제로 실현하는 것은 당신에게 달려 있습니다! 비전 보드는 종이 또는 온라인의 두 가지 방법으로 만들 수 있습니다.

- 종이 버전: 잡지를 한 무더기 가져와서 훑어보면서 이상적인 업무 환경을 떠올리게 하는 사진이나 단어를 오리세요. 그 사

진을 넣을 필요가 없다고 스스로 세뇌하지 마세요. '난 그런 돈은 절대 못 벌 거야.' 이런 생각도 하지 마세요. 어쨌든 잘라내세요. 사진을 큰 판지에 붙이거나 핀으로 고정하고, 결과를 살펴보세요.

특정 종류의 이미지가 많이 나왔나요? 격식 있는 환경인가요. 아니면 좀 더 캐주얼한 환경인가요? 번화한 도시나 바닷가 근처인가요? 대학 캠퍼스, 소박한 장소 또는 현대적인 기술 회사에 끌렸나요?

- 온라인 버전: 템플릿 등을 통해 비전 보드 만들기를 안내하는 무료 사이트가 많이 있습니다. 사진을 직접 업로드할 수 있는 사이트를 선택하는 것이 좋습니다. 가장 인기 있는 사이트 중 하나는 캔바Canva(www.canva.com)지만, 웹에서 찾은 모든 이미지를 사용할 수 있는 핀터레스트Pinterest(www.pinterest.com) 보드를 하나 또는 여러 개 만드는 것도 고려해 보세요.

바이러스는 말할 것도 없고 권리 다툼도 없습니다. 온라인 비전 보드는 종이 비전 보드와 같은 방식으로 작성하면 됩니다.

때로는 친구나 친척이 당신의 비전 보드를 살펴보는 것이 도움이 될 수도 있습니다. 친구나 친척이 트렌드를 보거나 당신이 놓친 새로운 아이디어를 발견할 수도 있으니까요. 링크를 공유하면 이 작업이 쉬워집니다.

워크시트 2를 완성했으면 비전 보드에서 파악한 핵심 요소를 적으세요. 새로운 생각이 떠오르면 워크시트 1의 4번 열에 추가하고, 중요하다고 생각되면 꽃잎 2에 포함하는 것도 고려해 보세요.

이제 두 번째 꽃잎은 여기까지입니다. 물론 생각나면 언제든지 항목을 추가할 수 있습니다. 꽃잎을 완성한 다음 날 추가할 항목이 더 생각나는 경우도 드물지 않습니다. 이 문서는 살아있는 문서입니다. 당신 마음대로 변화가 가능합니다. 그러니 아이디어가 떠오르면 주저하지 말고 추가하세요.

꽃
The Flower
(한 장의 종이에)

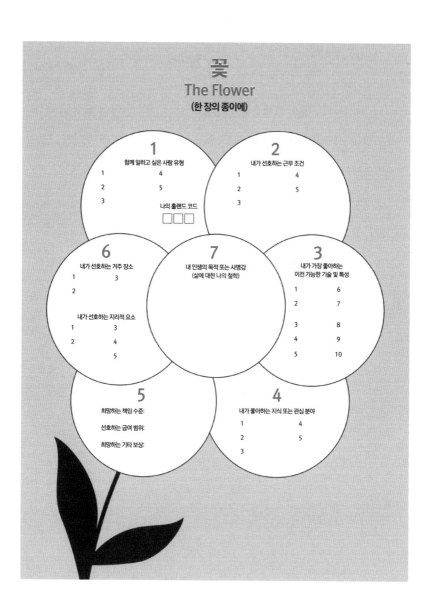

1

함께 일하고 싶은 사람 유형

1   4

2   5

3

나의 홀랜드 코드

□□□

2

내가 선호하는 근무 조건

1   4

2   5

3

6

내가 선호하는 거주 장소

1   3

2

내가 선호하는 지리적 요소

1   3

2   4

        5

7

내 인생의 목적 또는 사명감
(삶에 대한 나의 철학)

3

내가 가장 좋아하는
이전 가능한 기술 및 특성

1   6

2   7

3   8

4   9

5   10

5

희망하는 책임 수준:

선호하는 급여 범위:

희망하는 기타 보상:

4

내가 좋아하는 지식 또는 관심 분야

1   4

2   5

3

세 번째 꽃잎

Petal three

○

●

⬡

⬡

나는 … 과 같은 특별한 일을 특별한 방식으로 할 수 있는 사람
입니다

★ 내가 가장 좋아하는 이전 가능한 기술 및 특성

· 이 꽃잎을 작성하는 목표: 내가 좋아하는 기능적인 기술과 개인
  적인 특성을 발견하고, 이를 관심 분야로 전환할 수 있습니다.
  재능을 타고났거나 타고난 재능은 훈련하여 갈고 닦은 것들입
  니다.

· 기대하는 성과: 무엇을 할 수 있는지 뿐 아니라, 어떤 기술과 특
  성을 가장 좋아하고 잘 사용하는지 파악합니다.

· 꽃잎에 적을 항목: 분석하다, 설명하다, 그리다, 코치하다 등, 순수한 동사 형태로 사용합니다. 때로는 분석, 설명, 그리다, 코칭 등 동작 자체로 표현될 수도 있습니다.

· 도움이 되는 꽃잎 예시: 이 꽃잎의 내용은 당신이 혁신, 분석, 분류, 코칭, 협상을 할 수 있음을 보여줍니다. 또는 당신이 혁신, 분석, 분류, 코칭, 협상을 잘한다는 것을 보여줍니다.

소질, 재능, 능력, 특성에 대한 집중 강좌

'소질 혹은 기술Skills'은 직업 세계에서 가장 오해가 많은 단어 중 하나입니다. 이 오해는 고등학교 졸업반 구직자일 때부터 시작됩니다. 학생들은 "저는 실력이 전혀 없어요."라고 말합니다. 틀린 말입니다!

대학생들도 마찬가지입니다: "대학에서 4년을 보냈습니다. 기술을 익힐 시간이 없었습니다." 틀렸어요!

이런 오해는 직업을 바꾸고 싶어 하는 중년기까지 지속됩니다. "다시 대학에 들어가서 재교육을 받아야 해요. 그렇지 않으면 새로운 분야의 기술을 갖지 못할 거예요." 또는 "내가 어떤 기술이 있다고 주장하려면 아주 초급 수준부터 시작해야 해요."라고 말합니다. 틀린 생각입니다!

기술(소질, 능력)이라는 단어에 대한 이런 혼란은 총체적인 문제에서 비롯됩니다. 단어의 의미에 대한 오해죠. 게다가 이 오해는 너무 많은 고용주, 인사 부서 및 기타 소위 직업 전문가들이 대부분 가지고 있는 오해입니다. 그렇다면 여기서 이 단어의 의미는 무엇일까요?

목적에 맞는 기술은 간단하게 말해서 당신이 잘하는 것을 의미합니다. 하드 스킬Hard Skills은 학습하거나 훈련받은 기술이고, 소프트 스킬Soft Skills은 성격적 특성 또는 특성입니다. 하드 스킬은 '무엇을', 소프트 스킬은 '어떻게'라고 생각할 수 있습니다. 고용주의 관점에서 하드 스킬은 지원자의 서류를 보기 좋게 만드는 요소이고, 소프트 스킬은 지원자가 직장에서 성공할 수 있게 하는 요소입니다.

특정 소프트 스킬 세트(예: 정리, 자기 동기 부여, 목표 설정, 긍정적인 태도 등)를 '자기 관리 기술'이라고도 합니다. 말하자면 '이전 가능한 스킬'은 다양한 상황에 적용할 수 있는 하드 또는 소프트 스킬입니다.

구직 과정에서 역량Competencies이라는 용어를 볼 수도 있습니다. 역량은 기술을 더 멋있게 표현한 이름일 뿐이지만, 더 큰 범위의 스킬을 분류하는 데 자주 사용됩니다. 예를 들어 문제 해결 역량에는 연역적 추론, 판단 및 의사 결정, 독창성, 비판적 사고 등이 포함될 수 있습니다.

이 꽃잎은 이미 보유하고 있는 하드 스킬과 소프트 스킬에 초점을 맞추고, 어떤 스킬이 다른 직무와 역할로 가장 잘 이전될 수 있는지에 중점을 둡니다. 시간과 노력을 들여 자신이 가진 기술과 특성을 철저히 평가하고 선택지와 기회에 대한 현실적인 그림을 그리는 것이 중요합니다. 너무 많은 구직자가 자신에게는 새로운 직업에 필요한 기술이 없다고 생각하며 학교로 돌아가거나, 필요하지도 않은 학위를 따기 위해 빚을 더 많이 지는 경우가 많습니다.

다시 말하지만, 재교육 없이도 극적인 경력 전환을 얼마든지 할 수 있습니다. 물론 상황에 따라 다르고, 재교육이 필요할 수도 있죠. 그런데 추가 교육이 필요한지 아닌지는 자기 진단 목록을 작성해 보기 전까지는 알 수 없습니다. 구직 활동을 시작하기 전에 자신에게 어떤 기술이 있는지 파악하는 것은 당연한 일입니다. 하지만 이것을 파악하기 위해 시간을 투자하지 않는 구직자가 얼마나 많은지 놀라울 따름입니다.

마지막 요점 한 가지 : 모든 기술은 전수할 수 있는 잠재력이 있습니다. 그럼 취업 시장에서 어떻게 작용하는지 살펴보세요.

1. 기술은 당신이 선택할 수 있는 직업을 구성하는 가장 기본적인 단위입니다.

2. 과거 성과로 입증된 것처럼, 항상 당신이 합법적으로 할 수 있는 최고의 기술을 내세워야 합니다. 기술을 나열할 때는 당신이 가진 특성과 기술 중 가장 특이하거나 습득하기 어렵거나 복잡한 것이 무엇인지 생각해 보세요. 고용주가 가장 가치 있게 생각할 것 같은 기술부터 나열하세요.

3. 이전 가능한 기술이 많을수록 직업 선택에서 더 많은 자유를 누릴 수 있습니다. 실력이 발전함에 따라 당신에게 꼭 맞는 직업을 찾을 기회도 늘어납니다.

예를 들어, 거의 모든 사무직 지원자에게는 어느 정도의 컴퓨터 활용 능력이 요구됩니다. MS Word에 능숙한 것은 유용한 기술이지만, 경쟁자들 대부분이 가지고 있는 기술입니다. 그런데 포토샵이나 일러스트레이터를 다룰 줄 안다면, 고용주가 보기에 지원자의 가치가 높아지는 더 세련된 기술입니다. 특히 이런 기술을 지원하는 직무에 어떻게 적용할 수 있는지 보여줄 수 있다면 더욱 좋겠죠. 또한 코딩, 웹 페이지 구축, 앱 만들기 등도 가능하다면 기술력을 인정받아 취업에 성공할 가능성이 높습니다.

4. 이전 가능한 기술이 어려운 것일수록 원하는 일자리를 얻기

위한 경쟁이 줄어듭니다.

구직 또는 이직에 대해 이렇게 접근할 때의 핵심은 당신이 좋아하는 기술과 좋아하는 전문 지식을 파악한 다음, 공석이 있든 없든 관심 있는 조직에 많이 접근하는 것입니다. 당연히 어떤 곳을 방문하든, 특히 구인 광고를 하지 않은 곳에서는 경쟁 상대가 훨씬 적을 것입니다.

사실 방문한 곳의 고용주가 당신을 무척 마음에 들어 한다면, 그 회사에 없는 일자리도 기꺼이 만들어줄 수 있습니다. 이 경우라면, 새로 생긴 일자리의 유일한 지원자이기 때문에 아무하고도 경쟁하지 않게 됩니다. 말도 안 되는 이야기 같은가요? 아니요, 이런 일이 얼마나 자주 일어나는지 놀라울 정도입니다. 이런 일이 생기는 이유는 고용주가 조직 내에서 새로운 일자리를 만들려고 생각하는 경우가 많기 때문입니다. 하지만 이런저런 이유로 한 번도 해보지 못한 거죠. 당신이 지원하기 전까지는요.

좋은 직원은 좋은 고용주만큼이나 찾기 어렵기 때문에 그들은 당신을 다른 회사로 보내고 싶지 않다고 결정합니다. 그리고 몇 주 또는 몇 달 동안 생각했던 일자리를 떠올리게 됩니다. 그래서 그들은 자신의 의도를 밝히고 그 자리에서 새로 만든 직업을 당신에게 제안합니다! 그리고 그들이 필요로 했던 새로운 일자리가 당신이 찾고 있던 것과 정확히 일치한다면, 꿈의 일자리를 갖게 되는 것입니다. 고용주와 구직자가 서로 매치되는 윈-윈 전략입니다.

세 번째 꽃잎, 워크시트 1.
즐거웠던 시절의 7가지 스토리 분석하기

이전 가능한 기술이 무엇인지 알았으니, 이제 당신이 해야 할 과제는 당신만의 기술을 찾는 것입니다. 가지고 있는 이전 가능한 기술을 이미 알고 있다면, 당신은 운이 좋은 소수의 사람입니다. 그렇다면 꽃 다이어그램에 원하는 순서대로 적어두면 됩니다.

하지만 당신이 어떤 기술을 보유하고 있는지 모른다면 도움이 필요할 것입니다. 낙심할 필요는 없습니다. 직장인의 95%가 모르거든요. 다행히도 도움이 되는 연습이 있습니다.

1. 인생의 에피소드에 관해 이야기 한 편 쓰기

네, 알아요. 알고 있습니다. 글쓰기를 좋아하지 않기 때문에 이 연습을 피하고 있는 것이겠죠. 작가는 매우 드문 직업입니다. 지난 수년간 수천 명의 구직자들이 저에게 그렇게 말했죠. 그런데도 당신은 매일 얼마나 많은 문자나 이메일을 보내나요? 소셜 미디어에 몇 번이나 게시물을 올리죠? 네, 맞아요. 당신은 매일 글을 쓰고 있으면서도 깨닫지 못하고 있을 뿐입니다. 인간은 글쓰기의 종족이며, 펜이든 키보드든 마음만 내키면 각자의 내면에서 글쓰기 요정이 튀어나옵니다. 그 요정을 불러낼 만한 삶과 진정한 열정 등 관심 가는 주제만 있으면 되죠.

이제 당신의 오프라인 블로그에 쓸 일곱 가지 삶의 이야기를 떠올려 보세요. 그리고 글을 쓰기 시작하세요. 어서요. 다음 단계는 실제 글쓰기입니다. 누군가의 첫 번째 이야기를 보죠.

몇 년 전, 우리 가족은 보호소에서 믹스견 한 마리를 입양했습니다. 외모를 보면 푸들, 래브라도, 보더 콜리의 중간 정도인 것 같았습니다. 저희는 러플스Ruffles라는 이름을 지어 주었습니다. 러플스는 사랑스러울 뿐만 아니라 상냥하고 온화한 성격을 지녔고, 모든 사람을 사랑했습니다. 러플스는 지역 개 공원과 제가 데려가는 모든 곳에서 인기가 많았어요. 유일한 문제점은 에너지가 너무 넘친다는 거였어요. 이리저리 뛰어다니고 목줄을 잡아당기며 쉽게 지루해하고, 제가 바쁘게 놀아주지 않으면 가구를 비롯한 모든 걸 씹어먹곤 했죠. 친구가 복종하는 훈련을 시켜보라고 권유해서 지역 애완동물 가게에 있는 강아지 유치원에 등록했어요. 그러나 비참하게 실패했습니다. 러플스는 다른 개나 사람들과 어울리는 것을 더 좋아했고 제 말을 듣는 데는 전혀 관심이 없었습니다.

이 경험은 제 고집스러운 성격을 자극해서 제가 직접 훈련을 시키기로 결심했습니다. 사실 저에게는 치료견으로 훈련시켜서 지역 어린이 병원에 데려가겠다는 비밀스러운 목표가 있었어요. 저는 도서관에서 개 훈련에 관한 책을 몇 권 구하는 것부터 시작했어요. 그리고 관련 TV 프로그램을 시청하며 어떤 방법이 가장 효과적인지 다양한 기법을 시도해 보기 시작했어요. 집에서는 잘 지냈지만, 공공장소에서는 여전히 어려움이 있었어요. 치료견 훈련에 대해 찾아보다가 미국 애견 클럽에서 반려견 훈련을 위한 프로그램이 있다는 것을 알게 되었어요.

집에서 했던 훈련 덕분에 러플스는 단체 환경에 빠르게 적응할 수 있었고, 정중하게 앉아 쓰다듬기, 주변 방해물 무시하기 등 10단계의 테스트를 통과하여 Canine Good Citizen 자격증을 취득할 수 있었어요.

그 후 지역 어린이 병원에 문의한 결과 러플스를 치료견으로 인증 받으려면 다른 프로그램을 거쳐야 한다는 사실을 알게 되었죠. 저는 비영리 단체를 통해 온라인 교육에 등록했습니다. 러플스가 훈련 과정을 마치고 '초보자' 자격을 취득한 후 저희는 어린이 병원을 방문하기 시작했습니다.

러플스와의 첫 번째 목표를 세웠을 때 제가 얼마나 큰 결심을 했는지 몰랐지만, 그 경험은 정말 대단했습니다. 인생에서 끔찍한 시간을 보내고 있는 수많은 아이들과 가족들을 만났는데 러플스를 보고 환하게 웃는 아이들의 얼굴이 한 주의 하이라이트였어요. 돌이켜보면 그 경험을 통해 누구보다 많은 것을 얻은 것 같아요.

이 예시글에서 알 수 있듯이 각각의 이야기에는 다음과 같은 사항이 포함되어야 합니다.

- 성취하고 싶었던 목표
"반려견이 가구를 씹는 것을 멈추고 싶었고, 반려견의 에너지와 친근한 성격을 발산할 수 있는 출구를 찾고 싶었습니다."

- 직면한 장애물, 장애물 또는 제약의 종류

"러플스와 저는 강아지 유치원에서 비참하게 실패했어요. 러플스는 고집이 세고 다른 개와 사람에게 너무 관심이 많았어요. 저는 통제할 수 없었고, 훈련 시킬 수 없을 거라고 확신했습니다."

- 궁극적으로 목표를 달성하기 위해 수행한 작업을 단계별로 설명

"개 훈련에 관한 모든 책을 읽었습니다. TV 프로그램도 보고 여러 가지 기술을 시도해 봤어요. 공원에 계속 데리고 다니며 사회화 기술을 익혔어요. 치료견이 되기 위한 현지 훈련 프로그램도 찾아봤어요. 오프라인과 온라인을 통해 여러 프로그램에 등록했어요. 그런 다음 병원에 데리고 가서 기술을 향상시키기 시작했습니다."

- 결과에 대한 설명

"러플스는 적절한 자격증을 취득하여 지역 어린이 병원에서 자원봉사를 할 수 있게 되었습니다."

- 결과에 대한 측정 가능하거나 정량화할 수 있는 모든 진술

"금전적 성과보다는 정서적 성과가 더 크다고 말씀드리고 싶어요. 특히 끈기와 인내심 등 스스로에 대해 많은 것을 배웠습니다. 또

한 연민과 친절, 누군가의 하루를 행복하게 해줄 수 있는 작은 경험의 가치에 대해서도 많이 배웠습니다. 러플스와 함께 일하면서 더 나은 사람이 된 것 같아요."

이제 예시글을 참고해서 스토리를 작성하세요.

'10년 동안 어떻게 대학 학위를 취득했는지'와 같이 큰 성과를 얻은 이야기를 선택하지 마세요. 당신이 성취한 간단한 에피소드나 작업 중 재미있었던 일에 대해 글을 쓰세요! 너무 짧게 작성하지 마세요. 여기는 트위터Twitter가 아닙니다.

2. 스킬 그리드를 사용하여 첫 번째 스토리를 분석한 뒤, 어떤 이전 가능한 스킬을 사용했는지 확인하세요

■ 비상이동 매뉴얼

당신의 7개 스토리
왼쪽으로 각 숫자 위 칸에 차례로
각 스토리의 제목을 적는다.
스토리 1번부터 시작한다.

1	2	3	4	5	6	7	사람에 대한 스킬
							시도하다, 리드하다, 선도자가 되다
							감독하다, 경영하다
							끝까지 추진하다, 완수하다
							동기를 주다
							설득하다, 팔다, 모집하다
							상담하다
							조언하다
							조정하다
							협상하다, 갈등을 해결하다
							연결하거나 관계를 맺다
							치유하다, 치료하다
							평가하다, 처리하다
							온정을 전하다, 동정하다
							면접하다, 잡아내다
							자존감을 높이다

1	2	3	4	5	6	7	
							지시하다
							가르치다, 훈련하다(개인, 그룹, 동물 대상으로)
							연설하다
							경청하다
							지도하다, 안내하다, 조언하다
							소통하다(대인적으로)
							주의를 끌다, 즐겁게 하다, 연기하다, 공연하다
							악기를 연주하다
							해석하다, 말하다, 읽다(외국어를)
							지원하다, 돌보다, 지시를 충실히 따르다
							데이터 및 아이디어에 대한 스킬
							직관을 활용하다
							창조하다, 혁신하다, 발명하다
							설계하다, 예술적 능력을 활용하다, 창작하다
							시각화하다, 입체화하다
							상상하다
							지능을 활용하다
							종합하다, 부분을 전체에 통합시키다
							체계화하다, 순위화하다
							조직하다, 분류하다
							패턴을 인식하다
							분석하다, 세분화하다
							숫자에 능하다, 계산하다
							사람, 데이터를 비상하게 기억하다
							개발하다, 개선하다
							문제를 해결하다
							계획하다

1	2	3	4	5	6	7	
							프로그램화하다
							연구하다
							조사하다, 검사하다, 비교하다, 유사/차이를 보다
							세밀한 곳을 놓치지 않다
							감각이 예민하다(청력, 후각, 시각)
							공부하다, 관찰하다
							자료를 모으다, 기록하다, 파일화하다, 찾아내다
							복사(모방)하다
							물건에 대한 스킬
							컨트롤하다, 촉진하다
							만들다, 생산하다, 제조하다
							수리하다
							끝내다, 복원하다, 보존하다
							건축하다
							조형하다, 모델을 만들다, 조각하다
							자르다, 굽히다, 쪼다
							셋업하다, 조립하다
							다루다, 돌보다, 투입하다
							운전하다, 드라이브하다
							조작하다
							몸, 손, 손가락 등이 비범하게 재빠르다

이 연습의 PDF를 다운로드하려면
http://prhlink.com/9781984861221a010으로 이동하세요.

이 그리드에서 숫자 1위에 첫 번째 스토리의 제목을 간단하게 씁니다. 그런 다음 오른쪽 열에 있는 각 스킬에 대해 스스로에게 질문하면서 1열 아래쪽으로 차례대로 내려갑니다. 그리고 스스로 질문합니다. "내가 이 스토리에 이 스킬을 사용했나?" 대답이 "예"인 경우 해당하는 스킬의 작은 사각형에 색깔을 칠합니다. 예를 들어 빨간색 펜으로 표시하면 됩니다.

첫 번째 스토리를 시작으로 스킬 그리드 전체를 같은 방식으로 진행하세요. 예를 들어 '러플스' 스토리를 보면 작가가 훈련, 후속 조치, 평가, 원활한 의사소통, 문제 해결, 목표 설정 등 여러 가지 이전 가능한 스킬을 전반적으로 사용했음을 알 수 있습니다.

이제, 첫 번째 스토리의 스킬 분석이 끝났습니다.

하지만 "제비 한 마리가 왔다고 해서 여름이 온 것은 아니다."라는 말처럼, 첫 번째 스토리에서 특정 기술을 사용했다는 사실만으로는 많은 것을 알 수 없습니다. 최소한 5개, 이상적으로는 7개의 스토리를 계속 써서 분석해야 합니다. 당신이 찾고 있는 것은 스토리에서 반복적으로 나타나는 패턴, 즉 이전 가능한 기술이기 때문입니다. 당신이 정말 좋아하는 스토리를 선택해야 합니다. 이런 스토리에서 왜 반복적으로 특정 기술이 등장할까요? 바로 당신이 선호하는 기술이기 때문입니다.

3. 다른 6개의 스토리를 쓰고 이전 가능한 스킬을 분석하세요

일곱 가지 이야기를 생각해 내는 게 너무 어렵다면, 다음 아이디어 목록을 살펴보고 영감을 얻으세요. 당신이 이야기를 쓴다면 어떤 이야기를 쓰시겠어요?

- 무언가를 성취하기 위해 두려움에 맞섰던 때가 있나요?
- 자신보다 더 큰 무언가의 일부가 된 듯한 느낌을 받았던 경험은 무엇인가요?
- 가장 자랑스러웠던 순간은 무엇인가요?
- 누군가를 도왔거나 다른 사람의 삶을 개선한 적이 있나요?
- 다른 사람들의 의심에도 불구하고 성취한 일이 있나요?
- 특이한 스킬이나 관심사가 유용하게 쓰인 적이 있나요?
- 언젠가 다시 경험하고 싶은, 잊을 수 없는 경험은 무엇인가요?
- 흥미진진하거나 영감을 주었던 일은 무엇인가요?
- 좋아하는 어린 시절의 기억은 무엇인가요?
- 귀중한 교훈을 얻었던 불쾌한 경험은 무엇인가요?
- 위험을 감수해야 했던 경험은 무엇인가요?

전통적인 직무 스킬에만 한정해서 생각하지 마세요. '러플스' 사례에서 알 수 있듯이 이전 가능한 스킬은 어디에나 있습니다. 예를 들어 당신이 열렬한 온라인 게이머라면, 전략 계획, 변화하는 환경 탐색, 적극적인 경청, 의사소통, 공동 작업 같은 기술을 최소한 몇 가지 개발했을 가능성이 높습니다. 이러한 기술은 다양한 직업과 분야에서 유용하게 활용될 수 있으며 게임 자체가 하나의 직업이 될 수도 있습니다. 축구나 농구를 좋아한다고 축구 선수나 농구 선수가 되지는 않는 것처럼, 게임을 좋아한다고 해도 프로게이머가 될 확률은 낮습니다. 하지만 게임에 대한 애정을 직업으로 전환할 방법은 얼마든지 있습니다. MIT, 드렉셀대학교, 뉴욕대학교, UC 산타크루즈, 서던캘리포니아 대학교 등 점점 더 많은 유명 대학에서 게임 디자인 학위 및 장학금 등을 제공하고 있거든요.

아직도 막막한가요? 쓸 만한 이야기가 떠오르지 않나요? 그렇다면 가장 즐거웠던 일곱 가지 직업 또는 지금까지 살아오면서 했던 보람 있는 역할 일곱 가지에 대해서 써보세요. 파트너, 부모, 교사, 주부, 정원사, 선원, 지역사회 봉사자, 시민, 학생 등 각 역할에서 수행했거나 성취한 일을 떠올리세요.

이제 인생의 어느 시기에서 무엇을 고르든, 두 번째 스토리를 쓰고 스킬 그리드를 사용하여 분석하세요. 첫 번째 스토리에서 했던 작업과 같습니다. 모든 스토리를 작성하고 분석할 때까지 이 과정을 계속하세요. 주말을 투자하면 충분히 할 수 있습니다! 주말에는 당신의 과거를 충분히 진단하고 목록화해서 앞으로 하고 싶은 일에 대한 좋은 밑그림을 그릴 수 있습니다. 물론 원한다면 하루 한두 시간씩 몇 주에 걸쳐 자기 진단 목록을 작성할 수도 있습니다. 얼마나 빨리 작성할지는 당신에게 달려 있습니다.

4. 패턴 및 우선순위 설정

자기 진단 목록을 완성했다면 업적이나 직업, 역할 등 7가지에 대해 완성한 스킬 그리드를 살펴보고 패턴이나 우선순위가 있는지 확인합니다. 패턴을 확인하는 것은 스킬을 한 번이 아니라 반복해서 사용했는지 아닌지가 중요하기 때문입니다. '한 번' 사용한 스킬은 아무것도 증명하지 못합니다. 하지만 '반복해서' 사용한 스킬은 '내가 선호하는 스킬'이라고 할 수 있겠죠.

그다음에는 어떤 스킬이 가장 중요한지 우선순위를 정해야 합니다. 앞서 살펴본 것처럼 선택한 직업에 따라 보유한 스킬 중 일부를 사용하지 못할 수도 있기 때문이죠. 당신이 기꺼이 버릴 수 있는 것과 그렇지 않은 것을 알아야 합니다. 이를 위해서는 당신에게 가장 중요한 스킬 또는 스킬 군을 파악해야 합니다.

따라서 7개 또는 최소한 5개의 스토리를 완성한 후, 스킬 그리드를 살펴보고 가장 좋아하는 10가지 스킬이 무엇인지 찾아내 보세요. 취업 시장에서 가장 선호할 것 같은 스킬이 아니라 당신이 가장 즐겨 사용하는 스킬을 찾는 것입니다.

가장 많이 등장하는 10개를 찾아냈다면, 이제 그 10개의 우선순위를 정확한 순서대로 정해야 합니다. 이 페이지의 우선순위 그리드에서 추측한 결과를 실행해 보세요.

■ 우선순위 그리드

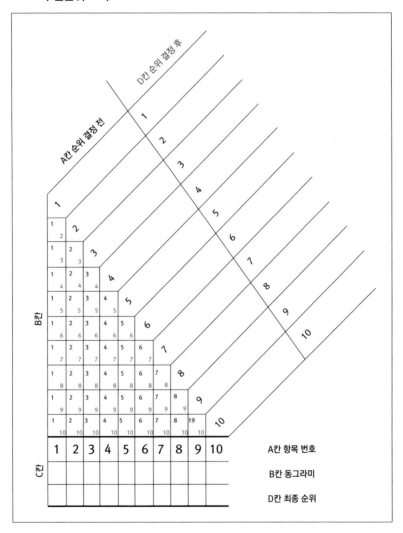

1	2	3	4	5	6	7	8	9	10	A칸 항목 번호
										B칸 동그라미
										D칸 최종 순위

이 연습의 PDF를 다운로드하려면

http://prhlink.com/9781984861221a007로 이동하세요.

우선순위 그리드의 D칸을 완료하면 상위 10개 항목을 다음 빌딩 블록 다이어그램에 써넣습니다.

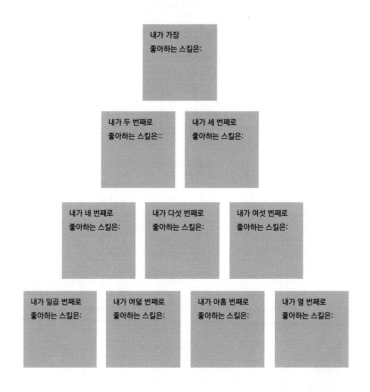

이 연습의 PDF를 다운로드하려면
http://prhlink.com/9781984861221a002로 이동하세요.

위의 빌딩 블록 다이어그램뿐만 아니라 '가장 좋아하는 이전 가능한 기술' 꽃잎에도 적어 넣습니다. 세 번째 꽃잎에요.

꽃
The Flower
(한 장의 종이에)

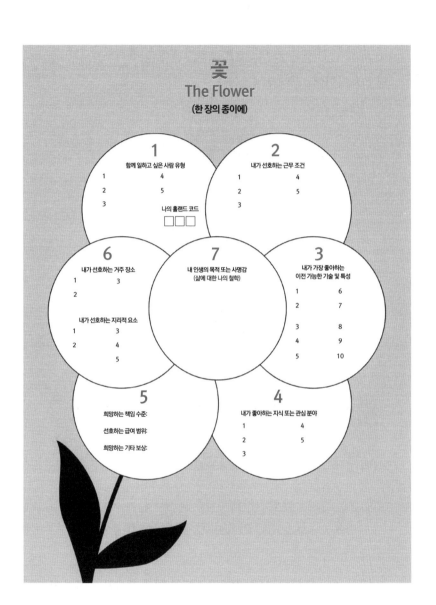

1

함께 일하고 싶은 사람 유형

1   4

2   5

3

나의 홀랜드 코드

☐ ☐ ☐

2

내가 선호하는 근무 조건

1   4

2   5

3

6

내가 선호하는 거주 장소

1   3

2

내가 선호하는 지리적 요소

1   3

2   4

        5

7

내 인생의 목적 또는 사명감
(삶에 대한 나의 철학)

3

내가 가장 좋아하는
이전 가능한 기술 및 특성

1   6

2   7

3   8

4   9

5   10

5

희망하는 책임 수준:

선호하는 급여 범위:

희망하는 기타 보상:

4

내가 좋아하는 지식 또는 관심 분야

1   4

2   5

3

이전 가능한 기술을 빌딩 블록으로 묘사하는 것의 미덕

분석, 가르치기, 연구하기, 글쓰기, 종합하기, 즐겁게 하기, 분류하기, 따뜻함 전달하기, 이끌기, 동기 부여하기 등 10가지가 당신이 가장 좋아하는 스킬이라고 가정해 보겠습니다. 이런 용어를 빌딩 블록 다이어그램에 우선순위에 따라 적어 넣었으면, 맨 위에 있는 블록이 찾고 있는 직업 또는 경력의 종류를 찾아봅니다. 예를 들어 맨 위 블록에 '분석'을 넣으면 분석가로 일자리를 구할 수 있습니다. 하지만 '가르치기'를 맨 위 블록으로 옮기면 교사라는 직업을 찾을 수 있습니다. '연구, 글쓰기, 종합하기 등이' 그 예입니다. 이 외에도 여러 목표 중에서 선택할 수 있습니다.

세 번째 꽃잎, 워크시트 2. 나의 가장 중요한 특성

워크시트 1에서 생각해 낸 이야기는 이전 가능한 기술을 파악하는 것에 중점을 두었습니다. 이것은 고용주가 중요하게 생각하는 특성을 파악하는 데도 똑같이 유용합니다. 예를 들어 작가는 인내심, 연민, 끈기, 목표 지향성 등의 특성을 보여줍니다. 고용주는 대부분 이런 특성을 가진 사람을 고용하고 싶을 것입니다.

그러니 스토리를 다시 한번 살펴보고 아래의 체크 리스트를 사용해 어떤 특성을 보여줬는지 파악하세요. 그리드에 두 번 이상 나타나는 특성을 확인하고 '상위 10개'의 목록을 만들어서 세 번째 꽃잎에 적어 넣으세요.

좀 더 자세히 살펴봅시다. 일반적으로 당신의 특성은 다음과 같은 형태로 나타납니다.

- 시간 및 신속성 : 시간을 다루는 방식

- 사람과 감정 : 사람을 다루고 감정을 처리하는 방식

- 권위와 직장에서 해야 할 일에 대한 지시

- 감독과 업무 수행 방법에 대한 지시

- 충동 대 자기 절제 : 나의 내면을 처리하는 태도

- 내 안의 주도권에 대한 반응 처리 방식

- 위기 관리 또는 문제 처리 방식

당신의 성격이나 자기 관리 능력을 알고 싶다면 마이어스-브릭스 유형 지표(MBTI)와 같은 대중적인 테스트를 통해 당신의 유형을 판단할 수 있습니다. 인터넷에 접속할 수 있다면 적어도 당신의 특성이나 '유형'에 대한 단서가 있을 것입니다. 해당 사이트(1. https://www.16personalities.com/ 2. https://www.idrlabs.com/ 3. https://kmbti.co.kr/

index.php)를 확인해 보세요. 유익한 자료가 있습니다.

마이어스-브릭스 유형 파악하기

마이어스-브릭스 성격 유형을 파악해 보세요.

나의 가장 강력한 특성 체크 리스트

- 나는 매우 …… 하다

☐ 정확한	☐ Accurate
☐ 성과 중심	☐ Achievement-oriented
☐ 융통성 있는	☐ Adaptable
☐ 숙달된	☐ Adept
☐ 모험적인	☐ Adventuresome
☐ 기민한	☐ Alert
☐ 감식력이 있는	☐ Appreciative
☐ 자기 주장이 강한	☐ Assertive
☐ 눈치 빠른	☐ Astute
☐ 권위 있는	☐ Authoritative
☐ 차분한	☐ Calm
☐ 조심성 있는	☐ Cautious
☐ 카리스마적인	☐ Charismatic
☐ 협조적인	☐ Collaborative
☐ 동정심 있는	☐ Compassionate

☐ 유능한	☐ Competent
☐ 일관성 있는	☐ Consistent
☐ 나의 열정에 전염력이 있는	☐ Contagious in my enthusiasm
☐ 협동적인	☐ Cooperative
☐ 용기 있는	☐ Courageous
☐ 창의적인	☐ Creative
☐ 단호한	☐ Decisive
☐ 신중한	☐ Deliberate
☐ 신뢰할 수 있는	☐ Dependable
☐ 부지런한	☐ Diligent
☐ 외교적 수완이 있는	☐ Diplomatic
☐ 사려있는	☐ Discreet
☐ 주도적인	☐ Driven
☐ 동적인	☐ Dynamic
☐ 절약하는	☐ Economical
☐ 효과적인	☐ Effective
☐ 활기찬	☐ Energetic
☐ 열정적인	☐ Enthusiastic
☐ 탁월한(비범한)	☐ Exceptional
☐ 철저하게 규명하는	☐ Exhaustive
☐ 숙련된	☐ Experienced
☐ 전문가적인	☐ Expert
☐ 굳건한	☐ Firm
☐ 유연한	☐ Flexible
☐ 재미있는	☐ Fun
☐ 도움이 되는	☐ Helpful
☐ 인간 중심적	☐ Human-oriented
☐ 충동적	☐ Impulsive
☐ 포괄적	☐ Inclusive

☐ 독립적인	☐ Independent
☐ 혁신적	☐ Innovative
☐ 친절한	☐ Kind
☐ 지식이 풍부한	☐ Knowledgeable
☐ 충실한	☐ Loyal
☐ 체계적(질서정연한)	☐ Methodical
☐ 실증적인	☐ Objective
☐ 포용력 있는	☐ Open-minded
☐ 사교성 있는	☐ Outgoing
☐ 걸출한(우수한)	☐ Outstanding
☐ 참을성 있는	☐ Patient
☐ 통찰력 있는	☐ Penetrating
☐ 지각력이 있는	☐ Perceptive
☐ 끈기 있는	☐ Persevering
☐ 악착 같은(지속성 있는)	☐ Persistent
☐ 선구적인	☐ Pioneering
☐ 실천적인	☐ Practical
☐ 전문적인	☐ Professional
☐ 보호하는	☐ Protective
☐ 시간 엄수	☐ Punctual
☐ 빠른 업무 처리	☐ Quick in my work
☐ 합리적인(이성적인)	☐ Rational
☐ 현실적인	☐ Realistic
☐ 신뢰할 수 있는	☐ Reliable
☐ 자력이 있는	☐ Resourceful
☐ 책임감 있는	☐ Responsible
☐ 반응이 좋은	☐ Responsive
☐ 보호하는	☐ Safeguarding
☐ 자기 동기 부여	☐ Self-motivated

☐ 자립형	☐ Self-reliant
☐ 민감한	☐ Sensitive
☐ 영리한	☐ Smart
☐ 정교한	☐ Sophisticated
☐ 강한	☐ Strong
☐ 협력적인(지원하는)	☐ Supportive
☐ 감각이 세련된	☐ Tactful
☐ 끈기 있는	☐ Tenacious
☐ 철저한	☐ Thorough
☐ 독특한(유일한)	☐ Unique
☐ 보기 드문(비범한)	☐ Unusual
☐ 다재다능한	☐ Versatile
☐ 활기 있는	☐ Vigorous

당신의 가치관에 대해 자세히 알아볼 수 있는 또 다른 테스트는 온라인(www.authentichappiness.sas.upenn.edu/testcenter)에서 무료로 응시할 수 있는 VIA(Values-in-Action) 평가입니다. 펜실베니아 대학교의 긍정 심리학 센터에서 개발한 이 사이트에는 흥미롭고 유용한 업무 관련 평가가 몇 가지 포함되어 있습니다. 등록해야 볼 수 있지만 무료로 이용할 수 있습니다.

자기 관리 기술을 사용해서 선호하는 '이전 가능한 기술'을 구체화하면, 당신의 재능이나 기술을 한 단어의 동사나 동명사 이상의 단어로 설명할 수 있습니다.

　정리를 예로 들어 보겠습니다. 당신은 자랑스럽게 말합니다.
"나는 정리를 잘한다." 이것은 당신의 재능을 알려주는 좋은 출발점
이지만, 안타깝게도 아직 많은 것을 알려주지는 못합니다. 무엇을
정리한다는 말일까요? 파티에서처럼 사람들을 정리할까요? 작업대
위의 나사못과 볼트? 아니면 컴퓨터의 많은 정보를 정리하는 걸 말
하는 건가요? 사람 정리, 물건 정리, 정보 정리, 이 세 가지는 완전히
다른 재능입니다.

　정리라는 단어 하나만으로는 어떤 것이 당신의 능력인지 알려
줄 수 없다는 이야기죠. 따라서 당신이 가장 좋아하는 이전 가능한
기술이나 특성을 살펴보고, 데이터·정보, 사람, 사물, 아이디어 등의
대상에 당신의 기술이나 특성, 스타일을 더해서 구체적으로 적으세
요. 당신의 기술이나 특성을 동사나 동명사가 아니라 목적어, 부사
와 형용사까지 더해서 나타내야 합니다.

　여기서 이런 특성이 중요한 이유는 무엇일까요? "나는 정보를
꼼꼼하고 논리적으로 잘 정리한다."와 "나는 정보를 직관적으로 순
식간에 잘 정리한다."는 완전히 다른 두 가지 기술입니다. 이 둘의
차이점은 동사나 목적어가 아니라 형용사 또는 부사 구문으로 끝나
는 것이 좋습니다.

따라서 방금 설명한 방식으로 좋아하는 10가지 스킬 중 하나를 선택해서 구체적으로 다시 정리해 보세요. 고용 권한이 있는 사람과 직접 대면할 때, 당신은 기본적으로 같은 일을 할 수 있는 다른 경쟁자와 무엇이 다른지 설명할 수 있어야 합니다. 그 설명 중에 당신을 돋보이게 하는 것은 자기 관리 기술, 특성, 형용사 또는 부사어인 경우가 많습니다. 이제 다음 꽃잎인 '당신이 누구인지'의 네 번째 꽃잎으로 넘어가 보겠습니다.

네 번째 꽃잎
Petal four

○

●

⬡

⬢

나는 … 의 지식과 관심사를 가지고 있고 좋아하는 사람입니다

★ 내가 좋아하는 지식 또는 관심 분야

· 이 꽃잎을 작성하는 목표: 한 마디로 당신의 머릿속에 저장한 내용을 요약합니다. 포함해야 할 필수사항은 과거부터 이미 많이 알고 있고 즐겨 이야기하는 주제이며, 선택적으로는 미래를 위해 배우고 싶은 것을 적으면 됩니다.

· 기대하는 성과: 어떤 분야에서 가장 즐겁게 일하고 싶은지 파악합니다.

· 꽃잎에 적을 항목: 지식 분야를 말할 때는 언제나 명사 형태로 적습니다. 예를 들어, 그래픽 디자인, 데이터 분석, 수학, 자동차 수리 방법, 비디오 게임, 요리, 음악, 기계 공학의 원리, 조직 운영 방법, 중국어 등 입니다.

주의 사항: 세 번째 꽃잎에서 말했듯이 전통적으로 기술에는 세 가지가 있습니다. 여기서는 지식, 이전 가능한 스킬인 기술, 특성 또는 자기 관리 스킬입니다. 이 목록의 일반적인 규칙은 앞서 살펴본 것처럼 지식은 명사, 이전 가능한 스킬은 동사, 특성은 형용사 또는 부사입니다. 이 사실을 아는 것이 도움이 된다면 좋지만, 그렇지 않다면 잊어버리세요! 이 책에서 가장 중요한 원칙은 일반화, 은유 또는 예시를 사용하라는 것입니다. 도움이 된다면 사용하되, 혼란스럽다면 무시하세요.

네 번째 꽃잎의 최종 결과물은 즐겨 찾는 지식과 관심 분야입니다. 이것들을 중요한 순서대로 우선순위를 정해서 표시하세요.

네 번째 꽃잎, 워크시트 1.
좋아하는 관심사를 식별하기 위한 10가지 질문

빈 종이에 다음 10가지 질문 중 하나 또는 그 이상의 질문에 대한 답을 적으세요.

1. 당신이 좋아하는 과목이나 취미는 무엇인가요? 또 시간을 보내고 싶은 장소는 어디인가요? 예를 들어 컴퓨터 하기, 정원 가꾸기, 스페인어, 법학, 물리학, 음악 또는 박물관, 의료 환경, 옷 가게, 도서관 등으로 목록을 적기 시작하세요.

2. 어떤 이야기를 좋아하시나요? 스스로에게 물어보세요. 몇 가지 주제에 대해서만 말할 수 있는 사람과 무인도에 갇혀 있다면, 그 주제는 무엇이면 좋을까요?
모임에서 좋아하는 두 가지 주제를 동시에 말하는 사람과 대화하고 있다면 어떤 방향으로 대화가 진행되기를 바라나요? 어떤 주제가 좋을까요?
세계적인 전문가와 이야기를 나눌 수 있다면, 관심 있는 주제나 분야는 무엇으로 선택할까요? 이러한 질문을 생각해 보고 떠오르는 아이디어를 목록에 추가하세요.

3. 어떤 신문, 잡지 기사 또는 블로그를 즐겨 읽으시나요? 어떤 주제를 다루는 블로그를 볼 때 가장 흥미를 느끼나요? 목록에 떠오르는 아이디어를 추가하세요.

4. 어떤 팟캐스트Podcast나 라디오 프로그램을 즐겨 듣나요? 어떤 주제를 다루는 TV 뉴스 특집 보도를 볼 때 관심이 쏠리나요? 목록에 떠오르는 아이디어를 추가하세요.

5. 서점을 둘러볼 때 서점의 어떤 코너에 끌리는 경향이 있나요? 어떤 주제에 가장 매료되나요? 목록에 떠오르는 아이디어를 추가하세요.

6. 인터넷에서 어떤 사이트를 즐겨 찾나요? 이 사이트들은 어떤 주제를 다루나요? 이 중 당신을 정말 매료시키는 사이트가 있나요? 목록에 아이디어를 추가하세요.

7. 어떤 TV 프로그램을 주로 시청하나요? 어떤 점이 마음에 드나요? 목록에 아이디어를 추가하세요.

8. 마을이나 도시 또는 인터넷에서 수강할 수 있는 강좌 카탈로

그를 살펴볼 때 어떤 과목에 가장 관심이 있나요? 목록에 떠오르는 아이디어를 추가하세요.

9. 당신의 삶이나 다른 사람의 삶에 관해 이야기하는 것이 아니라 글을 쓰고, 책을 낸다면 주제는 무엇일까요? 목록에 추가하세요.

10. 살다 보면 한 가지 일에 너무 몰두해서 시간 가는 줄 모를 때가 있습니다. 저녁 식사 시간이 됐다고 누군가 상기시켜 주어야 할 때가 있죠. 당신도 이런 경험이 있다면 어떤 작업, 어떤 주제에 몰두했을 때 시간 가는 줄 모르나요? 목록에 추가하세요.

네 번째 꽃잎, 워크시트 2. 어부의 그물 차트 정리

'어부의 그물'이라고 이름 붙인 차트로 정리해 보세요.

어획량 차트를 더 큰 종이에 복사해서 네 부분의 제목 아래에 훨씬 더 많은 공간을 남겨두고 기록하기 시작하는 것이 좋습니다. 이 차트는 바다에 던져 최대한 많은 물고기를 잡으려는 상업용 어망과 같습니다. 어망이 크면 온갖 고기들이 잡혀 올라오기 마련입니다. 나중에 어획물 중에서 가장 좋은 것을 골라낼 수 있죠. 그래서 우리는 크게 시작합니다.

모든 번뜩이는 아이디어, 모든 직감, 기억나는 꿈, 떠오르는 모든 직관을 메모하세요. 이것은 당신이 정말로 일하고 싶은 분야를 발견하는 데 도움이 될 수 있으므로, 매우 중요한 꽃잎입니다. 이제 어부의 그물을 채우는 데 도움이 되는 몇 가지 힌트를 알려드리겠습니다.

■ 어부의 그물

지금까지 배운 지식, 주제 또는 관심사에 대한 메모	
1. 이전 직장에서 배운 지식	2. 업무 외적으로 내가 알고 있거나 습득한 내용
3. 어떤 분야, 직업 또는 산업이 나에게 흥미로울까요?	4. 기타 떠오르는 직감, 번뜩이는 아이디어, 좋은 아이디어 등

이 연습의 PDF를 다운로드하려면
*http://prhlink.com/9781984861221a008*로 이동하세요.

파트 1. 이전 직장에서 알게 된 정보

당신이 직장 생활 경험이 있다면, 지금쯤 당연하게 여기는 많은 것들을 배웠을 것입니다. "당연히 알고 있죠!"라고 말할 수 있는 것들을요. 그런 지식은 그 자체로 중요할 수도 있고, 앞으로 중요한 것을 알려줄 수도 있습니다. 그러니 당신이 생각할 때 쓸모없는 지식이라고 생각되는 것들이라도, 아주 자세하게 적는 것을 두려워하지 마세요.

예를 들어 보죠. 장부 정리, 신청서 처리, 연체 계정 신용 조정, 채용, 국제 비즈니스, 관리, 마케팅, 판매, 상품화, 포장, 정책 개발, 문제 해결, 대중 연설, 채용, 회의 기획, 시스템 분석, 다른 국가의 문화, 다른 언어, 정부 계약 절차 등의 업무가 여기에 해당할 수 있습니다. 잠깐 맡았던 업무라도 모두 떠올려 보세요.

지금까지 맡았던 각 직무를 떠올린 다음, 일할 때마다 그곳에서 배운 시스템이나 절차를 적어 보세요. 예를 들어 "창고에서 일하며 지게차와 크레인 사용 방법, 재고 관리, 물류 자동화 소프트웨어, 창고 관리 시스템, 팀워크 원칙, 직원 감독 방법 등을 배웠습니다." 또는 "패스트푸드점에서 일하면서 음식을 준비하고 서빙하는 방법, 고객을 기다리는 방법, 거스름돈을 만드는 방법, 불만 사항을 처리하는 방법, 신입 직원을 교육하는 방법 등을 배웠습니다."라고 적으면 됩니다.

파트 2. 업무 외적으로 알고 있는 것

- 골동품, 정원 가꾸기, 요리, 예산 책정, 장식, 사진, 공예, 영성, 스포츠, 캠핑, 여행, 물건 수리, 벼룩시장, 스크랩북, 바느질, 박물관에서의 예술 감상, 자원봉사 단체를 운영하거나 일하는 방법 등 어떤 주제에 빠져들어 스스로 습득한 지식이 있으면 적어두세요.

- 고등학교 또는 대학교에서 배운 것 중 지금도 알고 있는 걸 적어 보세요. 키보드 다루는 법, 중국어, 회계, 지리 등 어떤 것이 있을까요? 이 지식이 당신에게 중요한가요? 소중하게 생각하나요? 일단 적으세요. 지금은 가능한 한 넓은 그물을 던지는 것이 목표니까요.

- 교육 세미나, 워크숍, 콘퍼런스 등에서 업무와 관련해서 배운 것이 있다면 무엇이든 생각해 보세요. 업무차 간 것이 아니라

개인적으로 참석한 모임이어도 상관없습니다. 모두 적으세요. 이 지식이 중요한가요? 지금은 가능한 한 넓은 그물을 드리우는 것이 목표입니다.

- 집에서 온라인 강좌, 모바일 앱, 팟캐스트Podcast, 유튜브 YouTube 동영상 또는 여러 프로그램을 통해 공부한 모든 것을 생각해 보세요. 이 지식이 당신에게 중요한가요? 고개가 갸웃거려져도 일단 적으세요. 다시 말하지만, 지금은 가능한 한 폭넓게 그물을 던지는 것이 목표니까요.

- 플래시몹을 모으는 방법, 집회를 조직하는 방법, 특정 단체를 위한 모금 방법, 마라톤을 하는 방법, 화장실을 수리하는 방법 등 세상에서 배운 모든 것을 생각해 보세요. 이러한 지식이 당신에게 중요한가요? 지금은 가능한 한 넓은 그물을 던지는 것이 목표잖아요? 차트의 두 번째 파트에 이 모든 것을 적으세요.

파트 3. 관심 있는 분야, 직업 또는 산업

직장은 크게 농업, 제조, 정보, 기술, 금융, 서비스 등 여섯 가지 분야로 구성되어 있습니다. 이 여섯 가지 분야 중 당신에게 가장 매력적인 분야는 어디일까요? 그렇다면 차트의 세 번째 파트에 답을 적어주세요.

이 여섯 가지를 더 자세히 알아보려면 정부의 O*NET OnLine (www.onetonline.org)을 이용하는 것이 가장 좋습니다.

O-NET 온라인에는 다양한 직업 클러스터, 산업 또는 직업군 목록이 있습니다. 이 목록들을 아래에 모아 놓았습니다. 이 목록을 읽어보고, 더 자세히 알아보고 싶은 항목이 있으면 복사하거나 표시하세요. 여러 개를 복수 선택하면 대안을 가질 수 있고, 희망도 가질 수 있습니다.

O-NET 온라인의 목록에서 항목을 선택하면, 드롭다운 메뉴를 통해 선택한 각 직업 클러스터, 산업 또는 직업군을 더 자세하게 알아볼 수 있습니다. 계속해서 클릭해 보면, 경력 경로, 개별 직업으로 세부적으로 분류됩니다. 또 클릭해서 따라가면 업무, 도구, 기술, 지식, 능력, 업무 활동, 교육, 관심사, 업무 스타일, 업무 가치, 관련 직업 및 급여 등을 세부적으로 알아볼 수 있습니다.

다음 사실을 명심하세요. 직업, 산업, 경력은 태어나고 성장하고 성숙하고 번성하다가 쇠퇴하고 필멸합니다. 수 세기나 수십 년이 걸리기도 하고, 그보다 더 짧은 시간이 걸리기도 합니다.

인간은 유한한 존재입니다. 직업도 마찬가지입니다. 그 진실을 이해하면 구직과 이직의 과정에서 겪는 괴로움과 자책을 피할 수 있습니다. 오늘날의 세상에서는 항상 플랜 B를 준비해야 합니다. 플랜 A가 마음대로 안 되더라도 절망하지 말고 플랜 B로 가는 거죠.

☐ 숙박 및 음식 서비스	☐ 정보 및 정보 기술
☐ 관리 및 지원 서비스	☐ 법률, 공공 안전, 공동 대응 및 보안
☐ 농업, 식품 및 천연자원	☐ 생명, 물리, 사회 과학
☐ 건축, 엔지니어링 및 건설	☐ 회사 및 기업 관리
☐ 예술, 오디오/비디오 기술 및 커뮤니케이션	☐ 제조
☐ 비즈니스, 운영, 관리	☐ 마케팅, 영업 및 서비스
☐ 커뮤니티 및 소셜 서비스	☐ 군사 관련
☐ 컴퓨터 및 수학	☐ 채굴, 석유 및 가스 추출
☐ 디자인, 스포츠, 미디어	☐ 개인 관리 및 서비스
☐ 유통 및 물류	☐ 프로덕션
☐ 교육, 트레이닝 및 라이브러리	☐ 전문 과학 및 기술 서비스
☐ 엔터테인먼트 및 레크리에이션	☐ 보호 서비스
☐ 농업, 임업, 어업, 낚시, 사냥	☐ 부동산, 임대 및 리스
☐ 금융 및 보험	☐ 종교, 신앙 및 관련
☐ 음식 준비 및 서빙	☐ 소매업, 판매 및 관련
☐ 정부 및 공공 행정	☐ 과학, 기술, 공학 및 수학
☐ 친환경 산업 또는 일자리	☐ 자영업
☐ 의료, 보건 과학 및 사회 지원	☐ 운송, 창고 및 자재 이동
☐ 숙박 및 관광	☐ 공익사업
☐ 인적 서비스	

네 번째 꽃잎, 워크시트 3.
지식의 우선순위 정하기: 좋아하는 주제 매트릭스

앞서 워크시트 2를 완성했습니다. 이 꽃잎에 대해 워크시트 1과 워크시트 2를 사용하여 가능한 한 넓은 상업용 어망을 던졌습니다. 이제 어떻게 할까요?

앞에서 말한 대로 어망에 걸린 것 중 가장 좋은 것을 골라야 할 때입니다. 다시 한번 살펴보고 어떤 지식, 주제 또는 관심사가 가장 마음에 드는지 결정하면 됩니다. 우선순위를 정해야 하니까요.

하지만 여기서는 당신에게 익숙한 그리드가 아니라 전문성과 열정을 축으로 4개의 박스로, 종류가 다른 우선순위 지정 도구를 사용하려고 합니다. 일종의 매트릭스라고 할 수 있습니다.

시작하기 전에 아래 매트릭스를 훨씬 큰 종이에 복사하세요. 그런 다음 워크시트 1과 워크시트 2에 적어둔 모든 내용을 적어 넣고 다음을 결정합니다.

특정 주제나 지식에 대한 전문성(또는 부족함)과 열정(또는 부족함)을 비교하여 네 가지 상자 중 어느 상자에 집어 넣을지 결정하는 거죠.

■ 좋아하는 주제 매트릭스

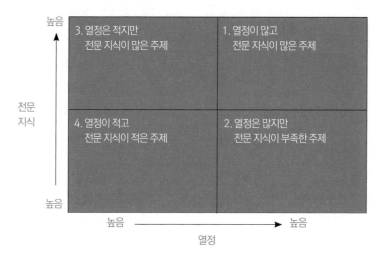

원하지 않는다면 4번 상자에는 아무것도 써넣지 않아도 됩니다. 다만 4번 상자에 관심 없는 주제와 지식만 보관하고 싶을 때는 주의하세요. 분명하게 말하지만, 전문 지식도 없고 열정도 없는 지식은 향후 직장에서 피하고 싶은 지식입니다. 실제로도 그렇고요.

워크시트 1번과 2번의 지식을 이 칸에 복사한 후에는 돌아가서 1번 칸에 넣은 내용만 공부합니다. 높은 전문성과 열정을 가지고 있는 것들이죠. 이 칸에서 가장 좋아하는 4~5가지 항목을 복사하세요. 필요하다면 우선순위 그리드를 사용하세요. 2번 칸에서는 한 가지 항목만 복사해서 다음 페이지에 있는 꽃잎 4에 써넣으세요.

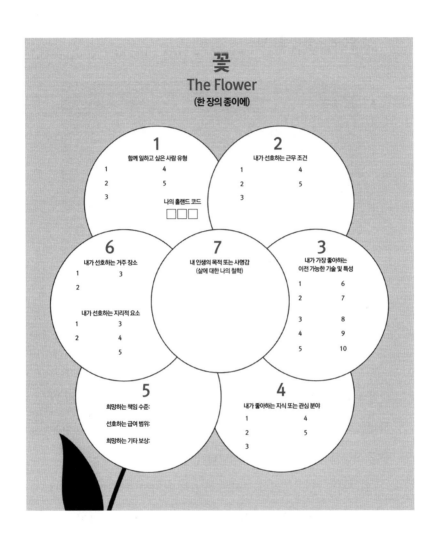

꽃
The Flower
(한 장의 종이에)

1
함께 일하고 싶은 사람 유형
1   4
2   5
3
나의 홀랜드 코드
☐ ☐ ☐

2
내가 선호하는 근무 조건
1   4
2   5
3

6
내가 선호하는 거주 장소
1   3
2
내가 선호하는 지리적 요소
1   3
2   4
       5

7
내 인생의 목적 또는 사명감
(삶에 대한 나의 철학)

3
내가 가장 좋아하는
이전 가능한 기술 및 특성
1   6
2   7
3   8
4   9
5   10

5
희망하는 책임 수준:
선호하는 급여 범위:
희망하는 기타 보상:

4
내가 좋아하는 지식 또는 관심 분야
1   4
2   5
3

좋아요! 좋아하는 과목, 지식, 분야, 관심사 등 어떤 이름으로 부르든 상관없습니다. 다 끝났어요. 이제 '나'의 다섯 번째 측면, 다섯 번째 꽃잎을 고민해 볼 준비가 되었습니다.

다섯 번째 꽃잎

Petal five

○

●

⬡

⬢

나는 … 수준의 책임과 급여를 선호하는 사람입니다

★ 내가 선호하는 책임 수준 및 급여

· 이 꽃잎을 작성하는 목표: 어떤 직업을 구하든 얼마나 많은 돈을
  벌어야 하는지, 또는 최대한 얼마나 벌고 싶은지 현실적으로 파
  악하기 위해서입니다.

· 기대하는 성과: 수입 범위가 얼마인지 기대치를 알 수 있습니다.
  고용주들도 대부분 보수를 검토할 때 범위를 생각합니다. 직장
  의 규모가 어느 정도 크다면 대부분 연봉 협상을 합니다. 연봉

협상을 할 때 당신의 하한선이 고용주가 제시하는 상한선이 되어야 합니다.

· 꽃잎에 적을 항목: 주간, 월간 또는 연간 총 필요량으로 적습니다. 보통 천 단위로 표시됩니다.

· 도움이 되는 꽃잎 예시: $75,000~$85,000과 같이 범위로 적습니다. 물론 경력 분야에 대한 조사를 바탕으로 현실적이고, 경험과 교육 수준에 따라 정당화할 수 있는 범위가 좋습니다.

다섯 번째 꽃잎, 워크시트 1. 돈에 대한 집중 강좌

돈은 중요합니다. 돈이 없으면 의식주를 해결할 수 없으니까요. 따라서 실직했을 때 저축 계좌나 투자에 엄청난 돈이 있는 경우가 아니라면, 사람들은 필연적으로 이렇게 생각합니다. '나와 가족 또는 배우자(있을 경우)를 위해 식탁에 음식을 차리고, 옷을 걸치고, 편안한 집에서 살 수 있을 만큼 충분한 돈을 벌려면 어떻게 해야 할까?'

행복도 중요합니다. 그래서 우리는 이렇게 생각합니다. '내가 인생에서 진정으로 행복하게 살려면 얼마나 벌어야 할까?

돈과 행복, 이 두 가지가 서로 관련이 있을까요? 돈으로 행복을 살 수 있을까요?

답은 생각보다 복잡합니다. 이 질문에 대해 과학적인 해답을 얻기 위해 2010년 미국에서 45만 명의 사람들을 대상으로 설문 조사를 했습니다. 매일 '행복도 설문 조사'를 해서 나온 응답을 추적 연구했는데, 예상대로 돈을 많이 벌수록 행복해지는 경향이 있다는 것을 발견했습니다.[25]

그 시점은 연 소득 약 7만 5천 달러, 현재 기준으로는 약 9만 달러인 것으로 나타났습니다. 그러나 소득이 그 이상으로 증가하자 사람들의 만족도는 높아졌지만, 행복도는 높아지지 않았습니다. 7만 5천 달러를 넘어 버는 돈이 많아질수록, 좋아하는 사람들과 시간을 보내고 여가를 즐기고 사소한 즐거움을 누리는 일이 감소하기 시작했습니다.

흥미롭게도 2010년 연구를 업데이트하기 위해 국립과학원 회보Proceedings of the National Academy of Sciences에 보고된 2021년 연구에서는 조금 다른 결과가 나타났습니다. 새로운 표본으로 한 설문 조사에서 연 소득이 7만 5천 달러를 넘어서도 가파르게 행복도가 높아진다는 사실을 발견했습니다.[26]

그러므로 여전히 주목할 가치가 있습니다. 보고된 행복감은 일과 삶의 균형, 건강, 사랑하는 관계, 친한 친구, 존경, 칭찬, 심지어는 자신이 잘해서 사랑받는다는 유능감 등의 다른 요인에 의해 영향을 받는 것으로 나타났거든요.

따라서 이 꽃잎은 그 자체로 한 장씩 떨어질 수 없습니다. 이 꽃 잎은 다른 꽃잎, 특히 당신이 좋아하는 일과 좋아하는 장소와 뗄 수 없는 관계에 있습니다. 그러므로 이상적인 직업이나 커리어를 고민할 때 급여는 반드시 함께 고민해야 할 사항입니다. 그리고 일반적으로 직책과 연봉은 밀접한 관련이 있습니다.

급여를 받는다면 스스로에게 물어봐야 할 몇 가지 질문이 있습니다.

1. 이상적인 직장에서 어떤 직급으로 일하고 싶은가요?

직급은 조직에서 얼마나 많은 책임을 맡고 싶은지를 묻는 것과 마찬가지 문제입니다.

- 사장 또는 CEO
- 관리자 또는 명령을 내리는 상사 아랫사람
- 팀장

- 동등한 팀의 구성원

- 다른 파트너와 함께 일하는 사람

- 직원, 조직의 컨설턴트 또는 1인 기업으로 혼자 일하는 사람

당신이 무엇을 원하는지 곰곰이 생각해 보고 친구나 가족과 함께 이야기하세요. 그리고 꽃 다이어그램의 꽃잎 다섯 번째, 희망 급여 및 책임 수준에 두세 단어로 요약한 답을 입력하세요.

2. 어떤 목표를 세우고 싶은가요?

여기서는 정해진 수치가 아니라 연봉의 범위를 생각해야 합니다. 10장에서 연봉 협상에 대해 자세히 알아볼 것이므로, 하나의 정확한 수치에 초점을 맞추면 나중에 후회합니다. 원하는 최소 또는 최대 금액을 생각해 보세요.

최소한의 수입은 간신히 살아갈 수 있는 금액입니다. 때문에 면접에 가기 전, 또는 당신의 사업을 시작하기 전에 생존을 위해 얼마나 많은 돈을 벌어야 하는지 알아야 합니다. 마이너스 수입으로는 살아남을 수 없으니까요.

최대치는 당신이 생각할 수 있는 모든 천문학적 수치가 될 수 있지만, 현실적으로 생각하세요. 당신의 현재 역량과 경험을 바탕으로 관대한 상사 밑에서 일할 때 받을 수 있다고 생각하는 급여를 적어두는 편이 더 좋습니다. 이 최대 수치가 우울할 정도로 낮다면 5년 후에 받고 싶은 연봉을 적으세요.

3. 어떤 혜택 패키지를 목표로 하나요?

복리 후생과 관련된 본인 부담금 및 기타 비용이 있긴 하지만, 강력한 복리 후생 패키지는 기본급보다 최대 30%까지 전체 보상을 늘릴 수 있습니다. 몇 가지 가능한 혜택은 다음과 같습니다.

- 건강 관리(의료, 치과, 안과)
- 보너스
- 장애 보험(장기 및 단기)
- 무료 식사
- 퇴직금 또는 연금
- 병가/육아 휴직
- 휴가 기간/휴일

- 보육(무료 또는 저렴한 비용)

- 스톡옵션

- 본인 또는 자녀의 학비 환급

- 재택근무의 유연성

- 유료 체육관 멤버십 또는 구내 체육관

이러한 혜택 중 꼭 필요한 혜택이 있나요? 불필요한 혜택은 어떤 것이 있나요? 복리 후생 측면에서 필요한 것이 무엇인지 파악하면 연봉 협상에 큰 도움이 될 수 있습니다.

다섯 번째 꽃잎, 워크시트 2.
예산: 지출한 금액과 지출하고 싶은 금액 추적하기

사람들은 대부분 돈을 얼마나 벌어야 하는지 잘 알고 있다고 생각하지만, 정확한 예산이 없으면 미처 생각하지 못했던 부분이 생길 수밖에 없습니다. 고려해야 할 카테고리에 대한 간단한 가이드가 나와 있으니 참고하세요. 각 카테고리에서 매월 얼마나 필요한지 한번 계산해 보세요. 그리고 빠지거나 필요한 카테고리가 있다면 주저하지 말고 추가하세요.

필요한 수입을 결정하는 첫 번째 단계는 돈을 실제로 어떻게 사용하는지 추적해 보는 것입니다. 하루가 끝날 때마다 메모를 적어두면 됩니다. 소비 지출을 기록하는 앱은 정말 많고, 이런 앱들이 작업을 훨씬 쉽게 만들어 줍니다.

실제로 지출하는 금액을 파악하고 나면, 지출하고 싶은 항목에 대한 예산을 훨씬 더 현실적으로 잘 세울 수 있습니다. 자의든 타의든 월 예산을 정했다면, 이제 계산을 해봐야 할 때입니다.

자, 다다음 페이지에 있는 월별 지출 차트를 작성하세요.

매월 필요한 총금액에 12를 곱하여 연간 수치를 구합니다. 연간 금액을 2,000으로 나누면 필요한 최저 시급에 상당히 근접할 수 있습니다. 따라서 매월 3,333달러가 필요한 경우 12를 곱하면 연간 40,000달러가 되고, 2,000으로 나누면 시간당 20달러가 됩니다. 시급 20달러 이상은 벌어야 한다는 이야기죠.

또한 꿈꾸고 원하는 최대 연봉을 적는 것도 좋습니다. 입력이 끝나면 최소 연봉과 최대 연봉 수치와 추가하고 싶은 메모를 모두 적으세요. 연봉 최대치를 정당화하기 위해 다섯 번째 꽃잎, 워크시트 2의 선택 사항에서 원하는 비금전적 보상을 추가할 수도 있습니다. 최소와 최대 연봉을 모두 입력했다면, 옆에 있는 선호 급여 및 책임 수준인 다섯 번째 꽃잎에 이 모든 내용을 추가하세요.

꽃
The Flower
(한 장의 종이에)

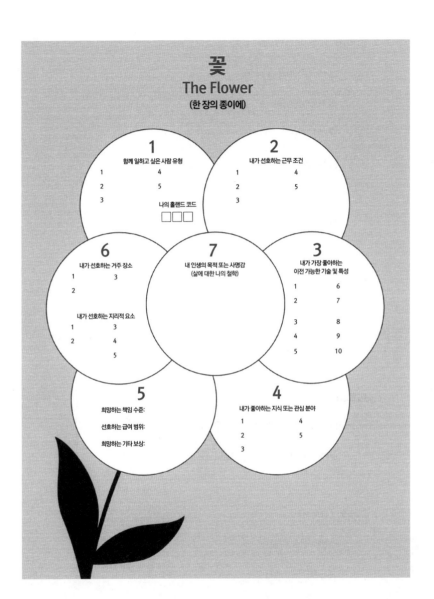

1
함께 일하고 싶은 사람 유형

1   4
2   5
3

나의 홀랜드 코드
□ □ □

2
내가 선호하는 근무 조건

1   4
2   5
3

6
내가 선호하는 거주 장소

1   3
2

내가 선호하는 지리적 요소

1   3
2   4
         5

7
내 인생의 목적 또는 사명감
(삶에 대한 나의 철학)

3
내가 가장 좋아하는
이전 가능한 기술 및 특성

1   6
2   7
3   8
4   9
5   10

5
희망하는 책임 수준:

선호하는 급여 범위:

희망하는 기타 보상:

4
내가 좋아하는 지식 또는 관심 분야

1   4
2   5
3

주거비

    월세/주택대출금 ₩_____

    전기/가스 ₩_____

    상수도 ₩_____

    전화/인터넷 ₩___

    쓰레기 처리 ₩___

    청소, 유지 보수, 수리 ₩___

식품비

    식품 재료 ₩_____

    외식 ₩_____

의류비

    신상품 또는 중고 의류 구매 ₩_____

    청소, 드라이클리닝, 세탁 ₩_____

자동차/교통비

    자동차 결제 ₩_____

    주유비 ₩_____

    수리 ₩_____

대중교통(버스, 기차, 비행기) ₩_____

보험료

자동차 ₩_____

의료 또는 건강 관리 ₩_____

집 및 개인 소유물 ₩_____

생활 ₩_____

의료비

진료 ₩_____

처방전 ₩_____

피트니스 비용 ₩_____

다른 가족 구성원을 위한 지원

보육 비용(자녀가 있는 경우) ₩_____

자녀 양육비(지급 중인 경우) ₩_____

부모님 부양비(부모님을 돕고 있는 경우) ₩_____

자선 기부/십일조(다른 사람을 돕기 위해) ₩_____

학교/학습비

어린이 비용(취학 중인 자녀가 있는 경우) ₩_____

학습 비용(성인 교육, 취업 준비 클래스) ₩_____

학자금 대출 ₩___

반려동물 관리(반려동물을 키우는 경우) ₩_____

청구서 및 부채(일반적인 월별 결제)

신용 카드 ₩_____

학자금 대출 ₩_____

매월 상환하는 기타 의무 ₩_____

세금

국세 ₩_____

지방세 ₩_____

저축액(현재 매월 입금하는 금액)

₩_____

은퇴 자금(월 납입금)

₩_____

오락/재량 지출

영화, 스트리밍 서비스, 기타 ₩＿＿＿

기타 엔터테인먼트 ₩＿＿＿

읽기: 신문, 잡지, 책 ₩＿＿＿

선물(생일, 공휴일, 기념일) ₩＿＿＿

휴가 ₩＿＿＿

매월 필요한 총 금액

₩＿＿＿＿

이 연습의 PDF를 다운로드하려면

http://prhlink.com/9781984861221a001로 이동하세요.

선택적 연습: 돈 외에 다른 보상

이 목록에 있는 항목에 중요도 순으로 체크 표시한 다음 꽃잎에

추가하세요.

다음 직장이나 커리어에서 기대하는 돈 이외의 다른 보상을 적

어 놓을 수도 있습니다. 여기에는 승진도 포함될 수 있습니다.

- ☐ 모험
- ☐ 창의력을 발휘할 수 있는 기회
- ☐ 리더십을 발휘할 수 있는 기회
- ☐ 다른 사람을 도울 수 있는 기회
- ☐ 의사 결정의 기회
- ☐ 전문성을 발휘할 수 있는 기회
- ☐ 다양한 업무 환경
- ☐ 도전
- ☐ 명성
- ☐ 영향력
- ☐ 지적인 자극
- ☐ 인기도
- ☐ 힘
- ☐ 존중
- ☐ 기타

다섯 번째 꽃잎이 완성되었습니다. 이제 여섯 번째 '내가 누구인지'에 대해 알아보세요.

여섯 번째 꽃잎

Petal six

○

●

⬡

⬢

나는 ⋯ 거주지에 살고 싶은 사람입니다

★ 내가 선호하는 거주 장소

· 이 꽃잎을 작성하는 목표: 선택의 여지가 있다면 가장 일하고 싶고, 가장 행복하게 살 수 있는 국가 또는 지역을 찾아봅니다. 또는 은퇴 후 어디에서 살고 싶은지, 다음에 어디로 이직하고 싶은지 생각합니다. 파트너와 생길지도 모를 갈등을 해결하기 위한 목적도 있습니다.

· 기대하는 성과: 지금 또는 나중에 인생에서 원하는 것에 대해 더 명확한 그림을 그립니다. 이사를 할 가능성이 있고 어디로 이사할지 현명하게 결정하고 싶은 경우, 나중에 '자녀나 병든 부모님 근처에 있어야 해서' 또는 그 밖의 이유로 특정 장소에 묶여 있을 수밖에 없으면 미래에 대한 계획을 세워야 합니다. 은퇴 또는 그 이전에 미래를 위한 계획을 세워야 합니다. 예상치 못한 순간에 기회가 찾아올 수도 있는데, 미리 생각해 두지 않으면 기회를 놓칠 수 있습니다. 따라서 지금 미래를 고민하고 생각해 봐야 합니다.

· 꽃잎에 적을 항목: 도시, 교외, 시골, 산 위, 해안, 해외 등 일반적인 내용을 적을 수도 있고, 살고 싶은 곳의 이름과 장소를 구체적으로 적어도 됩니다. 이사할 준비가 되었다면 매우 구체적으로 적을 수도 있습니다. 하지만 바닷가 등 너무 넓거나 장소를 특정할 수 없게 적으면 우선순위를 정할 수가 없겠죠.

· 도움이 되는 꽃잎 예시: 1순위: 샌프란시스코, 2순위: 호놀룰루, 3순위: 뉴욕

여섯 번째 꽃잎, 워크시트.

내가 살았던 장소에 대해 좋아하거나 싫어했던 것들

아래 차트를 더 큰 종이나 판지에 복사하세요. 배우자와 함께 목록을 작성할 때는 사본을 만들어 두 사람이 각자 깔끔한 사본으로 작업하고, 독립적으로 작성하세요.

나의 지리적 선호(나만을 위한)					나와 배우자를 위한 지리적 선호		
1열	2열	3열	4열	5열	6열	7열	8열
살아본 지역	싫었던 이유	싫었던 점을 반대로 변환	좋은 점 순위	우선순위에 맞는 지역	동반자의 우선순위	우리 모두의 종합 순위	종합 순위에 맞는 지역
			1. 2. 3. 4. 5. 6.		a. b. c. d. e. f.	1. a. 2. b. 3. c. 4. d. 5. e. 6. f. 7.	

			7.		f.	g. 8.	
			8.		g.	h. 9.	
			9.		h.	i. 10.	
					i.	j.	
			10.				
					j.		

이제 이 차트를 작성해 보겠습니다.

· 1열 - 지금까지 살았던 장소를 나열하세요.

· 2열 - 각 장소에 대해 싫어했던 점들을 적습니다. 1열에 적은 모든 장소에 대해 싫거나 싫었던 요소를 계속 나열합니다.

· 3열- 2열의 싫었던 점들을 검토하고, 3열에 싫어했던 이유와 반대되는 점을 적어 보세요. 예를 들어, '태양이 한 번도 비치지 않았다'라고 적었다면 3열에서 '연중 대부분 맑음'으로 바꿉니다. 항상 정반대로 적어야 하는 것은 아닙니다. 예를 들어, '비가 자주 내림'이라는 부정적인 요소가 반드시 '맑음'이라는 긍정적인 요소로 바뀌는 것은 아닙니다. '일 년에 최소 200일 이상 맑음'과 같이 적을 수도 있습니다. 2열의 모든 부정적인 점이 3열에서 정반대의 좋은 점으로 모두 바뀔 때까지 계속 진행하세요. 3열을 작성할 때는 1열이 실제로 필요하지 않습니다. 1열은 기억을 자극하는 것이 목적입니다.

· 4열- 4열에는 3열의 긍정적인 요소들을 가장 중요한 것부터 차례대로 가장 중요하지 않은 것까지 나열하세요. 예를 들어, 당신이 행복하고 번영할 수 있는 새로운 마을, 도시 또는 장소에서 살려고 한다면, 가장 먼저 무엇을 찾게 될까요? 날씨가 좋은 곳일까요? 범죄가 없는 곳일까요? 좋은 학교나 음악, 미술, 박물관 등 문화적 기회를 접할 수 있는 곳인가요? 저렴한 숙소가 있는 곳일까요? 4열에 우선순위를 매기세요. 정리 도구가 필요하다면 다음 10가지 항목으로 구성된 우선순위 그리드를 사용하세요.

■ 우선순위 그리드

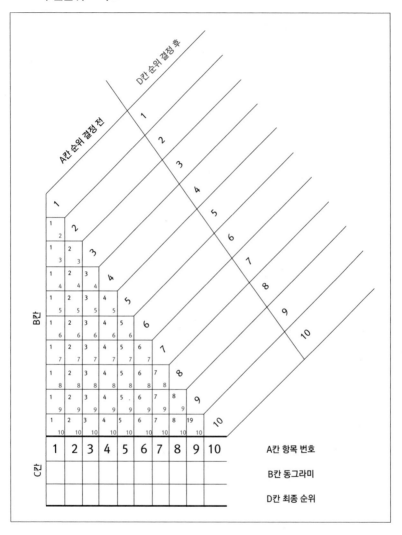

1	2	3	4	5	6	7	8	9	10	A칸 항목 번호
										B칸 동그라미
										D칸 최종 순위

이 연습의 *PDF*를 다운로드하려면

http://prhlink.com/9781984861221a007로 이동하세요.

이 작업이 끝나면 새 백지에 중요도 순으로 좋은 점 10가지를 나열하세요. 앞으로 열흘 동안 만나는 모든 사람에게 이 목록을 보여주며 물어보세요.

"이것들 10개 또는 적어도 상위 5개가 있는 곳이 어딘지, 생각나는 지역이 있나요?"

누군가 대답을 한다면 시트 뒷면에 그들의 제안을 하나라도 적어 보세요. 열흘이 지나면 그 시트의 뒷면을 보고 가장 흥미로워 보이는 세 곳에 동그라미를 치세요. 꿈의 요소와 친구나 지인이 생각해 낸 장소가 일부만 겹치는 경우, 가장 중요한 요소에 겹치는 부분이 있는지 확인하세요. 검색을 해봐도 좋습니다. 구글Google도 움을 줄 거예요. '범죄율이 가장 낮은 도시' 또는 '우리나라에서 햇빛이 가장 좋은 곳'을 검색해 보고 어떤 결과가 나오는지 보세요. 검색을 통해 얻어낸 목록은 스폰서 또는 관광 회사나 지역 상공회의소 등 해당 목록을 만든 단체의 영향을 받았을 수 있으므로 출처도 잘 살펴보세요.

· 5열- 이제 더 자세히 알아보고 싶은 장소가 몇 군데 생겼으니, 최종적으로 가장 살고 싶은 곳과 두 번째, 세 번째 백업 장소를 결정할 수 있을 것입니다. 5열에 상위 세 곳을 입력한 다음, 상위 다섯 가지 지리적 요소와 함께 이 페이지의 꽃 다이어그램에 있는 꽃잎 6

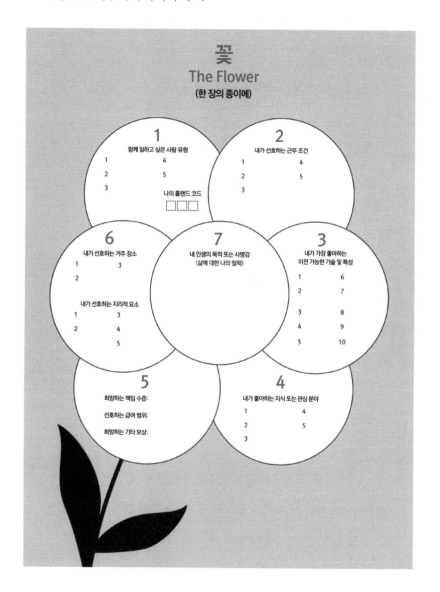

꽃
The Flower
(한 장의 종이에)

1
함께 일하고 싶은 사람 유형

1   4
2   5
3

나의 홀랜드 코드

☐☐☐

2
내가 선호하는 근무 조건

1   4
2   5
3

6
내가 선호하는 거주 장소

1   3
2

내가 선호하는 지리적 요소

1   3
2   4
         5

7
내 인생의 목적 또는 사명감
(삶에 대한 나의 철학)

3
내가 가장 좋아하는
이전 가능한 기술 및 특성

1   6
2   7
3   8
4   9
5   10

5
희망하는 책임 수준:

선호하는 급여 범위:

희망하는 기타 보상:

4
내가 좋아하는 지식 또는 관심 분야

1   4
2   5
3

· 6열- 배우자나 다른 파트너와 함께 작업할 경우, 이제 목록을 비교할 차례입니다. 6열에 파트너가 가장 많이 선택한 항목을 입력합니다.

· 7열- 파트너와 당신의 순위를 번갈아 가며 적습니다. 목록이 일치하거나 서로 보완할 수 있는 장소를 찾았나요? 같은 도시를 선택했나요? 일반 지역을 동일하게 선택했나요?

· 8열- 두 사람이 모두 동의할 수 있는 우선순위 목록을 만들어서 그 장소나 기준을 나열하고 여기에 배치하세요. 이제 7번과 8번 열을 살펴보고 각자에게 중요한 핵심 요소와 두 사람 모두에게 적합한 장소 목록을 확인하세요. 이 열을 함께 검토한 후, 두 사람이 모두 편안하게 느낄 수 있는 상위 세 곳을 찾아보세요. 마지막으로, 이 페이지의 꽃 다이어그램에서 상위 세 곳의 이름과 상위 다섯 가지 지리적 요인을 살기 좋은 장소를 표시하는 여섯 번째 꽃잎에 입력합니다.

여섯 번째 꽃잎의 추가 사항

여섯 번째 꽃잎을 완성하는 데 너무 많은 작업이 필요한 것 같나요? 그렇다면 몇 가지 옵션을 시도해 볼 수 있습니다.

첫 번째로, 가장 선호하는 지역에서 휴가를 보내는 것을 고려해 보세요. 적어도 일주일 이상 그곳에 가서 사는 것처럼 지내세요. 부동산 중개인과 상담하거나 어느 동네에 어떤 아파트가 있는지 살펴보는 거죠. 시간을 내서 식료품점, 상점, 레스토랑도 방문하고요.

두 번째 대안은 다트판에 지도를 고정해 놓고, 집안의 모든 사람이 지도를 보고 다트를 던지게 하는 것입니다. 가장 많은 다트가 가까운 곳에 있는지 확인해 보세요. 우스운가요? 어느 가족은 살만한 곳을 정하지 못해서 이 방법을 사용했습니다. 다트는 덴버에 가장 많이 꽂혔죠. 그런데 덴버가 맞았어요! 만족했거든요.

일곱 번째 꽃잎

Petal seven

○

●

⬡

⬢

나는 … 인생에서 특정한 목표, 목적 또는 사명을 가진 사람입니다

★ 내 인생의 목적 또는 사명감

· 이 꽃잎을 작성하는 목표: 원하는 삶으로 이끌어 줄 도덕적 나침
반이나 정신적 가치, 또는 당신에게 영감을 주는 전반적인 목표
를 알기 위해서입니다.

· 기대하는 성과: 인생의 목표, 목적 또는 사명을 분명히 정의합
니다. 이를 통해 일하고 싶은 조직이나 회사를 고르는 데 도움이
될 수 있습니다.

· 꽃잎에 적을 항목: 더 나은 삶을 만들고 싶은 삶의 영역에 대한 설명과 함께 몇 가지 세부 사항을 첨부합니다.

· 도움이 되는 꽃잎 예시: 제 인생의 목적은 가르침을 통해 다른 사람들을 돕는 것입니다. 제가 함께 일하거나 함께 살았던 사람들에게 더 큰 지식, 더 많은 연민, 더 많은 용서를 가르칠 수 있기를 바랍니다.

올해의 구직 활동뿐만 아니라 인생의 폭넓은 결과를 생각해야 합니다. 당신 삶의 여정이 끝난 후, 이 지구에 어떤 발자국을 남기고 싶으신가요? 이것을 파악하면 목적과 사명을 가진 삶에 한 걸음 더 나아갈 수 있습니다. 삶을 더 폭넓게 보십시오. 존 홀랜드의 유명한 말이 있습니다. "우리는 밤에 자동차 헤드라이트가 비춰주는 범위보다 더 멀리 내다볼 필요가 있습니다." 여기서 헤드라이트가 비추는 길은 인생의 길입니다. 목적과 사명을 가지고 살아가야 합니다.

일곱 번째 꽃잎, 워크시트 1.
인생의 목적과 사명을 위한 9가지 영역

일반적인 목적은 본성에 따라 9가지 영역으로 분류하는 것입니다. 이 페이지의 다이어그램을 살펴보면서 어떤 것이 제일 마음에 드는지 생각해 보세요. 열심히 일할 시간입니다. 이 다이어그램을 천천히 살펴보세요. 숙고하고 생각할 시간을 가지세요. 그리고 당신에게 가장 중요한 요소에 동그라미를 쳐 보세요.

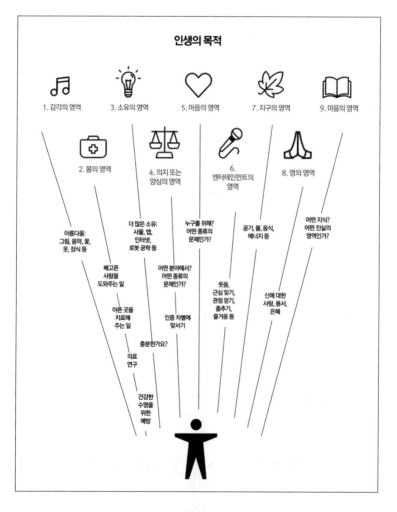

두 개 이상을 선택할 수 있습니다. 한 페이지 분량의 에세이를 작성하세요.

인생의 목표, 목적 또는 사명을 꽃잎에 요약하세요.

이제 더 자세히 살펴보겠습니다. 이를 당신이 플레이하고 싶은 영역, 환경 또는 경기장이라고 생각하세요.

1. 감각의 영역

지구에서의 삶을 마친 후, 당신이 지구에 있었기 때문에 세상이 좀 더 아름다워졌기를 바라나요? 그렇다면 어떤 아름다움이 당신을 사로잡을까요? 예술, 음악, 꽃, 사진, 그림, 무대, 공예, 옷, 보석, 아니면 다른 무엇인가요? 이것이 인생의 주된 목적이라면 그것에 대해 한 문단을 써보세요. 한 문장이 아니라 한 문단입니다.

2. 몸의 영역

당신이 이 땅에서의 삶을 마쳤을 때, 당신이 이곳에 있었기 때문

에, 세상이 더 많이 온전해지고, 몸의 상처가 더 많이 치유되고, 배고
픈 사람을 먹이고 가난한 사람을 입히기를 원하시나요? 특히 어떤
문제인가요? 이것이 인생의 주된 목적이라면 그에 대해 한 문단으
로 작성하세요.

3. 소유의 영역

당신의 주요 관심사는 이 세상에서 종종 잘못된 소유에 대한 사
랑인가요? 이 땅에서의 삶을 마친 후, 당신이 이 세상에 있었기 때문
에 개인으로서, 공동체로서, 국가로서 우리가 소유한 것을 더 잘 관
리하기를 원하십니까? 단순함, (양보다는)질, 그리고 '더 많이'라는 단어
보다 '충분히'라는 단어가 더 강조되기를 원하나요? 그렇다면 특히
삶의 어떤 영역에서 그런가요? 이것이 인생의 주된 목적이라면 이
에 대해 한 문단으로 작성하세요.

4. 의지 또는 양심의 영역

당신이 이 땅에서의 삶을 마친 후, 당신이 여기 있었기 때문에

세상에 더 많은 도덕성, 더 많은 정의, 더 많은 공의, 더 많은 정직이 있기를 원하십니까? 인류의 삶이나 역사 또는 특히 어떤 영역에서요? 그리고 어떤 지역에서요? 이것이 인생의 주된 목적이라면 이에 대해 한 문단으로 작성하세요.

5. 마음의 영역

당신이 이 땅에서의 삶을 마친 후, 당신이 이곳에 있었기 때문에 세상에 더 많은 사랑과 연민이 있기를 바라나요? 누구를 위한 사랑인가요, 연민인가요? 아니면 무엇을 위해? 이것이 인생의 주된 목적이라면 그것에 대해 한 문단으로 써보세요.

6. 엔터테인먼트의 영역

당신이 이 땅에서의 삶을 마친 후, 사람들의 짐을 덜어주고, 관점을 제시하고, 근심 걱정을 잊을 수 있도록 도와주는 등 당신이 있었기에 세상에 더 많은 웃음과 기쁨이 있기를 원하나요? 그렇다면 세상에 기여하고 싶은 특별한 엔터테인먼트는 무엇인가요? 이것이 인생의 주된 목적이라면 이에 대해 한 문단으로 작성하세요.

7. 지구의 영역

우리가 살고 있는 지구가 당신의 주요 관심사인가요? 지구에서 살면서 이 연약한 행성을 더 잘 보호하고, 세계나 우주를 더 많이 탐험(착취가 아닌 탐사)하며, 지구의 문제와 에너지를 더 많이 다루기를 원하나요? 당신이 지구에 살고 있을 때나 떠난 이후에도요? 그렇다면 특히 어떤 문제나 도전이 당신의 마음과 영혼을 끌어당기나요? 이것이 인생의 주된 목적이라면 그에 대해 한 문단으로 작성하세요.

8. 영의 영역

당신이 이 땅에서의 삶을 마친 후, 당신이 여기에 있었기 때문에 세상에 더 많은 영성, 더 많은 믿음, 더 많은 연민, 더 많은 용서, 더 높은 힘과 더 많은 사랑이 있기를 원하나요? 그렇다면 어떤 연령대의 사람들 또는 인간 삶의 어떤 부분과 함께요? 그것이 당신이라면, 당신의 목적의식이 당신을 영의 영역으로 향하게 하는 것입니다.

그것에 대해 한 문단을 써보세요.

9. 마음의 영역

지구에서의 삶을 마친 후, 당신이 이곳에 있었기 때문에 세상에 더 큰 지식, 진리 또는 명료함이 있기를 바라나요? 특히 무엇에 관한 지식, 진리 또는 명료성을 원하나요? 이것이 인생의 주된 목적이라면 그것에 대해 한 문단으로 써보세요.

요약하자면, 이 중 한 가지는 가치 있는 목적과 사명이고, 한 가지는 이 세상에 필요한 것임을 기억하세요. 문제는 어떤 것이 당신을 가장 끌어당기는가 하는 것입니다. 이 지구에 있는 동안 당신의 두뇌, 에너지, 기술, 재능, 삶을 빌려 봉사하고 싶은 것은 무엇인가요?

모든 문단을 작성했으면, 인생의 목표, 목적 또는 사명인 일곱 번째 꽃잎에 당신의 목적이나 사명이 무엇인지에 대한 요약 문단이나 에세이를 입력합니다. 하나 이상 혹은 두 개 이상을 선택할 수 있습니다. 한 페이지 분량의 에세이를 작성하고, 인생의 목표, 목적 또는 사명 꽃잎에 요약해서 기록합니다.

일곱 번째 꽃잎, 워크시트 2.
삶에 대한 철학 에세이

이 꽃잎에는 두 가지 문제가 발생할 수 있습니다.

첫 번째 문제: 열심히 생각했음에도 불구하고 아무것도 생각나지 않을 수 있습니다. 괜찮습니다. 답을 원한다면 다음 주, 다음 달, 일 년 후 등 언젠가는 어떤 통찰이 떠오를 것이라는 생각을 마음 한 구석에 간직하세요. 스스로에게 인내심을 가지세요.

두 번째 문제: 이 주제에는 전혀 관심이 없을 수도 있죠. 그렇다면 인생의 목적이나 사명 선언문을 작성하는 대신, 내가 왜 여기 있는지, 인생에 대해 어떻게 생각하는지 등 개괄적으로 설명하는 에세이를 써도 됩니다. 이것은 종종 인생의 철학이 되기도 합니다.

인생철학을 작성할 때는 한 줄에 2페이지를 넘지 않도록 노력하세요. 그보다 짧을 수도 있습니다. 가장 중요하다고 생각되는 것 중 하나를 골라서 다뤄야 합니다. 모든 내용을 다 쓸 필요는 없습니다. 대부분 아래 글에서 선택한 각 요소에 대해 두세 문장만 작성하면 됩니다.

- 아름다움: 어떤 아름다움이 당신에게 감동을 주는가?

- 행동: 이 세상에서 당신이 어떻게 행동해야 한다고 생각하는가?

- 신념: 가장 강한 신념

- 축하: 놀이 또는 축하하는 방법

- 선택: 선택의 본질과 중요성

- 커뮤니티: 서로에 대한 소속감(서로에 대한 책임이라고 생각하는 것)

- 연민: 자신과 타인에게 연민을 표현하는 방법

- 혼란: 혼란을 극복하고 대처하는 방법

- 죽음: 죽음에 대한 생각과 죽음 이후에 일어나는 일들

- 이벤트: 어떤 일이 발생한다고 생각하는 이유와 그 이유를 설명하는 방법

- 자유 의지: 우리의 삶은 '미리 결정된'것인가? 아니면 '자유 의지'가 있는 것인가?

- 행복: 인간의 진정한 행복을 만드는 요소

- 영웅: 당신의 영웅은 누구이며, 그 이유는 무엇인가?

- 인간성: 인간으로서 중요하다고 생각하는 것, 우리의 기능이라고 생각하는 것

- 사랑: 연민, 용서, 은혜와 같은 관련 단어와 함께 그 본질과 중요에 대해 어떻게 생각하는가?

- 도덕적 문제: 우리가 주의를 기울이고, 고민하고, 해결해야 할,

가장 중요한 도덕적 문제

- 패러독스: 삶의 존재에 대한 당신의 태도(세간의 통설에 반하는 의견)

- 목적: 우리가 여기 있는 이유, 삶이란 무엇인가?

- 현실: 그 본질과 구성 요소에 대해 생각하는 것

- 자아: 육체적 자아가 존재의 한계인지 아닌지(자아에 대한 신뢰의 의미)

- 영성: 인간의 삶에서 영성이 차지하는 위치(우리가 영성을 대하는 방법)

- 청지기 정신: 우리에게 주어진 은사와 감사로 해야 할 일

- 진실: 당신이 생각하는 진실(가장 중요한 진실)

- 고유성: 우리 각자를 독특하게 만드는 요소

- 우주: 우주를 하나로 묶어주는 것, 즉 최고의 존재 또는 다른 힘
  에 대한 개념

- 가치: 인류에 대한 생각, 세상에 대한 생각, 가장 중요한 것(나에
  게)에 따라 순위 매기기

글쓰기가 끝나면 이 페이지에 인생의 목표, 목적 또는 사명인 일곱 번째 꽃잎에 요약 단락을 작성합니다. 드디어 모두 완료되었습니다!

꽃
The Flower
(한 장의 종이에)

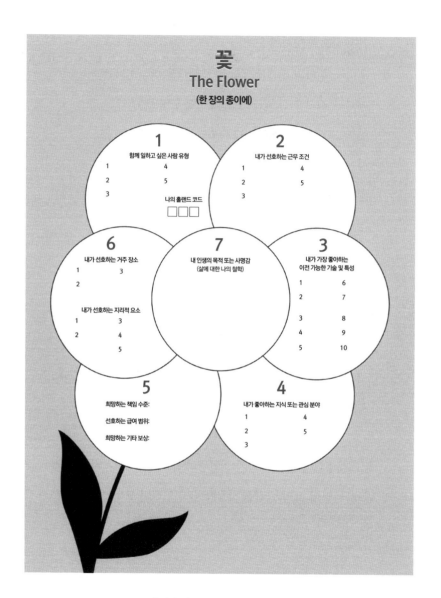

1
함께 일하고 싶은 사람 유형

1　　　　4
2　　　　5
3
나의 홀랜드 코드
☐☐☐

2
내가 선호하는 근무 조건

1　　　　4
2　　　　5
3

6
내가 선호하는 거주 장소

1　　　3
2

내가 선호하는 지리적 요소

1　　　3
2　　　4
　　　　5

7
내 인생의 목적 또는 사명감
(삶에 대한 나의 철학)

3
내가 가장 좋아하는
이전 가능한 기술 및 특성

1　　　6
2　　　7
3　　　8
4　　　9
5　　　10

5
희망하는 책임 수준:

선호하는 급여 범위:

희망하는 기타 보상:

4
내가 좋아하는 지식 또는 관심 분야

1　　　4
2　　　5
3

이 연습의 PDF를 다운로드하려면
*http://prhlink.com/9781984861221a009*로 이동하세요.

나는, 나의 꽃을 완성한 사람입니다 – 리치 펠러

독자들이 저에게 한 장의 종이에 있는 '꽃' 다이어그램(꽃송이)의 예를 보고 싶다고 요청해 왔습니다.

리치 펠러Rich Feller는 1982년 제 제자였고, 지금은 콜로라도 주립 대학교(상담 및 경력개발 대학 교수) 교수이자 전 미국 경력개발협회 회장을 역임했습니다. 리치 펠러는 다음 페이지에서 볼 수 있듯이 자신의 꽃을 완성했습니다. 그리고 그 종이 한 장이 평생의 동반자이자 자신을 인도하는 별이 되었다고 말했습니다. 당시의 꽃잎은 지금과 모습이 약간 달랐지만요.

리치 펠러는 30년 전에 그의 개인적인 꽃송이 그림을 완성했습니다. 이후로 그 종이 한 장이 어떻게 도움이 되었는지, 어떻게 사용되었는지, 자신이 어떻게 바뀌었는지에 대한 그의 의견이 여기 있습니다.

■ Rich Feller의 꽃송이

선호하는 사람과 환경
1. 사회적, 지각적 스킬이 강한
2. 감성 및 신체 모두 건강한
3. 열정적인, 타인 수용의
4. 이질적 관심과 스킬의
5. 사회적 혁신 및 변혁 지향의
6. 정치적, 경제적으로 엄격한
7. 맞서 소리치고 바보처럼 확신하는
8. 급진적, 비 전통적 문제에 대한 민감성
9. 탐구적, 실질적
10. 비 물질적

선호하는 가치
1. 인간 조건의 개선
2. 상호 의존과 미래지향적 원칙의 향상
3. 인적/물적 자원의 생산성 극대화
4. 자주적 자기 책임 고취 교육
5. 자기비하적 태도로부터의 자유
6. 자본주의 원리 고양
7. 착취 감소
8. 정치 참여 권장
9. 자선 행위 격려
10. 아이디어 나눔

선호하는 근무 조건
1. 임상적 지도를 받을 수 있는
2. 멘토 관계가 좋은
3. 탁월한 비서
4. 명성 있고, 뚜렷한 목적을 지닌 대규모 조직의 하부 기관
5. 고급스런 건강식품 상점 근처
6. 이질적(인종, 성별, 나이) 동료
7. 자유분방한 복장
8. 능력 위주 제도
9. 자전거/도보 출퇴근 가능
10. 시원한 창문을 갖춘 연구실

선호하는 스킬
1. 새 경험을 위한 끊임없는 도전, 학습 스킬, 대인적 잠재력 감지와 평가 스킬
2. 리더십 스킬, 꾸준한 새 스킬 개발, 스킬 문제 발굴/해결/행동 스킬
3. 교수/해석/지도 스킬, 평생 학습에 대한 헌신 스킬, 수용 환경의 조성 스킬
4. 인간관계를 위한 봉사/도움 스킬, 특정 장소 분위기 쇄신 스킬, 대중과의 관계 형성 스킬
5. 세부적으로 철저히 완수 스킬, 매우 다양한 과제 처리 스킬, 내부 자원 중계 스킬
6. 영향력 파급/설득 스킬, 인재/리더 모집 스킬, 신뢰 고취 스킬
7. 단체 회의에 과감한 의견 발표 스킬, 대소의 청중 대상 연설 스킬
8. 직감적/혁신적 스킬, 참신한 아이디어 개발 및 생성 스킬
9. 프로젝트 개발/계획/조직/수행/설계 스킬, 타인의 스킬 활용 스킬
10. 언어/독해/쓰기, 효과적인 의사소통, 즉석 사고능력 스킬

선호 지역
1. 대도시 인근
2. 따뜻한 겨울, 낮은 습도
3. 계절 변화가 있는
4. 청결하고 푸른
5. 인구 10만 명 정도
6. 화려한 쇼핑몰이 있는
7. 다양한 운동 기회
8. 다양한 기초적 경제 활동
9. 풍요로운 지역 문화
10. 지역 공동체 의식이 높은

선호하는 관심사
1. 대규모 대회 계획
2. 지역적 지리와 문화
3. 하루 20달러로 여행하기
4. 커리어 플래닝 세미나
5. 카운슬링 기법
6. 미국 정책
7. 스포츠 경기의 기본 원리
8. 성차별 반대 투쟁
9. 나스카 자동차 경주
10. 실내 디자인

연봉과 책임 수준
1. 9~12개월 계약이 가능한
3. 독자적 프로젝트 수행
3. 최소 관리 책임, 조직 목적에 영향력이 가능한
4. 동료 선발권
5. 3~5명의 조교
6. 5,000~50,000달러
7. 중요위원회 멤버
8. 사무, 예산 결정, 과업 위임권
9. 대규모 대상으로 강연
10. 보직 피선임 기회

낙하산 꽃이 나에게 준 의미 - 리치 펠러

제가 완성한 꽃송이는 학업 생활에서 얻은 그 어떤 것보다도 제게 희망과 방향성, 만족을 위한 나침반을 제공했습니다. 위기 상황이나 경력 이동, 새로운 과제를 수행할 때마다 제 삶의 방향을 평가하는 데 꽃을 사용했죠. 그러면 개인적인 약속을 만들고 성공시키는 데 도움이 됩니다. 여러 면에서 꽃송이는 저의 '길잡이'입니다. 제 꽃에 담긴 데이터는 제가 이룬 모든 성공과 만족의 핵심이 되었고, 앞으로도 그럴 것입니다.

1982년 딕 볼스와 2주간의 워크숍에서 처음으로 나만의 꽃 다이어그램을 완성한 후, 다른 사람들에게 꽃송이를 가르치기로 결심했습니다. 제 학문적 위치 덕분에 이 일을 충분히 할 수 있었죠. 그동안 수천 명의 상담사와 경력 개발 및 인사 전문가에게 꽃송이를 가르쳤고, 저는 고객과 나의 전환기와 은퇴 계획에 지속적으로 꽃송이를 활용하고 있습니다.

수년 동안 제 꽃송이가 거의 변하지 않았다는 사실에 놀랐습니다. 제 꽃은 제가 가진 최고의 모습입니다. 꽃잎은 나의 나침반이고, 내가 '좋아하는 기술(스킬)'을 사용하는 것은 즐거운 하루를 비추는 거울입니다. 저는 이 종이 한 장에 담긴 지혜를 믿습니다.

1982년부터 지금까지 제 일과 삶을 인도해 왔고, 아내와 아들에 대한 희망을 정의하는 데도 도움이 되었습니다. 이 한 장의 종이를 작성하고 실행하는 과정에서 많은 것을 배웠습니다. 특히 저는 제 꽃송이를 통해, 이전에 박사 과정을 통해 배운 것과는 상반되는 다음 열 가지의 중요성에 대해 배웠습니다.

1. 열정을 추구하고 강점을 존중하며, 스킬 식별을 존중

2. 균형과 성공에 대한 사회적 정의의 변화

3. 내 자신보다 더 큰 것을 위해 헌신하기

4. 진정성 있는 삶과 기쁨

5. 나에게 중요한 일과 기회와의 관계에 능숙해지는 것

6. 내가 하는 일에서 즐거움 찾기

7. 우리 존재와 삶의 만족도에 집중하기

8. '가능한 자아'를 설계하기 위한 개인의 명확성과 책임감

9. 우리가 원하는 것을 겸손하지만 분명하게 세상에 알리기

10. 풍요로운 세상 속에서 개인의 소유에 대한 갈망보다 의미와 목적을 더 갈망하고, 사회의 기대에 지나치게 순응하거나 단순히 적응하기 위해 노력하는 사람들을 '코칭'

21세기에 우리는 기술적으로 향상된 글로벌 업무 환경에 직면해있습니다. 우리 삶의 역할에 대해 우리가 알고 있다고 생각했던 모든 것에 도전하고 있죠. 선택권을 유지하기 위해서는 명확성을 유지하고, 민첩하게 학습하며, 개발 계획을 파악하는 것이 무척 중요하게 되었습니다. 그래서 저는 '꽃송이'에 다음과 같은 4가지를 추가해서 강조하고 있습니다. 저는 제가 하고 싶은 10가지의 실행 목록을 지속적으로 업데이트하려고 노력하고 있죠. 추가한 4가지 항목은 다음과 같습니다.

1. 가지고 있을 것Have
2. 할 것Do
3. 배울 것Learn
4. 줄 것Give

이것들을 염두에 두는 연습을 통해 제 성장과 발전의 변화를 측정할 수 있습니다.

'꽃송이'에 담긴 지혜와 희망을 통해 제가 얼마나 많은 것을 얻었는지 다른 사람들과 공유할 수 있는 기회를 갖게 되어 정말 행운이라고 생각합니다.

제 웹사이트(www.richfeller.com)에 제 이력서, 집 위치 및 디자인,

가족에 대한 약속을 겸허히 공개합니다. 제 여정을 공유하고 다른 사람들도 자신의 정원을 가꾸고 빛을 비추도록 격려할 수 있어 영광입니다. 꽃송이의 아이템 중 약 90%가 우리의 일상적인 경험에 영향을 미친다고 생각합니다.

- 리치 펠러Rich Feller

자, 당신은 리치 펠러와 마찬가지로 이제 꽃을 완성했습니다.

멋진 다이어그램이네요. 이 다이어그램으로 무엇을 할 건가요? 다음 장의 주제는 바로 이 부분입니다.

지금 하고 있는 일에 온전히 몰입하는 것,

이것이 바로 삶의 진정한 비결입니다.

그것을 일이라고 부르지 말고 놀이라고 여기세요.

- 앨런 왓츠

This is the real secret of life—to be completely engaged

with what you are doing in the here and now. And instead

of calling it work, realize it is play.

— ALAN WATTS

7장

근무지 선택하기

Choose a work location

여러 사람들 중 일부는 완성된 꽃송이를 보고 순간적으로 깨달음을 얻게 될 것입니다.

"와, 내 인생에서 무엇을 하고 싶은지 알겠어요! 흥분되네요."

하지만 또 다른 분들은 이렇게 말할 수도 있겠죠. "다 끝냈어요. 이제 뭘 할까요?"

완성된 꽃송이를 가지고 무엇을 해야 할까요? 그것을 알아내기 위해서는 좀 더 신중하고 이성적인 일련의 단계가 필요합니다.

꽃송이를 완성한 다음의 10단계는 아래와 같습니다. 7장에서는 다섯 가지 단계에 관해 설명하겠습니다.

1. 당신의 꽃송이가 가리키는 직업이나 업무가 무엇인지 알아야 합니다.

2. 어떤 직업을 선택할지 결정하기 전에, 정보 제공 인터뷰나 인턴십을 통해 몇 가지 직업을 체험해 보세요.

3. 어떤 조직에 당신의 꽃송이에 기록한 직무가 있는지 알아보세요.

4. 관심 있는 특정 장소의 이름을 찾아보세요.

5. 공식적으로 접근하기 전에 해당 장소를 철저히 조사하세요.

6. 이력서, 소셜 미디어 프로필 등 구직 자료를 준비하세요. 이 부분은 8장에서 다룹니다.

7. 온라인 지원, 네트워킹, 소셜 미디어 등 다양한 방법을 통해 잠재적 고용주에게 접근하세요. 이 부분도 8장에서 다룹니다.

8. 면접을 위한 강력하고 인상적인 답변과 스토리를 준비하세요. 9장에서 다룹니다.

9. 고용주의 제안을 고려하고 급여를 협상하세요. 이것은 10장에서 다룹니다.

10. 새롭고 좀 더 향상된 커리어를 시작하세요!

첫째, 꽃잎이 가리키는 직업이나 직무를 찾아야 합니다

First, you need to find out what careers or jobs your flower points to

완성한 나의 꽃송이를 보세요. 그리고 네 번째 꽃잎에서 가장 좋아하는 지식(또는 관심 분야, 좋아하는 분야, 매혹적인 분야 등 원하는 분야) 중 우선순위가 높은 세 개를 선택합니다. 모두 명사형입니다. 빈 종이 한 장 또는 화면에 가장 중요한 것부터 순서대로 페이지의 상단에 이 단어들을 기록합니다. 그리고 그 아래에 일직선으로 가로선을 긋습니다.

다음에 완성된 꽃송이의 세 번째 꽃잎을 살펴보세요. 가장 좋아하고 이전 가능한 기술을 적은 꽃잎입니다. 이 중에서 선호하는 기술 다섯 개를 선택합니다. 모두 동사입니다. 선택한 동사를 선호 지식 밑에 그은 선 아래에 순서대로 적습니다.

이제 온라인에서 검색을 시작하세요. '경력'과 같은 문구를 검색하세요. 검색해 보고 업무에 활용하고자 하는 기술이나 지식을 입력합니다. 해당 분야에서 일하려면 어떤 수준의 교육이나 기술이 필요한지도 알아보세요.

Indeed.com으로 이동하여 '무엇' 탭에서 자신이 갖고 있는 기술이나 지식을 키워드로 입력한 다음, 어떤 채용 공고들이 있는지 확인하세요. 예를 들어 나의 스킬 중 하나가 프랑스어라고 가정해 보겠습니다. 인디드Indeed로 이동해서 '무엇' 상자에 '프랑스어'를 입력하고 '어디' 상자에 원하는 지리적 위치를 입력합니다. 흥미로운 결과가 나왔을까요? 뉴욕시를 기준으로 이 검색을 시도해 봤더니, 행정 보조부터 교사, 고객 지원, 통역사, 마케팅에 이르기까지 다양한 채용 정보를 찾을 수 있었습니다. 채용 공고는 은행, 병원, 학교, 기업, 심지어 유엔에서도 찾을 수 있었습니다.

기본적인 검색을 마친 다음에는 지식과 기술 목록을 가지고 친구, 가족 또는 지인들 5명 이상에게 보여주세요. 그들에게 이 기술들이 어떤 직업이나 일을 떠올리게 하는지 물어보세요. 종이나 화면에 있는 8가지 요소 중 가능한 한 많은 요소를 조합해서 자유롭게 추측해 보라고 요청하세요. 가능하면 아래 그림처럼 두세 가지를 조합해 보도록 하세요. 자신의 지식(분야)을 하나의 전문 분야로 통합하면, 다른 사람과의 경쟁이 거의 없는 독보적인 존재가 될 수 있습니다.

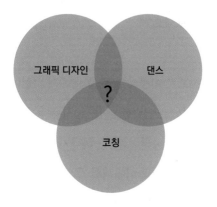

방법은 다음과 같습니다. 그래픽 디자인, 댄스, 코칭 중 가장 좋아하는 세 가지 지식이 있다고 가정해 봅시다. 가능하면 한 가지가 아닌 세 가지 전문 분야를 사용하세요. 그림과 같이 가장 좋아하는 세 가지 지식을 겹치는 원 위에 겹쳐서 배치하세요. 다음으로, 이 세 가지를 결합하는 방법을 알아내기 위해 각 원이 그래픽 디자이너, 댄서, 코치인 사람이라고 상상해 보세요.

- 먼저 아는 사람 중에서 이런 분야에서 이미 일하고 있는 사람이 누군지부터 파악해 보세요. 인터넷에서 각 분야에 대해 읽어보는 것도 좋습니다. 각 분야에서 가장 유용한 인터뷰 주제

를 생각한 다음, 그들과 만나자고 요청하세요. 만나게 되면 이 세 가지 스킬을 결합할 수 있는 직업이 무엇인지 물어보세요.

- 사람들이 말하는 모든 내용을 컴퓨터, 태블릿, 스마트폰 또는 종이에 적으세요. 그들의 이야기가 마음에 들든 안 들든 상관 없습니다. 지금은 그냥 브레인스토밍을 하는 거니까요.

- 일주일 정도 이 작업을 한 다음, 자리에 앉아 노트를 한번 살펴 보세요. 도움 되거나 가치 있는 내용이 있나요? 쓸 만한 내용이 보이면 동그라미를 치고 잘 살펴보세요. 흥미로워 보이는 내 용이 없다면 친구, 지인, 비즈니스계, 예술계 또는 비영리 분야 에 종사하는 아는 사람 5명과 더 이야기해 보세요. 필요에 따 라 반복하세요.

- 탐색할 만한 가치가 있어 보이는 제안은 깊이 생각해 보세요. 생각하면서 가장 끌리는 것은 무엇인가요? 직업은 주로 사람을 상대하는 일, 주로 정보/데이터/아이디어를 다루는 일, 주로 물 건을 다루는 일로 설명할 수 있습니다. 직업들 대부분이 이 세 가지를 모두 포함하지만, 어떤 것을 가장 좋아하시나요? 당신 이 가장 좋아하는 기술이 가장 좋은 단서가 될 때가 많습니다.

그렇지 않다면 돌아가서 꽃송이 중 '이전 가능한 스킬 꽃잎' 전체를 살펴보세요. 어떤 생각이 들죠? 당신의 마음이 끌리는 쪽은 사람인가요, 정보/데이터/아이디어 쪽인가요, 사물 쪽인가요? 어느 쪽에 더 좋아하고 더 마음이 끌리는 스킬이 있나요?

- 여기서 우리가 무엇을 하고 있는지 명심하세요. 완성한 당신의 꽃송이와 맞아떨어지는 직업을 찾는 것입니다. 일반적으로 가족, 친구 또는 동호회 사람들에게 보여주면 약 40개의 제안이나 추천을 받을 수 있습니다.

그래픽 디자인, 댄스, 코칭과 관련된 직업에 관심이 있는 사람의 경우, 다양한 사람들을 인터뷰하면 디지털 아트 강사, 치어리딩 코치, 운동 서적이나 웹사이트의 일러스트 작가, 비디오 게임 캐릭터 디자이너 등의 다양한 직업 아이디어가 떠오를 수 있습니다. 다음 단계는 이러한 아이디어 중 어떤 게 가장 흥미를 끄는지 결정하는 것입니다. 이 단계에서는 별다른 제한이 없으므로 원하는 분야를 얼마든지 선택할 수 있습니다. 이 단계가 끝나면 이 장의 나머지 부분에서 제시한 아이디어를 계속 조사하고 구체화한 다음, 당신이 원하는 꿈의 직업으로 좁혀가세요.

이 단계를 완료한 후에도 마지막 세부 사항까지 원하는 모든 것이 들어맞는 직업을 찾지 못할 수도 있습니다. 인정합니다. 하지만 당신이 얼마나 많은 꿈을 찾을 수 있는지 알게 된다면 놀랄 것입니다.

때로는 단계적으로 찾을 수도 있습니다. 제가 아는 어느 은퇴한 남성은 출판사의 고위 임원이었습니다. 은퇴하고 65세가 되자 지루함에 지쳐 죽을 것만 같다고 생각했죠. 그 시점에서 어떤 분야에서 일하든 상관없다고 판단한 그는 평소 친하게 지내던 지인에게 연락했습니다. 비즈니스로 알게 된 지인이었죠. 지인은 미안한 듯 "시기가 좋지 않아요. 지금 당장 필요한 건 우편실에서 일할 사람뿐입니다."라고 말했습니다.

65세의 이 임원은 "제가 그 자리를 맡겠습니다!"라고 했죠. 실제로 그는 그렇게 했습니다. 그리고 그 후 몇 년 동안 자신의 모든 역량을 발휘하며 열심히 일했죠. 그는 수년 동안 꾸준히 승진해서 자신이 원하는 직책, 그 조직의 고위 임원이 되었습니다. 마침내 그는 여든다섯의 나이로 두 번째 은퇴를 하였습니다.

항상 꿈을 잃지 마세요. 가능한 한 꿈에 가까이 다가서되 인내심을 가지세요. 어떤 문이 열릴지 알 수 없으니까요. 기회는 준비하고 기다리는 사람의 몫입니다.

O*NET

직업 정보 네트워크(O-NET, onetonline.org)는 미국 노동부에서 만들고 관리하는 무료 온라인 데이터베이스입니다. 유용한 정보가 가능한 이 사이트는 사용자가 광범위한 기준에 따라 직업을 탐색할 수 있도록 도와줍니다. 향후 몇 년 동안 빠르게 성장할 것으로 예상되는 분야, 많은 수의 일자리가 있거나 새롭게 떠오르는 직업, 광범위한 명칭별 관련 직업군, 초급부터 고숙련까지 필요한 준비 또는 훈련 정도별 직업 등 다양한 기준이 있죠.

STEM(과학Science, 기술Technology, 공학Engineering, 수학Mathematics) 분야와 특정 기술 및 소프트웨어 기술, 관심사, 기술 세트, 업무 가치, 필요한 업무 활동, 직장에서 원하는 가치, 관련된 업무 및 의무, 사용하는 도구, 기술, 기계 및 장비 등, 직업 분류와 관련된 직업 및 경력에 대해 다양한 항목이 있어 알아보고 평가할 수 있습니다.

어떤 분야를 탐색해야 할지 잘 모르는 구직자는 '첫 번째 꽃잎, 워크시트 1. 육각형 파티 게임 연습'을 다시 보세요. 해당 페이지에서 자세히 설명한 홀랜드 코드에 기반한 60개 문항의 종합적인 평가를 통해 다양한 직업군을 제안받을 수 있습니다.

자세히 알고 싶은 직업을 찾으면 그 직업을 클릭하세요. 링크를 따라가면 특정 기술, 교육 수준 및 기타 유용한 정보를 포함하여 각 직업 또는 직업의 요구 사항에 대한 자세한 설명으로 연결됩니다. 실제로 해보면 복잡하거나 어렵지 않습니다. 이 사이트는 직관적으로 사용할 수 있으며, 모든 구직자에게 유용합니다.

둘째, 어떤 직업을 선택할지 결정하기 전에 체험해 봐야 합니다

Second, you need to try on jobs before you decide which ones to pursue

○

●

⬡

⬢

옷 가게에 쇼핑하러 가면 당신은 어떻게 하나요? 대부분 쇼윈도나 진열대에 있는 다양한 의상을 직접 입어 봅니다. 피팅룸도 마련되어 있잖아요. 왜 입어 보는 걸까요? 쇼윈도에 있을 때는 멋져 보이는 옷이 실제로 입어 보면 어울리지 않거나 그다지 멋져 보이지 않는 경우가 많기 때문입니다. 옷이 편안하지 않거나, 체형에 맞지 않거나, 사이즈가 안 맞을 수도 있죠.

직업을 고를 때도 마찬가지입니다. 상상 속에서 너무 멋져 보이는 직업도 실제로 보면 그렇게 멋있지는 않습니다. 물론 당신이 원하는 것은 멋져 보이는 직업입니다. 그 직업 세계를 직접 경험해 보기 전에는 실체를 모를 수밖에 없습니다.

따라서 당신이 생각하고 원하는 종류의 직업을 이미 가지고 있는 사람들과 이야기를 나눠보는 것이 중요합니다. 그런 사람을 모른다면 검색 찬스가 있습니다. 링크드인Linkedin은 그러한 사람들의 이름을 찾는 데 매우 유용하거든요.

하지만 사람들에게 연락하기 전에 인터넷에서 할 수 있는 모든 조사를 먼저 마치세요. 웹사이트에서 쉽게 답을 찾을 수 있는 기본적인 질문으로 상대방의 시간을 낭비할 필요는 없으니까요. 온라인에서 "그래픽 비즈니스는 어떻게 시작하나요?" 또는 "금융업에 종사하려면 어떻게 해야 하나요?"라고 검색하면 기본적인 정보를 많이 찾을 수 있습니다. 이렇게 하면 해당 분야의 전문가와 인터뷰할 때 기본적인 질문을 하지 않아도 됩니다. 조금 더 필요한 질문을 할 수 있죠. 읽은 내용이 정확한지 물어볼 수도 있습니다. 쓸데없는 질문으로 시간을 낭비하지 않는다면, 그 사람의 경력 경로를 더 상세히 알 수 있습니다. 당신에게 진짜 필요한 질문을 해야 합니다.

내가 원하는 직업을 가진 상대방을 찾으면, 가까운 곳에 살 경우 근처 커피숍 등에서 10분에서 20분 정도 얼굴을 보고 대화하고 싶다고 정중하게 부탁하세요. 일단 만났다 하더라도, 대화 도중 그쪽에서 더 이야기하자고 고집부리지 않는 한 약속했던 시간을 지키세요. 직접 만날 수 없는 경우 전화 통화나 빠른 줌Zoom 회의를 요청할 수도 있습니다. 때로는 자신의 이야기를 들어줄 사람을 절실히 찾고 있는 직원들도 있습니다. 자신이 하고 있는 일에 대해 누군가에게 이야기하기를 좋아하는 사람들이죠. 이런 사람을 만났다면, 당신이 기도의 응답 같을 거예요. 그럴 때는 정중한 태도를 잃지 말고 그들의 이야기에 집중하세요.

다음은 당신이 원하는 직업이나 직무를 실제로 하고 있는 사람과 대화할 때 도움이 될 만한 몇 가지 질문입니다.

- 어떻게 이 일을 시작하게 되었나요?
- 어떤 점이 가장 마음에 드세요?
- 가장 마음에 들지 않는 점은 무엇인가요?
- 이런 일을 하는 분을 어디에서 찾을 수 있을까요?

마지막 질문에 대한 대답은 항상 두 명 이상의 이름을 물어봐야 합니다. 그래야 그 사람을 만나는 데 실패했을 경우 다른 사람을 만날 수 있습니다.

이렇게 정보 수집을 위한 인터뷰를 하면 어느 시점에서 탐색 중인 경력, 직종 또는 직업이 당신에게 맞지 않다는 것이 분명해질 수가 있습니다. 그러면 위의 마지막 질문은 다른 질문으로 바뀝니다.

- 혹시, 제가 가진 기술이나 특별한 지식 또는 관심사에 관해 이
  야기할 수 있는 사람, 같은 기술과 지식을 사용하는 다른 직업
  을 알고 있는 사람을 알 수 있을까요?

그들이 이름을 떠올리고 알려주면, 알려준 사람들을 찾아가세
요. 그런데 아는 사람이 없고 아무도 생각나지 않는다고 대답하면
이렇게 물어보세요. "모르시면 혹시 누가 그런 사람을 알고 있을까
요?" 역시 모른다고 대답할 수도 있지만, 물어봐서 손해보는 것은 없
으니까요.

이렇게 정보 수집을 위한 인터뷰를 하다 보면 조만간 당신에게
딱 맞는 직업을 찾을 수 있을 것입니다. 이렇게 찾은 직업을 당신이
좋아하는 기술, 당신이 좋아하는 전문 지식이나 관심 분야로 활용합
니다. 이럴 때는 해당 분야나 직업을 갖기 위해 얼마나 많은 훈련이
필요한지 대화를 나눈 사람들에게 물어봐야 합니다.

종종 나쁜 소식을 듣게 될 것입니다. 그들은 당신에게 이런 식으
로 대답할 수도 있거든요.

"이 직종에 채용되려면 석사 학위와 10년 이상의 경력이 있어야

합니다."

과연 그럴까요? 아무리 많은 사람이 당신에게 특정 직업에 들어가기 위해서는 이러이러한 규칙이 있고 예외는 없다고 말하더라도 명심하세요. 의학이나 법학과 같이 엄격한 입학시험이 있는 몇몇 직업을 제외하고, 거의 모든 규칙에는 예외가 존재한답니다.

엄격한 수련과 입학, 시험 합격을 통해 얻어지는 경우가 아니라면, 예외적으로 성공한 사람이 어딘가에 있기 마련입니다. 누군가 규칙을 우회하는 방법을 알아낸 것일 수도 있습니다. 당신은 이 사람들이 누구인지 알아내고 그들과 이야기를 나누며, 어떻게 그렇게 했는지 알아내고 싶을 것입니다. 따라서 정보 수집 인터뷰를 할 때 깊이 파고들어 예외를 찾아보세요.

- 석사 학위와 10년의 경력 없이 이 분야에 뛰어든 사람을 알고 있나요?
- 그런 사람을 어디서 찾을 수 있을까요?
- 그런 사람을 모른다면 누가 알 수 있을 것 같나요?

결국, 어쩌면, 혹시라도, 예외를 찾을 수 없을지도 모릅니다. 이럴 때도 명심하세요. 찾는 방법을 모를 뿐입니다. 모두가 그 직업은 몇 년 동안 준비해야 한다는데, 지름길을 택한 사람을 찾을 수 없다면 어떻게 해야 할까요?

자, 좋은 소식을 알려드리죠. 모든 전문 분야에는 하나 이상의 그림자 직업이 있으며, 이 직업은 훨씬 적은 교육이 필요합니다. 예를 들어, 의사가 되는 대신 응급 의료 업무를 할 수 있죠. 변호사가 되는 대신 법률 보조 업무를, 공인 상담사가 되는 대신 커리어 코치가 될 수 있습니다.

적어도 꿈에 가까워질 방법은 항상 있습니다. 진로 아이디어에 대해 더 폭넓게 생각해 보세요. '___'을 검색하여 미처 생각하지 못했던 아이디어를 발견할 수도 있습니다.

셋째, 어떤 종류의 조직에 어떤 직무가 있는지 알아봐야 합니다

Third, you need to know what kind of organization and what kind of job you have

○

●

⬡

⬢

그물을 최대한 넓게 펼치라는 말을 기억하고 있나요? 일하고 싶은 곳 하나하나를 알려고 하기 전에, 취업할 수 있는 모든 조직의 종류를 먼저 조사해 봐야 합니다. 최대한 넓은 그물을 던지기 위해서죠.

예를 들어 보겠습니다. 새로운 직업으로 교사가 되고 싶다고 해 보죠. 그렇다면 스스로에게 먼저 물어봐야 합니다. "어떤 곳에서 교사를 채용할까?" 그냥 '학교'라고 대답할 수도 있고, 당신이 살고 있는 지역의 학교에 채용 공고가 없다는 사실을 알게 되면 '교사라는 직업을 가진 사람들을 위한 일자리가 이 지역에는 없구나'라고 생각할 수도 있습니다.

하지만 잠깐만요! 학교 외에도 교사를 고용하는 조직과 기관은 무수히 많습니다. 예를 들어 기업 연수 및 교육 부서, 워크숍 스폰서, 재단, 민간 연구 회사, 교육 컨설턴트, 교사 협회, 전문직 및 무역 협회, 군부대, 고등교육심의회, 소방 및 경찰 훈련원 등이 있습니다.

'근무지 종류'는 다음과 같이 정규직 외에 다양한 채용 옵션이 있는 근무지를 의미하기도 합니다

- 파트타임으로 고용하는 곳(두세 개의 파트타임 일자리를 구해야 할 수도 있고, 파트타임 일자리 두 개를 구해서 전일제처럼 일할 수도 있음)
- 한 번에 하나의 프로젝트에 배정되어 임시직 근로자를 고용하는 곳
- 한 번에 한 프로젝트씩 컨설턴트를 고용하는 곳
- 주로 자원봉사자로 운영되는 곳
- 비영리 단체인 장소, 영리를 목적으로 하는 장소
- 그리고 잊지 마세요. 당신이 직접 사장이 되기로 결정한다면, 당신이 직접 시작할 수 있는 곳도 있습니다. 이 내용은 11장에서 다룹니다.

정보를 얻기 위한 인터뷰를 할 때는, 생각하고 있는 직업에 대한

전반적인 개요를 알려줄 수 있는 사람뿐만 아니라 실제 근무자도 만나야 합니다. 실제 근무자는 관심 있는 조직의 업무가 구체적으로 어떤 것인지 자세히 알려줄 수 있습니다.

넷째, 관심 있는 특정 장소의 이름을 찾아야 합니다

Fourth, you need to find names of particular places that interest
you

직원의 직업이나 경력에 대해 인터뷰할 때, 누군가는 그런 종류의 직원이 있는 조직의 실제 이름과 그곳의 좋은 점과 나쁜 점을 무심코 언급할 수 있습니다. 이것은 당신에게 중요한 정보입니다. 적어두세요. 정성껏 메모하세요!

하지만 "이런 종류의 일을 하고 싶어서 이런 종류의 조직에 관심이 있는데, 제가 조사해 볼 만한 곳들을 알고 있나요?"라고 물어보세요. 어렵게 생각하지 마세요. 안다고 하면 "그 위치가 어디인가요?"라고 물어볼 수 있습니다. 직접 만나서 인터뷰하고, 링크드인 Linkedin, 검색 엔진 등을 활용해서 답을 찾아보세요.

참고로 말하자면, 이 단계에서는 상대방이 공석 혹은 채용 예정을 알고 있는지 아닌지는 신경 쓰지 않아야 합니다. 빈자리가 있든 없든, 지금 당신이 관심을 가져야 할 유일한 것은 그곳이 당신이 원하는 곳인지 아닌지입니다. 그곳이 흥미로워 보이는지, 가서 일하고 싶은지를 알아보는 단계니까요. 한 가지 주의할 점은 규모가 큰 곳보다는 직원 수가 100명 이하인 작은 곳, 오래된 곳보다는 최근에 생긴 곳을 조사하는 것이 좋습니다.

성공적인 구직 활동을 위해서는 다음과 같은 사항을 고려하여 직장을 선택해야 합니다. 공석이 생길 때까지 기다리지 마세요. 공석은 예고 없이 어느 순간 갑자기 생길 수 있습니다.

이 단계가 끝나면 어떤 결과가 나올까요? 조사할 곳이 너무 많을 수도 있고 너무 적을 수도 있습니다. 이럴 때 대처할 방법이 있습니다.

너무 많은 이름

영역을 관리 가능한 정도의 숫자로 줄이는 것이 좋습니다. 예를 들어, 가장 관심 있는 직업이 금융 서비스라고 가정해 보겠습니다. 재무 설계사가 되고 싶습니다. 이제 시작입니다. 미국의 2,300만 개의 직업 시장을 다음과 같이 줄였습니다.

재무 설계사를 고용하는 곳에서 일하고 싶습니다.

하지만 그래도 영역이 너무 넓습니다. 전국에 재정 고문을 고용하는 곳은 수천 개나 있으니까요. 그 모든 곳을 방문할 수는 없죠. 따라서 영역을 더 줄여야 합니다. 선호하는 거주지 꽃잎에 '캘리포니아 산호세 지역에서 살고 일하고 싶다'고 적었다고 가정해 보죠. 그러면 지역이 더 줄어듭니다. 이제 목표는 다음과 같습니다.

산호세 지역 내에서 재무 설계사를 고용하는 곳에서 일하고 싶습니다.

하지만 그래도 지역이 너무 넓습니다. 그 설명에 맞는 조직이 100개, 200개, 300개가 있을 수 있습니다. 그래서 추가 도움을 받기 위해 꽃 다이어그램을 살펴보니 근무 조건에서 '50명 이하의 직원이 있는 조직'에서 일하고 싶다고 말한 것을 알 수 있습니다. 좋아요, 이제 목표가 정해졌습니다.

산호세 지역 내에서 재무 설계사를 고용하는 직원 수 50명 이하의 회사에서 일하고 싶습니다.

그래도 이 지역은 여전히 너무 클 수 있습니다. 그래서 추가 지침을 위해 꽃 다이어그램을 다시 살펴보니, '은퇴가 임박한 사람들과 함께 일하는 조직에서 일하고 싶다'고 적은 것이 보입니다. 이제 당신이 찾고 있는 것이 무엇인지에 대한 확실한 진술이 완성됩니다.

재정 설계사를 고용하고, 산호세 지역 내에서 직원이 50명 이하이며, 은퇴를 앞둔 사람들을 도와주는 곳에서 일하고 싶습니다.

이렇게 꽃송이를 사용하면 구직 목표가 10곳을 넘지 않을 때까지 계속해서 영역을 줄일 수 있습니다. 10곳이라면 시작하기에 적당한 수의 장소입니다. 이 10곳 중 유망하거나 흥미로운 곳이 없다면 나중에 언제든지 목록을 확장할 수 있습니다.

너무 적은 이름

이 경우에는 반대로 영역을 넓히고 싶을 것입니다. 여기서 넓히는 방법은 일대일 대면 정보 수집 면접이 아닙니다. 오히려 인쇄물이나 디지털 정보 자료가 필요합니다. Indeed.com은 해당 지역의 채용 공고와 기회에 대한 일반적인 아이디어를 제공할 수 있습니다.

당신이 부지런하다면, 더 탐색해 볼 만한 사이트가 부족하지는 않을 것입니다.

아주 작은 마을에 사는 경우가 아니라면 통근 거리 내에 있는 다른 마을, 또는 도시를 포함하기 위해 조금 더 넓게 그물을 던져야 할 것입니다.

다섯째, 공식적으로 접근하기 전에 해당 장소를 철저히 조사하십시오

Fifth, research that place thoroughly before formally approaching them

○

●

◇

⬡

　어느 순간 너무 일하고 싶은 직업을 찾았다면 정말 행복할 것입니다. 당신은 원하는 직업을 찾았고, 무슨 일이 있어도 할 수 있을 겁니다. 실제로 그 일을 하고 있는 사람들과 인터뷰를 해봤더니, 그 일이 더 좋아집니다. 그리고 당신은 그 직업을 위해 일하고 있는 사람들의 장소도 알게 됐죠.

　좋아요, 그렇다면 이제 어떻게 할까요? 바로 그리로 달려갈까요? 아니요, 일단 참으세요. 먼저 그곳을 조사하는 것이 필수입니다. 기업과 조직은 사랑받는 것을 좋아합니다. 사람만 사랑받기를 원하는 것은 아니거든요. 들어가기 전에 그 기업에 대해 알아보는데 수고를 아끼지 마세요. 들어가고 싶은 조직을 먼저 사랑하세요.

그리고 대상 기업에 대해 알 수 있는 모든 걸 알아내고 연구하는 것으로, 구직자 당신의 사랑을 보여주세요. 이것이 바로 주도적 리서치입니다.

채용 면접을 위해 회사에 접근하기 전에 회사에 대해 무엇을 조사해야 하나요?

첫째, 조직 내부에 대해 알고 싶겠죠. 그곳에서 어떤 일을 하는지, 일하는 스타일은 어떤지, 기업 문화, 그리고 어떤 종류의 목표를 달성하려고 하는지, 어떤 장애물이나 난관에 부딪히고 있는지, 당신의 기술과 지식이 어떻게 도움이 될 수 있는지까지 찾아보세요. 면접에서는 기업에 필요한 것을 가지고 있음을 보여줄 준비가 되어 있어야 합니다. 그 시작은 지원자에게 필요한 것이 무엇인지 파악하는 것부터 시작됩니다.

둘째, 해당 조직에서 즐겁게 일할 수 있는지 궁금하겠죠. 그 조직을 평가하고 싶을 것입니다. 누구나 직장을 평가하지만, 구직자나 경력 전환자들은 대부분 직장에 채용된 후에야 직장을 평가합니다.

흥미로운 사실을 하나 알려드릴까요? 예를 들어 미국에서는 연방/주 고용 서비스를 통해 일자리를 찾은 사람들의 57%가 불과 30일 이내에 그 직장을 그만두는 것으로 나타났습니다. 놀랍게도 그 이유는 근무 첫 10일 또는 20일 이내에 그 직장이 마음에 들지 않다는 것을 알았기 때문이라고 해요.

이 조사를 미리 해두면 훨씬 더 나은 길을 선택할 수 있습니다. 그렇지 않으면 일자리가 급해서 '뭐든 참을 수 있겠지.'라는 절망적인 마음으로 일자리를 구했다가, 막상 취직하고 나면 자신이 바보였다는 것을 알게 되겠죠. 그러면 그만두고 처음부터 다시 구직 활동을 시작해야 합니다. 때문에 취업하기 전에 미리 직장에 관해 조사를 하는 편이 현명하죠. 아무리 좋아 보여도, 그곳이 나에게 적합하지 않은지 미리 알아야 합니다.

어떻게 알 수 있을까요? 여러 가지 방법이 있습니다. 직접 대면하는 방법도 있고 그렇지 않은 방법도 있습니다.

- 친구와 이웃 : 지인들에게 관심 있는 곳에서 일하는 사람을 아는 사람이 있는지 물어보세요. 아는 사람이 있다면, 그 사람에게 데이트 신청을 하세요. 만나면 점심이나 커피, 차를 마시며 물어보세요. 그 근무지가 왜 관심 있는 곳인지 이야기하고, 더 자세히 알고 싶다고 솔직히 말하세요. 이 대화의 목적을 오해하지 않도록 중간에 다리를 놓아준 친구가 있다면 동석하세요. 양쪽 모두 아는 사람과 함께 앉아 있으면 많은 도움이 됩니

다. 이것은 근무지에 대해 알아보는 가장 좋은 방법입니다, 하지만 여기서 막다른 골목에 부딪힐 경우를 대비해 몇 가지 추가적인 대안이 필요합니다.

- 해당 조직 또는 이와 유사한 조직의 사람들 : 링크드인Linkedin
에는 회사 이름을 찾을 수 있는 광범위한 메뉴가 있습니다. 그곳에서 일하거나 그곳에서 일했던 사람을 찾을 수 있습니다. 그에게 이메일을 통해 흥미로운 연락을 받을 수도 있지만, 아무리 마음이 좋은 사람이라도 업무 과부하로 인해 시간을 낼 수 없다고 말할 때가 있습니다. 만나고 싶지만 정말 바쁜 사람도 있으니까요. 그렇다면 그 점을 존중해 주세요. 그럴 때는 조직에 직접 방문하여 해당 장소에 대해 질문할 수 있습니다. 경비원 등이 있는 대규모 조직에서는 이 방법을 권장하지 않습니다. 하지만 직원 수가 50명 이하인 소규모 조직에서는 직접 방문하는 것만으로도 많은 것을 알아낼 수 있습니다. 하지만 이렇게 하는 데는 몇 가지 주의 사항이 있습니다.
첫째, 인쇄물이나 온라인에서 쉽게 알아낼 수 있는 질문은 하지 마세요. 조금만 찾아보면 알 수 있는 것까지 물어보는 것은 사람들을 짜증 나게 합니다.
둘째, 조직의 상급자에게 접근하기 전에 프런트 데스크, 안내원, 고객 서비스 등 관문 직원에게 먼저 다가가야 합니다.

셋째, 부하 직원이 질문에 대한 답을 알고 있다면, 그곳의 윗사람보다는 아랫사람에게 접근하는 것이 좋습니다. 다른 사람이 대답할 수 있는 간단한 질문으로 상사를 귀찮게 하는 것은 구직 자살 행위입니다.

넷째, 이 접근 방식을 단순히 상사를 만나 채용해 달라고 요청하기 위해 교묘한 방법으로 사용하지 마세요. 정보 수집이라고 하셨잖아요. 거짓말하지 마세요. 절대 거짓말하지 마세요. 그들은 당신을 기억하겠지만, 당신이 원하는 방식으로 기억하지는 않을 것입니다.

- 인터넷: 많은 구직자나 경력 전환자들은 요즘 모든 조직과 회사 또는 비영리 단체가 자체 웹사이트를 가지고 있다고 생각합니다. 미안하지만, 그렇지 않습니다. 웹사이트가 있는 조직도 있고 없는 조직도 있습니다. 자체 웹사이트는 종종 장소의 규모, 훌륭한 웹디자이너에 대한 접근성, 고객에 대한 절실함 등과 관련이 있습니다.

웹사이트가 있는지 없는지 쉽게 알아보는 방법이 있습니다. 자주 사용하는 검색 엔진에 그곳의 이름을 입력하고 어떤 결과가 나오는지 확인하세요. 두 개 이상의 검색 엔진을 사용해 보세요. 때로는 여러 검색 엔진 중 일부만 사용하는 웹사이트도 있습니다. 그러면 사용하지 않는 검색 엔진에서는 웹사이트가 나오지 않을 때도 있거든요. 실제로 현재 근무 중이거나 최근에 근무했던 직원들로부터 조직에 대한 피드백을 얻을 수 있는 사이트도 있습니다. 가장 잘 알려진 사이트는 글래스도어Glassdoor(www.glassdoor.com/Reviews/index.htm)입니다. 구직자의 약 절반이 글래스도어를 참고합니다. 전 세계 약 80만 개 기업 또는 조직의 직원 리뷰가 있죠. 어떤 회사가 가장 일하기 좋은지 경험자들이 알려줍니다. 유사한 리뷰 사이트로는 다음과 같은 것들이 있습니다.

FairyGodBoss(www.fairygodboss.com/company-reviews)

Indeed(www.indeed.com/companies?from=gnav-homepage)

Firsthand(www.firsthand.co/careers/companies)

Career Bliss (www.careerbliss.com/reviews)

- 소개 책자나 책: 소개 책자나 책은 시차가 너무 커서 최신 회사 정보를 제공하는 좋은 자료가 되지 못합니다. 그러나 조직은 종종 인쇄물이나 웹사이트를 통해 사업, 목적 등에 관한 시의적절한 정보를 제공합니다. 또한 CEO나 조직의 책임자가 강

연을 했을 수도 있는데, 이러한 정보는 유튜브YouTube에서 찾을 수 있습니다. 또한 브로슈어, 연례 보고서 등 조직이 자체적으로 발행한 자료가 있을 수 있습니다. 사본은 어떻게 구할 수 있나요? 웹사이트에서 시작하여 필요한 경우 사무실로 전화하세요. 또한 적당한 규모의 단체라면 해당 마을이나 도시의 공공 도서관에 해당 단체에 관한 파일(신문 스크랩, 기사 등)이 있을 수 있습니다. 그리고 친근한 동네 사서에게 물어보는 것도 나쁘지 않습니다.

- 임시직 파견업체: 많은 구직자와 경력 전환자들이 임시직 대행업체를 이용합니다. 따라서 임시직 파견업체를 찾아가서 일용직이나 임시직으로 관심 조직에 파견되어 일할 수 있는지 알아봅니다. 가까운 임시직 대행업체를 찾으려면 거주 지역 또는 도시 이름에 '임시직 대행업체' 또는 '직업소개소'를 검색하세요. 고용주는 (a)제한된 일수 동안 파트타임으로 일할 수 있는 구직자와 (b)제한된 일수 동안 풀타임으로 일할 수 있는 구직자를 찾기 위해 이러한 대행사를 찾습니다.
에이전시를 통한 임시직의 장점은 특정 기술과 전문성을 가진 사람이라면, 파견업체를 통해 시간제나 전일제 임시직으로 관심 기업에 들어갈 수 있다는 것입니다. 며칠 또는 몇 주 동안 파견되어, 그곳에서 일하면서 내부 사정과 하는 일들을 직접 체험할 수 있습니다. 관심이 가는 회사 직원들에게 궁금한 것을 물어볼 수도 있죠. 파견업체에서 원하는 곳으로 보내주지 않을 수도 있지만, 두 조직이 같은 분야라면 다른 곳에서 일하는 동안에도 원하는 곳에서 인맥을 쌓을 수 있습니다. 최소한 이력서에 쓸 항목은 얻을 수 있죠.

- 자원봉사 단체: 당분간 재정적으로는 괜찮지만 일자리를 찾지 못했다면, 관심 있는 단체에서 무보수 자원봉사를 할 수 있습니다. 첫째, 무보수 인턴인 셈이며, 때로는 급여를 주기도 합니다. 또는 장기 자원봉사 기회(www.volunteeringinamerica.gov), 전국적인 기회(www.volunteermatch.org)를 검색해서 자원봉사 단체를 찾을 수 있습니다. 거주 도시나 마을의 이름에 '자원봉사 기회'를 입력하고 검색하면 어떤 정보가 있는지 알아볼 수 있습니다. 아니면 그냥 원하는 단체나 회사에 연락해서 자원봉사를 할 수 있는지 물어보세요.

당신의 목표는 첫째, 그곳에 대해 자세히 알아보는 것입니다. 둘째, 실직 기간이 길었다면 쓸모 있다고 느끼는 것이 목표입니다. 당신의 삶을 가치 있게 만드는 것이기 때문입니다. 셋째, 먼 미래의 희망이긴 하지만, 언젠가 그들이 실제로 급여를 주면서 계속 고용하기를 원할지도 모릅니다. 하지만 그럴 가능성은 매우 희박합니다. 기대하지 말고 무리하지 마세요. 아주 가끔은 회사에 남아 달라고 요청할 수도 있습니다. 유급으로요. 일자리를 찾는 방법으로 이 방법의 성공률은 그리 높지 않습니다. 물론 이런 일이 실제로 일어나기도 합니다. 그렇지 않더라도 새로운 이전 가능한 스킬을 쌓았을 가능성이 높습니다. 이력서에 새 항목을 추가할 수 있죠.

감사 메모를 꼭 보내주세요

You must send thank-you notes

구직 활동 중 누군가 호의를 베풀었다면 늦어도 다음 날까지 반드시 감사 메모를 보내는 것이 좋습니다. 당신을 도와주거나 대화를 나눈 모든 사람에게 감사 메모를 보내세요. 여기에는 친구, 해당 조직의 직원, 임시 에이전시 직원, 안내원, 사서, 직원 등 누구든 포함될 수 있습니다.

직접 대면할 때 명함이 있으면 달라고 요청하거나 종이에 이름과 직장 주소를 적어 달라고 부탁하세요. 이름을 잘못 말하면 안 되니까요. 사람의 이름을 소리만 듣고 정확히 파악하기는 어려울 수 있습니다. '로라Laura'처럼 들리는 이름이 '라라Lara'가 될 수도 있고, '스미스Smith'처럼 들리는 이름이 '스미스Smythe'가 될 수도 있습니다. 이름과 주소를 입력하되 정확하게 입력하세요. 이름 틀리는 걸 좋아하는 사람은 아무도 없습니다.

다시 한번 강조하지만, 감사 메모는 신속하게 보내야 합니다. 최소한 당일 밤이나 다음 날에 감사 메모를 이메일로 보내세요. 더 노력을 기울이려면, 손 글씨나 인쇄물로 멋진 서식을 만들어 우편으로 보내면 더욱 좋습니다.

하지만 장황하게 늘어놓지 마세요. 감사 메모는 두세 문장으로 작성해도 됩니다. 예를 들면 다음과 같습니다. "어제 저와 통화해 주셔서 감사하다는 말씀을 드리고 싶었습니다. 저에게 큰 도움이 되었습니다. 바쁜 일정 중에도 시간을 내주셔서 정말 감사했습니다. 행운을 빕니다." 물론 추가하고 싶은 말이 있으면 추가하세요. 편지를 다 썼으면 서명하는 것을 잊지 마세요. 누가 보냈는지 모르는 편지는 안 보낸 것과 같으니까요.

정보 수집 중, 채용 제안을 받는다면

If you receive a job offer while you're gathering information

실업률이 낮고 고용주들이 일자리를 찾고 있는 호황기에는 이런 일이 자주 발생합니다. 정보 수집을 위해 인터뷰하는 동안 간혹 고용주가 당신을 알아볼 수 있습니다. 그리고 그 고용주가 당신에게 깊은 인상을 받아 그 자리에서 바로 채용하고 싶어 할 수도 있습니다. 따라서 정보 수집을 계속하는 동안 채용 제안을 더 받을 수도 있습니다. 그런 일이 발생하면 어떻게 말해야 할까요?

정답은 없습니다. 절박하다면, 당신은 아마도 곧장 대답할 것입니다.

저의 30대, 어느 겨울날이 기억납니다. 그때 저는 다섯 식구와 살고 있었죠. 바지의 무릎이 거의 다 닳았고, 벽난로에서 오래된 가구 조각을 태워 따뜻하게 지냈으며, 침대 다리는 부러져 있었고, 스파게티가 귀에서 나올 정도로 자주 먹었죠. 이런 상황에서는 까다롭게 굴 여유도 이유도 없습니다. 당장 취업해서 식탁에 음식을 올려놓고 빚 독촉을 막아야 했으니까요. 저에게 좀 더 신중할 시간이 있었다면 시간을 벌 수 있는 방식으로 구인 제의에 응했을 것입니다. 하지만 그럴 수 없었죠.

아직 정보 수집 인터뷰가 끝나지 않았다면, 확신이 서기 전까지 채용 제안을 수락하는 것은 시기상조라는 점을 덧붙이세요. 경력, 분야, 산업, 직무 및 특정 조직을 검토한 후 가장 효과적이고 최선을 다해 일할 수 있는 곳을 결정해야 합니다.

그리고 다음과 같이 덧붙이는 것도 좋습니다. "물론 제가 여기서 일하게 된다면 정말 기쁠 것 같습니다. 그리고 제가 일하고 싶은 곳, 제가 일하고 싶은 사람들, 제가 함께 일하고 싶은 사람들이 있는 곳이라는 깊은 인상을 받았습니다. 하지만 저는 정보 수집 중이며, 아직 끝나지 않았습니다. 제가 여기에서 일하기를 원하시면, 조금만 기다려주십시오. 제 조사가 다 끝났을 때 이 조직을 위해 일하고 싶다는 판단을 하면 찾아뵙겠습니다."

아직 절망적이지 않다면 열린 문으로 바로 들어가지 않아야 하지만, 그렇다고 문을 닫게 해서는 안 됩니다. 앞서 말했듯이 이 시나리오는 가능성이 매우 낮습니다. 당신은 직원들과 교류하고 있습니다. 하지만 혹시 모를 상황에 대비해 마음속으로 미리 준비해 두는 것이 좋습니다.

그리고 고용주가 당신의 입장이었더라도 똑같이 행동할 것이라고 확신합니다. 이 시점에서 고용주가 당신의 철저함과 전문성에 깊은 인상을 받지 못했다면, 이 회사는 당신이 일하고 싶은 곳이 아닙니다.

연락처에 대해 한마디

A word about contacts

연구에 따르면 일반적으로 사회생활을 많이 할수록, 아는 사람이 많을수록, 업무 외적으로 사람들과 더 많은 시간을 보낼수록 일자리를 찾을 가능성이 높아진다고 합니다. 미국 노동통계국에 따르면 85%에 달하는 일자리가 네트워킹을 통해 구해진다고 합니다. 그리고 자신의 분야가 아닌 다른 분야에 종사하는 사람들을 더 많이 알수록 효과적으로 경력을 바꿀 가능성이 높아집니다. 실제로 공식적인 구직 활동을 시작하기도 전에 인맥을 통해 일자리를 찾을 수 있는 경우가 많습니다.

문제는 직장인 4명 중 1명은 인맥을 쌓지 않는다고 답했다는 것입니다. 링크드인Linkedin 설문조사에 따르면 직장인의 80%는 인맥 형성이 중요하다는 데 동의하지만, 그 중 40%는 인맥 형성이 어렵

다고 생각했습니다.[27]

또 다른 연구 결과도 있습니다. 이런 인맥이 평소 사교계에서 멀리 떨어져 있을수록 구직 활동에 도움을 줄 가능성이 높다는 사실입니다. 늘 만나서 술 마시고 어울리는 사람들 모두가 훌륭한 인맥은 아닙니다.

지인들과 얼마나 많은 시간을 보내고 있는지 스스로에게 물어보세요. 일반적으로 강한 유대 관계를 맺고 있는 사람들과 약한 유대 관계를 맺고 있는 사람들, 즉 1년에 한 번 또는 그 이하로 가끔 만나거나 거의 만나지 않는 사람들로 나눌 수 있습니다. 이 중 약한 유대 관계가 구직 활동에는 오히려 도움이 됩니다.

이러한 연구 결과를 스탠퍼드 대학교의 마크 그라노베터 교수는 '약한 유대 관계의 힘'이라고 요약했습니다. 그의 저서 『일자리 구하기Getting a Job』에서 그는 "약한 유대 관계에 있는 사람들이 자신이 가지고 있지 않은 직업 정보에 잘 접근할 수 있는 구조적 경향이 있다."라고 썼습니다. 지인은 친한 친구에 비해 자신과 다른 동선으로 이동하는 경향이 더 큽니다. 가장 친한 사람은 이미 알고 있는 사람과 많은 부분이 겹칠 가능성이 높아서, 그들이 알고 있는 정보는 당신이 이미 아는 정보와 거의 비슷할 가능성이 높습니다.[28]

이제 관심 있는 직장을 찾았고 그곳에서 면접을 보고 싶을 때,

가뭄의 단비 같은 특별한 종류의 연락처가 있습니다. 저는 이러한 인맥을 '가교 담당자(교량 역할을 하는 사람)'라고 부르는데, 이 사람은 지원자와 지원자의 목표 기업을 둘 다 알고 있어서, 지원자와 해당 기업 간의 가교 역할을 합니다. 목표 회사나 조직을 염두에 두기 전까지는 가교 담당자를 식별할 수 없습니다. 하지만 그 시기가 오면 다음과 같은 방법으로 가교 담당자를 식별할 수 있습니다.

1. 링크드인Linkedin은 좋은 친구입니다. 지원하려는 고용주마다 회사 프로필 페이지가 있어야 합니다. 너무 작은 회사만 아니라면요. 어느 곳에 접근하고 싶은지 파악하고 회사 프로필 페이지를 찾아서 그곳으로 이동하세요.

2. 링크드인은 네트워크에서 관심 있는 회사에서 근무하는 모든 사람을 보여줍니다. 링크드인 그룹, 이전 직장, 출신 학교, 거주지 등 다른 요소를 공유한 사람들도 함께 표시되므로 직책별로 목록을 정렬할 수 있습니다.

3. 그런 다음 학교의 프로필 페이지로 이동합니다. 기술 학교, 전문대, 대학, 대학원에 다닌 적이 있다면 링크드인에서 동문 중 타겟팅하려는 회사나 조직에서 일하는 사람을 알려줄 것

입니다.

4. 그런 다음 회사 활동으로 이동합니다. 동일한 회사 프로필 페이지에서 신입 사원, 퇴사자, 직책 변경, 채용 공고, 링크드인을 사용하는 직원 수, 현재 직원의 근무지, 현재 직원이 이 회사에서 일하기 전에 근무한 곳, 전 직원이 이 회사에서 근무한후 떠난 곳 등에 대해 링크드인에 문의하세요. 통찰력 있는통계를 확인하세요!

5. 가교 역할을 할 사람이 현재 링크드인에서는 직접 연결되지않는다면 어떻게 할까요? 그 사람에게 쪽지를 보내려면 무료 멤버십이 아닌 유료 멤버십을 사용해야 합니다. 하지만여전히 회사에서 근무하고 있다면. 더 큰 검색 엔진(구글Google에서 회사 이름 검색)을 통해 연락처 정보를 검색할 수 있습니다.

6. 링크드인은 물론이고 가족, 친구, 페이스북 등 다른 모든 곳에서 이름을 검색해도 당신을 아는 사람을 찾을 수 없을 것 같다면 장기전으로 돌입해야죠. 필요한 정보에 액세스할 수 있는1개월 구독을 고려해 보세요. 또한 링크드인 그룹을 검색하여도달하려는 회사에서 가장 많이 볼 가능성이 높은 그룹(최대 10

께)에 가입할 수도 있습니다. 하지만 단순히 가입하는 데 그치지 마세요! 지적인 질문을 게시하고 응답하세요. 다시 말해 가능한 한 많은 사람이 보게 해야 한다는 거죠. 눈에 띈다면 고용주들이 당신을 찾아올 수도 있습니다.

관심 가는 곳이나 가고 싶은 곳을 소개 받은 후에는 이 책, 9장의 인터뷰 지침을 따르세요. 행운을 빌어요!

채용된 사람이

반드시

그 일을 가장 잘할 수 있는 사람은 아닙니다.

고용되는 방법에 대해 가장 잘 아는 사람이

고용될 수 있습니다.

- 리처드 래스롭

He or she who gets hired is not necessarily

the one who can do that job best;

but, the one who knows the most

about how to get hired.

— RICHARD LATHROP

8장
온라인에 이미 있는
이력서

Resumes that are already online

당신의 이력서는 이미 온라인에 있습니다. 당신이 직접 이력서를 작성

해서 구직을 위해 업로드하기 전부터요. 이력서를 안 썼는데도요? 네!

쓴 적이 없는 당신의 이력서가 이미 온라인에 있습니다. 이 온라인 이

력서를 어떻게 해야 할지 알아봅시다.

사람들이 인터넷에 익숙해지기 전에는 일자리가 필요한 사람은 누구나 이력서를 작성해서 직접 접수하거나 우편으로 발송했습니다. 그리고 고용주의 전화 연락이 오기를 기다렸죠. 그 시절 구직자들은 고용주가 이력서에 쓴 내용 외에는 자신에 대해 아무것도 모른다고 확신하면서 강조하고 싶은 경험만 골라서 이력서를 작성할 수 있었습니다. 불리한 것, 알리고 싶지 않은 경력은 빼고, 알려주고 싶은 것만 알려줄 수 있었죠.

베이비붐 세대와 X세대는 그 시절을 기억할 것입니다. 부모님이나 어른들의 "그냥 시내를 돌아다니면서 보이는 회사마다 이력서를 돌리지 그래? 그렇게 하면 취직할 수 있어!"라는 조언에 눈빛이 반짝거렸죠.

하지만 지금은 다릅니다. 요즘은 고용주도 구직자도 온라인에서 많은 시간을 보내기 때문에 그렇게 간단하지 않습니다. 1장에서 고용주가 지원자를 탈락시킬 이유를 찾는 방법에 대해 한 설명을 기억하시나요? 인터넷 덕분에 고용주는 클릭 몇 번만 하면 원하는 정보를 대부분 찾을 수 있습니다. 이제 예비 고용주가 해야 할 일은 구글Google에 지원자의 이름을 검색하는 것뿐입니다. 검색 엔진에는 당신의 과거 흔적으로 구성된, 당신이 감추고 싶은 것까지 포함된 진짜 이력서가 있거든요. 그냥 인터넷에 접속하고 검색하고 글을 읽었을 뿐이니 별다른 흔적이 없을 거라고요? 페이스북Facebook, 트위터Twitter, 링크드인Linkedin, 틱

톡TikTok, 인스타그램Instagram, 핀터레스트Pinterest, 유튜브YouTube에 글을 게시한 적 없나요? 자신의 웹사이트, 웹캐스트, 사진 앨범, 블로그가 있을 거고, 다른 사람의 페이스북 페이지에 단 댓글들도 분명히 있을 거예요. 이 모든 것이 바로 당신의 흔적입니다. 어떤 글에 어떤 댓글들을 남겼는지만 봐도 당신의 생각과 태도, 관심사를 짐작할 수 있죠. 익명의 공간에서 여과 없이 드러낸 당신의 사고방식도요. 이것들이 바로 당신이 쓰지 않았지만 인터넷에 있는 당신의 이력서입니다.

2020년 보고서에 따르면 고용주의 90% 이상이 지원자의 소셜 미디어 활동을 확인하며, 79%는 이를 근거로 지원자를 거부한 경험이 있다고 합니다. 페이스북 또는 링크드인 프로필의 잘못된 문법이나 심각한 맞춤법 오류, 거짓으로 작성된 이력서, 이전 고용주를 비방하는 내용, 인종 차별, 편견 또는 이상한 의견의 흔적, 알코올 또는 약물 남용을 나타내는 내용, 고용하기 싫은 부적절한 내용 등이 지원자를 거부하게 만듭니다.

좋은 소식도 있습니다. 이런 새로운 환경은 고용주에게만 유리한 게 아닙니다. 구직자도 인터넷 환경을 얼마든지 이용할 수 있거든요. 고용주와 채용 담당자는 수시로 링크드인 회사에 필요한 인재를 검색합니다.

고용주는 지원자가 보여준 창의성이나 전문성, 인상적인 글 등 인터넷에서 발견한 정보가 마음에 들면 채용 제안을 할 수 있습니다. 검색해 본 지원자의 성격, 관심사, 사람들과 잘 어울리고 소통하는 점 등이 고용주에게 좋은 인상을 줄 수도 있고요.

혹시 감추고 싶은 것까지 다 적혀있는 온라인 이력서를 없애버리고 싶은가요? 차라리 소셜 미디어를 사용하지 않는 게 문제를 피하는 가장 쉬운 방법이라고 생각되나요? 그렇다면 다시 생각해 보세요. 2018년 커리어 구축을 위해 하리스 폴Harris Poll이 실시한 설문조사에 따르면, 고용주의 약 47%가 지원자의 소셜 미디어 활동을 확인할 수 없다면 면접할 생각이 없다고 답했습니다. 절반 가까이가 면접 볼 기회도 없이 탈락하는 거죠.
그냥 두자니 불안하고 없애는 것은 더 불안하다면, 하는 수 없습니다. 이 온라인 '이력서'가 구직 활동에 가능한 한 도움이 되게 해봐야죠. 어떻게 할까요? 실제로 할 수 있는 일은 크게 두 가지입니다. 이미 있는 이력서를 편집하거나, 더 나은 이력서로 만드는 겁니다.

자, 이제 어떻게 편집하거나 더 나은 이력서로 만들 수 있는지, 이를 위해 무엇을 해야 하는지 살펴보겠습니다.

이미 공개된 콘텐츠 편집하기

Editing content that's already public

○

●

⬡

⬢

먼저 채용권을 갖고 있는 사람들에게 어떤 인상을 남기고 싶은 지 생각해 보세요.

고용주가 '이 사람을 채용할까 말까'를 고민할 때 떠올렸으면 하는 형용사 목록을 작성하세요. 예를 들어, '전문적인'은 어때요? 경험이 풍부한? 창의적인? 근면한? 훈련된? 정직한 혹은 신뢰할 수 있는? 친절한? 또 뭐가 있나요? 목록을 만들어 보세요.

선호하는 형용사 목록을 만든 다음, 온라인에서 당신의 이름을 검색하고 나오는 모든 내용을 읽어보세요. 페이스북Facebook, 링크드인Linkedin, 트위터Twitter, 인스타그램Instagram, 틱톡TikTok, 핀터레스트Pinterest, 유튜브YouTube 등에서 작성했거나 태그된 모든 게시물을 살펴보고, 원하는 인상과 모순되는 내용을 삭제하세요. 고용주가 봤을 때 '채용하지 말자.'라고 생각할 수 있는 내용을 삭제하세요.

온라인을 점검하는 지금이 개인 정보 보호 설정을 점검하기에 좋은 시기입니다. 페이스북 프로필의 공개 범위를 친구만 볼 수 있게 설정했는지 확인하세요. 아무리 '비공개'로 설정해도 여전히 공개 포럼에 있고, 과거에 있었잖아요? 누군가 내 정보에 액세스해서 저장했거나 공유할 가능성은 항상 있습니다. 채용자에게 보여주기 싫은 게시물이나 트윗은 삭제할 수 있지만, 너무 많은 사람이 계속 찾아보고 있으니, 어딘가에 보관된 복사본이 튀어나올 수도 있습니다.

그러므로 고용주에게 보여주기 싫은 것은 아예 게시하지 않는 것이 좋습니다. 과거의 어떤 것에 발목을 잡혀 기회를 잃지 않도록, 온라인 공간의 자신을 관리하세요.

특정 사이트에 당신이 게시한 글이나 댓글을 삭제하는 방법을 모른다고요? 그렇다면 구글Google과 같은 검색 엔진에서 찾아보세요. 예를 들어 '페이스북Facebook 게시글 삭제하는 방법' 같은 식으로 단어를 입력하거나 음성으로 입력하세요. 사이트 자체에서 알려주지 않을 수도 있지만, 검색 엔진을 사용하면 게시글 삭제 방법을 단계별로 적어 놓은 정보를 찾을 수 있습니다. 게시글 삭제를 원하는 사람들이 분명히 있으므로, 영리한 누군가가 방법을 알아내서 게시해 두었을 것입니다. 검색만 잘 하면 인터넷에서는 거의 모든 해결책이 있습니다.

최신 지침을 원한다면 검색 엔진에 표시되는 항목 목록의 날짜를 확인하세요. 가장 최근에 게시한 것을 골라 그 내용을 따르세요. 철저하게 하고 싶다면 가입한 모든 사이트에서 이러한 검색과 삭제 작업을 해야 합니다.

이제 '온라인 이력서'에 대해 할 수 있는 두 번째 작업에 관해 알아봅시다.

더 나은 온라인 프로필 구축하기

Build a better online profile

어떤 사이트를 사용하든 당신의 프로필을 작성할 때는 모든 칸을 완벽하게 채워야 합니다. 모든 항목에 마침표를 포함한 구두점까지 완벽하게 찍고, 오자나 탈자가 없도록 하세요. 그리고 다른 사람에게 보여주고 제대로 됐는지 확인 받는 편이 확실합니다. 특별한 이유가 없는 한 프로필의 어떤 부분도 빈칸으로 남겨두지 마세요.

가장 중요한 것은 모든 프로필을 최신 상태로 유지하는 것입니다. 최근의 상태로 유지하기 위해, 매주 또는 최소한 한 달에 한 번씩은 업데이트하세요. 프로필이 너무 오래되었다면 전문성이 떨어져 보이거든요.

다음에는 구직 활동을 할 때 활용도가 높은 주요 소셜 미디어 사이트(한국: 사람인, 알바몬, 워크넷, 잡코리아, 알바천국, 잡플래닛, 교차로, 벼룩시장, 원티드 등)를 살펴보세요.

링크드인

LinkedIn (www.linkedin.com)

○

●

⬡

⬢

의심할 여지 없이 링크드인Linkedin은 구직자와 고용주 모두에게 가장 중요한 사이트입니다. 따라서 구직 활동을 하면서도 아직 가입 전이라면 꼭 가입하세요. 링크드인은 검색 엔진 최적화(SEO) 기능이 뛰어나기 때문에, 누군가 온라인에서 내 이름을 검색하면 프로필 페이지가 먼저 뜰 가능성이 높습니다. 링크드인 프로필이 있지만 아직 최적화나 업데이트를 하지 않았다면 지금 바로 살펴보고 당신에게 맞는 프로필을 만들어 두세요.

아직도 링크드인에 이력서를 올려둘 마음이 생기지 않나요? 커리어 전문가들이 링크드인을 필수 도구로 꼽는 이유를 알아봅시다.

- 링크드인은 다른 소셜 미디어를 사용하든 안 하든, 온라인에서

눈에 잘 띄며 전문적인 존재감을 드러낼 수 있게 해줍니다. 상사가 될지도 모를 잠재적 고용주가 볼 수 있도록 당신의 전문 지식과 경험을 강조하기 쉽고, 실시간으로 업데이트할 수 있습니다.

- 기업 및 에이전시 헤드헌터는 링크드인에서 고용주가 '소극적 구직자'라고 부르는 구직자를 검색합니다. 말하자면 구직자가 적극적으로 구직 활동을 하고 있지 않아도 헤드헌터가 구직자를 찾고 있다는 뜻입니다. 물론 헤드헌터가 당신을 찾게 하기 위해서는 완전히 정리된 매력적인 프로필을 작성해야겠죠. 헤드헌터는 매력적인 구직자를 어떻게 찾아낼까요? 당연히 키워드로 검색합니다. 따라서 원하는 업종이나 직책에 적합한 키워드를 알고 사용하는 것이 필수적입니다. 당신의 프로필 키워드가 적당한지 확인해 보세요.

- 링크드인은 정적인 데이터베이스가 아니라 8억 명 이상의 잠재적 인맥을 보유한 네트워크입니다. 링크드인 설문조사에 따르면 중요한 일자리의 85%가 여러 종류의 네트워킹을 통해서 제공됩니다. 따라서 인맥을 쌓는 것은 구직자와 구인자 모두에게 필수적입니다.[29]
과거에 연락이 끊겼던 인맥을 찾아보고 그들과 연결해 보세요. 이것은 시작에 불과합니다. 링크드인에서 같은 고등학교, 대학교 또는 대학원을 졸업한 사람들을 검색해 보세요. 당신이 하고 싶은 유형의 일을 하고 있거나, 관심 있는 일자리에서 일하는 사람들을 찾아보세요. 아직 알지 못하는 사람에게 먼저 연락하는 것을 부끄러워하지 말되, 적절한 에티켓을 지키세요. 그냥 '초대' 버튼을 누르는 대신, 짧고 간단한 개인 메시지를 함께 보내세요. 예를 들어 "프로필을 읽었는데 어떤 일을 하시는지 궁금합니다. 여기 링크드인에서 연결하고 싶습니다." 와 같은 내용으로요.

- 링크드인은 모든 구직자를 위한 훌륭한 조사 도구입니다. 관심 있는 회사를 확인하고, 그곳에 아는 사람이 일하고 있는지 알아볼 수 있습니다. 있다면 네트워크에 가입해 달라는 정중한 초대장을 보내세요. 채용 공고에 대한 맞춤형 이메일 알림을 신청하고, 회사 사이트를 검색해서 채용 공고를 읽으세요. 채용 공고가 있으면 링크드인을 통해 이력서와 커버 레터를 첨부하여 온라인으로 채용에 지원하면 됩니다. 관심 있는 회사에 대한 속보를 받아볼 수도 있습니다.

이제 프로필을 새로 만들거나 기존 프로필을 수정할 차례입니다. 잠시 시간을 내서 동종 업계 또는 지망하는 직종에 종사하는 사람들의 프로필을 살펴보고, 좋아하는 점과 싫어하는 점을 기록해 보세요. 어떻게 시작해야 할지 모르겠다면, 링크드인에서 제공하는 무료 교육 동영상(www.youtube.com/user/Linkedin)을 활용하세요.

다음은 프로필을 개선해서 고용주가 나를 발견하고 관심을 가질 기회를 늘리기 위한 13가지 방법입니다. 이미 프로필을 가지고 있다면 다음 내용을 살펴보고 중요한 사항이 빠지지 않았는지 확인하세요.

1. 정기적으로 사용하는 이메일 계정으로 가입해서 내 프로필의 메시지, 새 채용 공고 또는 댓글을 바로바로 수신할 수 있게 합니다. 계정을 만든 후에는 즉시 '설정 및 개인 정보'로 이동한 다음 '공개 범위'로 스크롤을 내려 보세요. 다른 사람에게 내 프로필이 어떻게 보이는지, 내 네트워크가 링크드인 활동에 얼마나 자주 업데이트되는지 확인할 수 있습니다. 해당 제목 아래에는 프로필 수정에 대한 알림을 언제 받을지에 대한 몇 가지 옵션이 있습니다. 대부분의 알림을 끄면 페이지에 사소한 변경 사항이 있을 때마다 알림이 표시되지 않습니다. 하지만 주요 업데이트는 쉽게 공유할 수 있죠. 프로필 페이지

오른쪽 위 링크를 사용해서 임의의 숫자나 문자 없이 내 이름만 뜨도록 프로필 URL을 사용자 지정할 수 있습니다.

2. 프로필 사진이 전문적이면서도 매력적인지 확인하세요. 사진이 있는 프로필이 사진이 없는 프로필보다 조회될 확률이 21배나 높습니다. 그러니 프로필에 사진을 생략할 생각은 꿈에도 하지 마세요. 링크드인 커리어 전문가인 캐서린 피서는 이렇게 말합니다. "사진은 가상의 악수이므로, 전문가처럼 보이면서 친근감을 주는 사진을 업로드하세요. 그리고 전문성을 유지하는 것을 잊지 마세요! 수의사가 아니라면, 고양이와 함께 찍은 사진을 올리는 것은 현명한 선택이 아닙니다."[30]

전문 헤드샷 비용을 쓸 필요는 없지만, 이미지가 선명하고 조명이 밝아야 합니다. 마치 면접을 보는 것처럼 옷을 입고, 배경은 산만하지 않게 하고, 친근하게 보이도록 해야 합니다. 최적의 크로스 플랫폼 보기를 위해 600픽셀 너비의 '매직 사이즈'를 사용하세요. 그리고 '배너' 공간을 일반적인 링크드인의 파란색으로 두지 마세요. 작가라면 책장, 도시 계획가라면 스카이라인 등 개인 브랜드를 돋보이게 하는 이미지를 선택하세요. 추상적인 패턴도 프로필을 더욱 완성도 있게 보이게 합니다. 최적의 배너 크기는 1584×396픽셀입니다.

3. 링크드인에 따르면, '공개 채용' 기능을 켜두면 채용 담당자로
   부터 연락을 받을 확률이 두 배 높아집니다. 현재 하는 일이
   있어서 고용주에게 구직 중이라는 사실을 알리고 싶지 않다
   면 '채용 담당자만 보기'로 설정할 수 있습니다.

4. '헤드라인'은 당신의 이름 뒤에 입력할 수 있는 짧은 설명으로,
   중요한 마케팅 도구입니다. 다른 사람이 당신의 이름을 검색
   할 때나 링크드인에서 댓글을 달거나 게시물을 올릴 때 표시
   됩니다. 그러니 중요하게 생각하세요! 220자까지 입력할 수
   있으며, 직업 또는 업계와 관련된 적절한 키워드를 사용해서
   제목 섹션을 작성하세요. "다음 기회를 찾고 있습니다"와 같
   은 문구는 절대로 이 공간에 쓰지 마세요. 절망적인 내용 외
   에는 상대에게 아무것도 알려주지 못하니까요.

5. '자기소개' 섹션은 지원자의 스토리를 전달하고, 구직 목적이
   나 고용주가 지원자에 대해 알아야 할 사항을 강조할 수 있는
   공간입니다. 이력서를 단순히 나열하는 것 이상으로 중시해
   야 합니다. 구직 직무에 이상적인 지원자라는 입지를 다질 수
   있도록 독특한 내용으로 작성하세요. 원하는 경우 첨부 파일
   이나 링크를 포함할 수 있습니다.

6. '경력' 섹션의 경우, 이력서에서 잘라낸 내용을 그대로 붙여 넣지 마세요. 이야기를 전달할 공간이 충분하니까 이야기를 들려주세요. 각 업무에서 이룬 주요 성과를 요약한 다음, 그 성과를 이룬 방법과 측정이 가능한 성과를 쓰세요. 절약한 시간이나 비용, 창출한 수익 등을 기록하세요. 당신이 가진 기술을 나열하고 키워드를 사용해서 활동을 설명하되, 눈에 잘 띄게 작성하세요.

7. '스킬'에는 검색 엔진에서 원하는 직종에 대해 당신을 찾을 수 있는 모든 키워드를 10개 이상 입력하세요. '마케팅 키워드' 또는 'IT 키워드'와 같이 당신의 '업종' 키워드를 구글Google에 검색할 수 있습니다. 키워드를 더 알아보고 싶다면, 링크드인에서 이미 원하는 직종에 종사하는 사람을 찾아 프로필과 연관성이 있는 키워드를 찾아보세요.

8. 업무와 관련하여 받은 추가 교육을 포함해서 '교육' 섹션을 작성하세요. 고등학교를 기록하면 다른 사람이 학교 검색을 통해 당신을 찾을 확률이 높아집니다. 고등학교, 대학교 등의 지인들을 직접 검색하는 것도 잊지 마세요.

9. 업계 또는 현재 구직 활동에 관련된 자격증이나 관련이 없지만 취득한 자격증이 있다면 모두 기재하세요. 어떻게 도움이 될지 모릅니다. 다방면으로 열심히 살고 있다는 걸 보여줄 수도 있고요.

10. 사용하는 웹사이트나 기타 전문 소셜 미디어 링크를 추가하세요. 페이스북 프로필이 커리어에 초점을 맞춘 것이 아니라면 굳이 링크를 연결하지 마세요. 트위터 계정이 전문적이고 해당 분야의 전문성을 뒷받침하는 트윗만 게시해 왔다면 그대로 사용하세요. 마찬가지로 전문 인스타그램이나 전문 직업인 전용 블로그가 있다면 이를 연결하는 것이 좋습니다.

11. 함께 일한 적이 있고 당신의 실력을 잘 아는 동료, 전 상사, 다른 사람들로부터 추천을 받으세요. 당신에 대해 좋은 평가를 해줄 것 같은 사람에게 과감하게 추천을 요청하세요. 거절하는 건 최악의 경우니까요! 사실 우리 삶이 최악의 경우까지 가는 일은 자주 일어나지 않습니다.

12. 당신의 전문 분야와 관련된 하나 이상의 링크드인 그룹에

가입하세요. 그룹에서 당신의 전문 분야인 주제로 토론할 때, 드물더라도 정기적으로 게시물을 올리세요. 해당 분야에서 이름과 평판을 얻을 수 있습니다. 검색 카테고리로 '그룹'을 사용하고 당신의 경력 분야나 관심 분야와 관련된 키워드를 입력할 수 있습니다.

13. 관심 있는 전문 분야를 주제로 토론하는 동영상을 제작하여 유튜브에 게시하고 링크드인 프로필에 링크를 걸어 보세요. 동영상 촬영 및 업로드 방법을 모른다면 방법을 검색해 보세요. 단계별로 동영상을 촬영하고 업로드하는 방법을 알려주는 수많은 무료 지침이 있습니다. 물론 유튜브에도 있고요. 동영상 품질이 나쁘면 이미지가 손상될 수 있으므로 전문적으로 느껴지는지 결과물을 확인하세요.

프로필을 빠르게 평가하려면 다음 페이지의 체크 리스트와 비교해 보세요. 모든 항목은 '이상적'으로 평가돼야 하지만, 충분한 주의를 기울일 수 없는 이유가 있다면 최소한 '충분함'이어야 합니다. 확인한 후 결과가 좋지 않다면 가능한 한 빨리 돌아와서 수정하세요.

■ 링크드인 프로필 체크 리스트

사진

이상적
- [ ] 전문가급 품질의 헤드샷
- [ ] 프로페셔널한 복장
- [ ] 선명하고 산만하지 않은 배경
- [ ] 이미지는 600픽셀 너비의 고해상도

충분함
- [ ] 괜찮은 헤드샷 앤 숄더샷
- [ ] 너무 캐주얼하지 않아야 함
  (해당 분야에 적합해야 함)

배너 이미지

이상적
- [ ] 관련 분야
- [ ] 산만하지 않아야 함
- [ ] 1584 x 396픽셀

충분함
- [ ] 흥미롭고 브랜드에 맞는 색상 또는 패턴
- [ ] 기본적인 파란색으로 두어도 괜찮음

헤드라인

이상적
- [ ] 제목, 키워드, 스킬이 가득한 콘텐츠
- [ ] 직업적 목표 분명
- [ ] 사용자가 찾고 있는 것이 무엇인지 명확
  해야 함

충분함
- [ ] 최소한 몇 가지 주요 직책 및 기술하기
- [ ] '구직 중'이라는 말은 절대 하지 않기

정보 섹션

이상적
- [ ] 당신의 이야기를 들려주기
- [ ] 상황에 맞는 기술 활용
- [ ] 이력서 내용 반복하지 않기

충분함
- [ ] 짧은 요약도 가능(공란으로 두지 않기)

경험

이상적
- [ ] 모든 최신 정보
- [ ] 기술, 능력 및 업적 강조하기
- [ ] 타겟 직무와 관련된 키워드 사용

충분함
- [ ] 제목, 회사, 날짜 나열
- [ ] 꼼꼼하게 교정

교육	
이상적	충분함
☐ 학교 및 날짜가 포함된 모든 학위 목록 ☐ 기타 관련 전문 교육 목록 ☐ 고등학교 나열(네트워킹 목적)	☐ 학교 및 학위 나열

스킬 및 추천	
이상적	충분함
☐ 스킬 10개 이상 나열 ☐ 다른 사람의 기술 항상 지지(가능한 경우) ☐ 네트워크에 추천 요청하기 ☐ 기술 평가를 받고 '인증된 기술' 배지를 　표시	☐ 5개 이상의 스킬

권장 사항	
이상적	충분함
☐네트워크에서 추천 요청하기 ☐호의를 베풀 가능성이 있는 다른 사람에게 　추천 작성 요청	☐ 이 기능을 사용하지 않고 피할 수 있음

추가 크레디트	
이상적	충분함
☐ LinkedIn 학습 수업을 듣고 등록하기 ☐ 피드에 링크, 아트워크 및 업데이트 공유 ☐ 출판물에 더 긴 작품에 대한 링크 게시	☐ 최소한 다른 사람의 게시물에 '좋아요' 누 　르기

온라인 활동 범위 넓히기

Expand your online presence

○

●

⬡

⬢

소셜 미디어에서 활발하게 활동하고 있다면 온라인 활동 범위를 넓혀보세요. 활동 범위가 넓어지면 잠재적 고용주, 고객 또는 인맥이 당신을 찾을 방법도 다양해집니다. 주의할 점은 온라인에 대해 관심이 많고 잘 관리할 때만 전문적인 온라인 존재를 만들어야 한다는 것입니다.

흥미로운 블로그를 확인했다가, 해당 블로그가 작년에 업데이트를 몇 번밖에 하지 않았다는 사실을 알게 된 경험이 있습니다. 실망스러웠어요. 또 인스타그램Instagram 링크를 클릭했는데 정리가 안 되어 있거나 매력적이지 않은 페이지를 발견한 경험도 있습니다. 부실한 관리는 오히려 마이너스가 됩니다. 이런 일은 취업에 도움을 주지 못할 뿐만 아니라, 오히려 채용하면 프로젝트를 따라잡을 수 없으리라는 첫인상을 남깁니다. 그런 생각을 갖게 하는 채용 후보자를 고용하는 고용주는 없을 겁니다!

트위터Twitter는 대화에 끼어들지 않아도 계정을 통해 많은 것을 얻을 수 있습니다. 하지만 다음 페이지에서 설명할 구직용 트위터를 본격적으로 활용하는 사람들만큼 많은 것을 얻지는 못합니다.

1. 해시태그 사용

대부분의 소셜 미디어 포럼에서는 해시태그(#)를 사용하여 관련 링크와 정보를 찾을 수 있습니다. 미디어 매체를 이용해 작업할 때 다음과 같은 해시태그를 사용해서 잠재적인 채용 정보 및 채용 공고를 찾아보세요.

#경력조언 #CareerAdvice
#경력개발 #CareerDevelopment
#경력 성공 #CareerSuccess
#고용 #HireMe
#채용 #Employment, #HiringNow, #Recruiting
#채용하기 #Hiring
#채용공고 #JobOpening

#지금채용중 #NowHiring

#일자리 #Jobs

#구인구직 #JobSearch, #JobSearching

#구직팁 #JobSearchTips

#우리팀에합류하세요 #JoinOurTeam

#개인브랜딩 #PersonalBranding

#자기계발 #PersonalDevelopment

#원격근무 #RemoteJobs

#이력서 #Resume

#이력서팁 #ResumeTips

2. 포럼 및 그룹

링크드인Linkedin과 같은 전문 사이트에는 주제별로 구성된 포럼 또는 그룹이 있습니다. 페이스북Facebook과 같은 다른 소셜 네트워킹 사이트에는 특정 주제에 대한 페이지와 그룹이 있습니다. 이러한 그룹이나 포럼의 디렉토리를 살펴보고, 일하고 싶은 업계 또는 관심 분야와 관련된 한두 개의 그룹을 선택해서 가입하세요. 가입한 후에는 당신이 선택한 분야의 전문가임을 조용히 보여줄 수 있는 발언을 정기적으로 하세요.

전문가임을 보여줄 수 없다면 조용히 계세요. 아무 말이나 하지 마세요. 전문 지식이 풍부한 전문가로 보여야 하잖아요. 고용주가 자신의 분야 또는 전문 분야에서 인재를 찾고 있을 때 눈에 띄고 싶다면요. 가입할 수 있는 페이스북Facebook 그룹에서 채용 기회 및 경력에 관해 검색하세요. 소셜 미디어, 마케팅 및 PR 채용, 디지털 노마드 채용 정보, 여성 구직 네트워크, 미디어, 마케팅 및 PR 채용 등이 있습니다.

대면 네트워킹을 원한다면 Meet-up.com에서 해당 지역의 그룹을 찾아보세요. Meet-up에는 20만 개가 넘는 그룹이 등록되어 있으며, 스윙댄스나 와인 시음회 등 구직자나 경력 전환자를 위한 그룹이 많습니다. 구직 관련 자료나 지원에 초점을 맞춘 그룹도 있고 업계에 특화된 그룹도 있습니다. 당신에게 딱 맞는 그룹을 열린 마음으로 찾아보세요.

예를 들어, 마케팅 분야에서 일자리를 찾기 위해 워드프레스 실력이 좋아지길 원한다면 워드프레스 사용자 그룹을 찾을 수 있습니다. 같은 분야에서 일하지 않더라도 워드프레스 사용자와 함께 일하는 다른 고용주와 직업 분야에 대해 알아보고 스킬을 높일 수 있습니다. '기술 분야의 여성' 또는 '젊은 전문가'와 같은 더 넓은 카테고리를 살펴보는 것도 좋습니다. 가까운 위치에 모임이 있다면 몇 번 나가 보고 클릭하는 것도 나쁘지 않겠죠.

레딧Reddit이나 쿼라Quora와 같은 그룹 포럼 사이트에는 인터넷에서 가장 나쁜 것부터 가장 뛰어난 경력까지 모든 것이 올라와 있습니다. 이 사이트에 대해서는 조심하라고 조언하고 싶네요. 다른 공개 포럼 사이트와 마찬가지로, 모든 내용을 믿지는 말고 개인 정보를 공유하지 마세요. 하지만 올바른 하위 그룹은 경력 관련 질문에 대한 답변을 얻을 수 있으며, 기본적인 구직 조언과 아이디어를 얻을 수 있는 좋은 출처가 될 수 있습니다.

온라인에서 읽은 사실은 대화 중에 언급하기 전에 일단 확인해 보세요. 이때 정보 제공 인터뷰가 특히 도움이 될 수 있습니다. 정보를 확인하고 싶은 직업 분야에 종사하는 사람에게 다음과 같이 물어볼 수 있습니다. "최근 업계에서 다양성 장려 정책의 엇갈린 성공에 관한 'Reddit의 무엇이든 물어보세요'를 봤는데, 포스터의 주장이 정확한지 궁금합니다." 이 질문은 당신이 조사를 하고 있음을 보여줄 뿐만 아니라 찾은 정보가 신뢰할 수 있는지를 알아낼 기회이기도 합니다.

데스크톱 및 모바일 앱인 왓츠앱Whats App, 슬랙Slack, 아이메세지iMessage, 텔레그램Telegram, 페이스북Facebook 메신저는 친구나 가족뿐만 아니라 여러 주제 영역에서 그룹 채팅에 참여할 수 있는 사용자가 적습니다. 하지만 적절한 대화에 참여한다면 도움이 될 수 있겠죠. 도움이 되지 않는다면 해당 앱을 건너뛰고 당신에게 적합한 앱에 집중하세요. 예를 들어 관련 있는 링크드인Linkedin 그룹에 가입해서 활동하는 데 초점을 맞추는 편이 나을 수 있습니다.

3. 블로그 만들기

아직 블로그가 없나요? 글쓰기를 좋아하고 당신의 전문 분야에 대해 흥미로운 이야기가 있다면 블로그를 시작하는 게 좋습니다. 블로그 운용은 대부분 선택 사항이지만, 고용주에게 '제품'이나 포트폴리오를 보여주고 싶다면 블로그가 훌륭한 영업 도구가 될 수 있거든요. 다른 미디어의 링크가 포함된 새 블로그 게시물을 트윗하거나 포스팅하여 트래픽을 유도하세요. 어디서부터 시작해야 할지 잘 모르겠다면 블로거Blogger, 워드프레스WordPress 또는 스퀘어스페이스Squarespace와 같은 블로그 사이트를 클릭하세요. 자세한 지침과 함께 블로그를 쉽게 만들 수 있습니다. 현재 블로그는 최대 3억 개나 된다고 합니다. 쉽지는 않겠지만, 당신을 돋보이게 할 방법을 생각해 보세요.

이미 블로그를 운영하고 있지만 포스팅 주제가 너무 광범위하다면, 특정 전문 분야에 초점을 맞춘 새 블로그를 시작하세요. 생각뿐 아니라 실행 단계에 초점을 맞춘 유용한 글을 게시하세요. 당신이 배관공 전문가라고 가정하면, 블로그에 '수도꼭지 새는 문제 해결 방법'과 같은 문제를 다루는 게시물을 올릴 수 있겠죠. 필요한 사람들이 클릭할 것입니다. 뿐만 아니라 일반적으로 고용주는 고상한 철학적 사고보다는 구체적인 행동을 다루는 블로그를 찾거든요. 물론 싱크탱크를 대표하는 블로그가 아니라면 말입니다.

4. 트위터

트위터Twitter는 많은 변화를 겪어왔지만 여전히 전 세계에서 가장 인기 있는 소셜 미디어 플랫폼 중 하나입니다. 미국 성인의 24%가 트위터를 사용하며, 18세에서 29세 사이에서는 그 수가 40%로 급증했습니다. 트위터의 큰 장점 중 하나는 해시태그를 활용하고, 구글Google이 이러한 태그와 트윗을 색인화한다는 것입니다. 현명한 고용주들은 트위터에서 키워드 검색을 통해 아직 어디에도 등록되지 않은 흥미로운 지원자 후보를 찾아냅니다. 고용주가 당신이 갖고 있는 전문 지식과 경험을 가진 사람을 찾을 때 어떤 해시태그를 사용할지 파악해야 합니다. 트위터는 또한 구직자와 고용주를 비롯한 광범위한 업계 사람들과 소통할 수 있는 훌륭한 수단이 될 수 있습니다. 다음은 구직 활동을 위한 트위터 활용 팁입니다.

- 이미 개인 트위터가 있다면 구직 활동을 위한 전문 트위터를 만드는 것을 진지하게 고려해 보세요. 물론 개인 계정은 고용주들이 쉽게 찾을 수 있으니 매우 깔끔하게 관리해야 합니다. 전문가용 계정은 일반적으로 이름이나 원하는 분야를 변형한 간단한 핸들을 사용해야 합니다. 예를 들면 @RichardNBoles또는 @nycbiochemist 등이죠. 업계별 키워드로 트위터 자기소개를 작성하고, 업계 표준 내에서 명확하고 비즈니스적인 프로필 이미지를 선택하세요. 만화가라면 간단한 캐리커처를 그릴 수 있고, 은행가는 좀 더 단정한 그림을 선택할 수 있겠죠.

- 해당 분야와 관련된 업무가 아니라면 정치, 성, 종교 또는 논란을 일으킬 수 있는 그 어떤 것도 트윗, 리트윗하거나 '마음에 들어요'를 누르지 마세요. 트위터의 모국어인 밈이나 짤방을 게시하는 것은 괜찮습니다! 하지만 트윗하는 모든 내용은 공개되며, 고용주가 될 수도 있는 사람이 검색할 수 있으므로 주의

해야 합니다.

- 팔로우하고 싶은 기업과 리더 또는 동료를 알고 있다면 먼저 해당 기업을 검색하세요. 이들을 팔로우하고 그들이 누구를 팔로우하는지 살펴보세요. 그런 다음 재무, 마케팅, 프로그래밍, 글쓰기, 영업 등 당신의 관심 분야와 관련된 트윗을 검색합니다. 마음에 드는 트윗을 찾으면 리트윗합니다. 누가 게시했는지 확인하고 프로필을 확인합니다. 당신이 좋아할 만한 다른 항목을 게시하면 팔로우하세요. 해당 사용자의 게시물이 내 피드에 표시되기 시작할 겁니다. 이런 리트윗과 팔로우 패턴을 계속하세요. 당신의 네트워크를 확장할 수 있으니까요.

- 그런 다음 당신의 생각, 관련 밈, 인터넷에서 찾은 기사 링크 등 당신만의 콘텐츠를 추가하기 시작하세요. 당신의 커리어 분야와 관련된 흥미로운 기사와 콘텐츠를 올리기 시작하면, 다른 사람들이 관심을 갖기 시작할 것입니다. 가능하면 작성자의 트위터 핸들(@TheirHandle)을 포함해서 작성자의 공로를 인정하세요. 멘션한(트윗에 답글을 단) 사람이 당신을 다시 언급할 가능성이 높으며, 전문적인 네트워크를 구축하는 데 도움이 됩니다.

- 트위터는 공개적인 대화와 반응을 위한 공간이라는 점을 항상 기억하세요. 마음에 드는 게시물에 '마음에 들어요' 표시를 꼭 하고, 리트윗하고, 답글을 달아야 합니다.

- 일부 고용주는 채용 공고가 구인 게시판이나 다른 사이트에 게시되기도 전에 트위터에 채용 정보를 게시하기도 합니다. 트위터에서 주요 고용주 또는 채용 사이트를 팔로우하여 최신 소식을 받아보세요.

5. 유튜브

유튜브YouTube는 직업 및 경력 정보를 얻을 수 있는 환상적인 소스입니다. 관심 있는 주제를 검색하기만 하면 수많은 무료 도움말을 찾을 수 있습니다. '엘리베이터 피치'와 같은 간단한 검색어만 입력해도 학습과 연습에 도움이 되는 수천 개의 동영상이 등장합니다. 엘리베이터 피치elevator pitch란 엘리베이터를 타고 내릴 정도의 매우 짧은 시간에 제품, 서비스, 계획 등에 대해 요약하여 설명하는 말하기 방식입니다. TED 강연은 또 다른 훌륭한 직업 정보 소스이며, 강력한 프레젠테이션과 스토리텔링 스킬에 대한 다양한 예시가 있습니다.

직업 분야에 따라 창의적이고 전문적인 동영상은 고객이나 고용주 후보를 당신의 유튜브로 끌어들이는 훌륭한 영업 도구입니다. 고가의 장비가 없어도 스마트폰으로 놀라울 정도로 훌륭한 동영상을 제작할 수 있습니다. 영리하고 신중하게 제작한다면, 동영상은 고용주 후보에게 당신의 실제 모습을 보여줄 좋은 방법입니다. 소셜 미디어와 마찬가지로, 커리어에 도움이 되지 않는 소셜 미디어에 시간을 낭비하고 싶지 않다면 불필요한 계정은 만들지 마세요.

6. 인스타그램

인스타그램Instagram을 예상치 못한 창의적인 방식으로 사용하는 사람들도 있지만, 인스타그램은 결국 시각적인 요소가 중심이 되는 사이트입니다. 홍보, 마케팅, 영업, 광고, 기술 등 커뮤니케이션 관련 분야나 아티스트, 작가, 요리사, 사진작가 등 창의적인 유형의 사람들에게 가장 잘 어울리죠. 재무나 운영과 같은 분야에는 적합하지 않을 수도 있지만, 항상 살펴볼 만한 가치가 있습니다. 기업의 인스타그램은 온라인에서 기업이 그들을 표현하는 방식을 통해 기업 문화를 파악할 수 있겠죠.

이미 인스타 계정이 있으면 별도의 전문 계정이 필요하지 않을 수 있습니다. 기업 피드에서도 '지역 고양이', '봄의 첫 수선화' 등 신중하게 선별된 이미지를 제공하는 경우가 많습니다. 당신이나 당신의 작업을 홍보하려면 일관성 있는 이미지를 만들고, 좋은 조명을 사용하고, 다양한 콘텐츠를 게시하고, 더 많은 사람과 소통하고, 링크드인Linkedin 계정이나 전문 웹사이트 링크를 삽입하는 것이 도움이 됩니다.

계정을 설정한 후에는 일하고 싶은 회사를 찾아 팔로우하세요. 제품 기반 회사라면 제품에 대해 자세히 알아보고 브랜드를 홍보하는 방법을 확인할 수 있습니다. 관심 있는 회사가 게시물을 올리면 적절하게 '좋아요'를 누르세요. 모든 게시물에 '좋아요'를 누를 필요는 없습니다. 스토킹이 아니라 관심을 표시하는 것이니까요.

또한 #채용공고, #채용정보, #PR채용 등과 같이 채용 공고와 업계별 구직 팁으로 연결될 수 있는 해시태그로 검색할 수도 있습니다. 관심 있는 회사가 별도의 채용 계정을 운영하고 있다면, 다른 곳에 채용 공고가 게시되기 전에 미리 채용 정보를 확인할 수 있습니다.

디즈니에서 일하고 싶으신가요? 디즈니 커리어에는 자체 인스타그램(@disneycareers)이 있습니다. 어떤 이미지를 클릭하고 스크롤하면 개별 게시물에 자세한 정보가 있는 사이트로 연결되는 경우가 많습니다. 예를 들어 멋진 크루즈 선 사진을 클릭하면 해시태그(#선상 생활)와 함께 @DisneyCruiseJobs로 연결되어 크루즈 선 근무와 관련된 자세한 정보를 얻을 수 있습니다.

이력서가 여전히 중요한 이유

Why your resume still matters

온라인 이력서가 돌아다닌다고 해서 전통적인 이력서가 종말을 맞이한 건 아닙니다. 지원자와 관련된 많은 정보를 온라인에서 대부분 확실하게 찾을 수 있지만, 이 고전적인 문서는 놀라울 정도로 변화에 탄력적으로 대응합니다. 여전히 유용하죠.

2022년 Monster.com의 '업무의 미래' 설문조사에 따르면, 온라인 이력서 검색은 여전히 지원자를 찾는 데 가장 효과적인 도구로 꼽혔습니다. 고용주들 또한 자신들이 찾는 인재인지를 파악할 때, 지원자의 이력서가 면접 다음으로 중요하다고 했습니다.

요즘 이력서의 첫 번째 독자는 사람이 아닌 컴퓨터 프로그램일 가능성이 높지만, 이력서의 기본 형식은 크게 변하지 않았습니다. 다행히도 인간은 전통적인 이력서 형식을 기반으로 소프트웨어를

만들었기 때문에, 사람이나 인공지능이 가장 인상 깊게 읽을 수 있
는 방식으로 작성해야 합니다.

설문조사에 따르면 포브스 500대 기업의 최대 98%가 여러 형태
의 지원자 추적 시스템, 즉 ATS(Applicant Tracking System)를 사용하고
있습니다. 링크드인Linkedin이나 다른 구직 사이트에서 '여기에서
지원하세요!' 버튼을 클릭했더니 탈레오Taleo나 브래스링BrassRing
과 같은 사이트로 리디렉션되어 계속 지원한 적이 있나요? 그렇다
면 알고 있었든 몰랐든 ATS에 접속한 것입니다.

이상적인 이력서는 고용주가 찾고 있는 키워드와 함께 ATS가
쉽게 분석할 수 있는 형식입니다. 오타나 기타 오류가 있는 이력서
는 사람이 지원자의 자격에 깊은 인상을 받기도 전에 탈락할 수 있
습니다. 더 많은 팁은 구직 사이트 Muse에 게시된 '로봇을 이겨라:
이력서가 시스템을 통과하고 사람의 손에 들어가는 방법Beat the
Robots: How to Get Your Resume past the System and into Human Hands'
을 참조하세요.[31]

이력서 작성 준비하기

Getting ready to write your resume

멋진 링크드인Linkedin 프로필을 만드는 작업은 이력서를 작성하거나 업데이트하기 위한 훌륭한 준비 과정입니다. 이미 작성했다고요? 아직은 링크드인 프로필을 수정하지 않았다 해도 괜찮습니다. 하지만 고용주 대부분은 두 가지를 모두 보게 됩니다. 고용주는 엉성하거나 일관성 없는 이력서를 선호하지 않습니다. 따라서 두 가지 이력서를 함께 작업하고 최신 상태로 유지해야 합니다.

빈 종이 혹은 열려 있는 문서로 시작하세요. 먼저 지금까지 일했던 모든 직책과 입사 날짜를 적습니다. 그런 다음 직무마다 가장 중요한 업무, 활동, 프로젝트, 성과 등을 적습니다. 가능하면 구체적인 수치와 가시적인 결과를 사용해서 성과를 뒷받침하세요. 다음은 직무별로 이러한 포인트를 작성하는 데 도움이 되는 몇 가지 질문입니다.

1. 이 조직에서 맡은 역할 중 가장 자랑스러웠던 일은 무엇이가 요? 어떤 주요 프로젝트에 참여했나요? 이러한 프로젝트에서 어떤 성과를 거두었나요? 가장 중요한 역할이나 책임은 무엇 이었나요?

2. 당신의 작업으로 누가 어떻게 혜택을 받았나요? 매출이나 수 익을 늘리고 새로운 고객을 유치하기 위해 어떤 일을 했나요? 어떻게 달성했나요? 어떤 기술이나 지식이 필요했나요?

3. 회사 비용을 어떻게 절약했나요? 비용 절감 절차를 실행했나 요? 어떤 기술이나 지식이 필요했나요?

4. 조직이나 담당 분야를 위해 어떤 개선을 이루었나요? 당신이 있었기 때문에 조직이나 팀이 어떻게 더 나아졌나요?

5. 직무를 성공적으로 수행하는 데 필요한 핵심 역량은 무엇인 가요? 핵심적인 성격 특성은 무엇인가요?

6. 해당 분야 또는 직책에 대한 키워드는 무엇이며 이력서에 어 떻게 포함할 수 있나요?

7. 조직을 위해 독특하고 창의적이거나 창의적인 일을 하기 위해 업무 내용을 뛰어넘은 적이 있나요?

이제 이력서에 어떤 내용을 담을지 몇 가지 아이디어를 얻었으니 네 가지 주요 형식을 고려해 보겠습니다.

- 전통적: '역 연대기'라고도 합니다. 이 형식에서는 가장 최근 작업부터 순서대로 과거 작업을 나열합니다. 이 형식은 사람과 컴퓨터 모두 쉽게 읽을 수 있습니다.

- 기능적: 이 형식은 수행한 기술, 기능 또는 활동에 초점을 맞추어 간략하게 나열합니다. 이러한 형식은 ATS에게 혼란을 줄 수 있으므로 사람에게만 권장합니다.

- 조합: 이 이력서는 앞의 두 이력서의 장점을 결합한 것으로, 기능별로 경험을 역 연대기 형식으로 나눕니다. 사람과 컴퓨터 모두에게 좋습니다.

- 창의적: 창의적인 이력서는 그 자체로 창의적입니다. 스타일과 형식이 매우 다양합니다. 사람한테만 추천합니다.

■ 이력서 유형

사진

이상적	충분함
☐ 전문가급 품질의 헤드샷 ☐ 프로페셔널한 복장 ☐ 선명하고 산만하지 않은 배경 ☐ 이미지는 600픽셀 너비의 고해상도	☐ 괜찮은 헤드샷 앤 숄더샷 ☐ 너무 캐주얼하지 않아야 함(해당 분야에 적합해야 함)

배너 이미지

이상적	충분함
☐ 관련 분야 ☐ 산만하지 않아야 함 ☐ 1584 x 396픽셀	☐ 흥미롭고 브랜드에 맞는 색상 또는 패턴 ☐ 기본적인 파란색으로 두어도 괜찮음

헤드라인

이상적	충분함
☐ 제목, 키워드, 스킬이 가득한 콘텐츠 ☐ 직업적 목표 분명 ☐ 사용자가 찾고 있는 것이 무엇인지 명확해야 함	☐ 최소한 몇 가지 주요 직책 및 기술하기 ☐ '구직 중'이라는 말은 절대 하지 않기

정보 섹션

이상적	충분함
☐ 당신의 이야기를 들려주기 ☐ 상황에 맞는 기술 활용 ☐ 이력서 내용 반복하지 않기	☐ 짧은 요약도 가능(공란으로 두지 않기)

경험

이상적	충분함
☐ 모든 최신 정보 ☐ 기술, 능력 및 업적 강조하기 ☐ 타겟 직무와 관련된 키워드 사용	☐ 최소한 제목, 회사, 날짜 나열 ☐ 꼼꼼하게 교정

교육

이상적	충분함
☐ 학교 및 날짜가 포함된 모든 학위 목록 ☐ 기타 관련 전문 교육 목록 ☐ 고등학교 나열(네트워킹 목적)	☐ 학교 및 학위 나열

스킬 및 추천

이상적	충분함
☐ 스킬 10개 이상 나열 ☐ 다른 사람의 기술 향상 지지(가능한 경우) ☐ 네트워크에 추천 요청하기 ☐ 기술 평가를 받고 '인증된 기술' 배지를 표시	☐ 5개 이상의 스킬

권장 사항

이상적	충분함
☐ 네트워크에서 추천 요청하기 ☐ 호의를 베풀 가능성이 있는 다른 사람에게 추천 작성 요청	☐ 이 기능을 사용하지 않고 피할 수 있음

추가 크레디트

이상적	충분함
☐ 링크드인LinkedIn 학습 수업을 듣고 등록하기 ☐ 피드에 링크, 아트워크 및 업데이트 공유 ☐ 출판물에 더 긴 작품에 대한 링크 게시	☐ 최소한 다른 사람의 게시물에 '좋아요' 누르기

이력서 디자인을 위한 팁

Tips for designing your resume

○

●

⬡

⬢

다양한 인터넷 사이트에서 이력서 양식을 찾아볼 수 있습니다. 대부분의 워드 프로세싱 프로그램에는 필요에 맞게 조정할 수 있는 샘플 템플릿이 있습니다. 이 페이지의 표에는 주요 이력서 유형과 이를 사용하기에 가장 좋은 상황을 설명하고 있습니다. 각 유형을 검색하여 다양한 예시와 템플릿을 확인하세요.

고려할 수 있는 모든 이력서 스타일을 보여드리는 것은 불가능합니다. 이 책 전체가 이력서에 관한 것이어야 할 정도로 많으니까요! 이력서 스타일은 매우 다양하고 특정 분야에 적합한 경우가 많아서, 온라인에서 이력서 템플릿을 검색하거나 여기에 나열된 웹사이트를 통해 작업할 수 있는 훌륭한 예시를 직접 확인해야 합니다. 하지만 시작을 돕기 위해 이 페이지에는 조합 이력서의 샘플이 있습니다.

이 템플릿을 가이드라인으로 사용할 수도 있지만, 온라인에서 검색을 통해 당신의 상황에 맞는 예시를 찾는 것이 가장 좋습니다. 이력서 작성 관련 웹사이트에서는 다양한 예시를 제공하고 있습니다. 참고로 말하자면, 유료로 이력서 작성을 대행해 주는 곳도 있습니다. 하지만 일반적으로는 그럴 필요가 없고 바람직하지도 않습니다. 하지만 부득이하게 누군가가 이력서를 작성해 주기로 했다면 그 사람이나 웹사이트가 신뢰할 수 있는지 꼼꼼히 살펴보세요.

- Glassdoor.com: 완벽한 이력서는 이렇게 생겼습니다
https://www.glassdoor.com/blog/anatomy-perfect-resume/

- Novoresume.com: 이력서 작성 방법
https://novoresume.com/career-blog/how-to-write-a-resume-guide

어떤 이력서 스타일을 사용하더라도 특정 규칙은 모두에게 적용됩니다.

따라서 다음 사항을 염두에 두고 스스로 이력서를 작성해 보세요.

샘플 조합 이력서

· 이름, 도시명, 전화번호, 이메일, 링크드인Linkedin 주소 등을
기재합니다.

· 목표- 이 섹션은 선택 사항입니다. 한 줄로만 작성하세요. 찾고
있는 구체적인 직책을 알고 있다면 여기에 입력하세요.

· 요약- 이 섹션도 또 다른 선택 영역입니다. 글머리 기호를 사
용하여 원하는 포지션과 관련 있는 핵심 스킬을 3~5개 나열하
세요.

· 관련 경험- '관련'을 상황에 따라 '영업 경험'과 같이 목적을 설명
하는 단어로 변경합니다.
- 회사 이름, 위치, 직책 날짜를 기재하세요.
- 주요 책임과 성과를 설명하는 최대 5개의 글머리 기호를 사용
하세요.
- 시간 순서를 역순으로 사용합니다. 이 카테고리와 관련된 가
장 최근 작업부터 시작하세요.
- 찾고 있는 직무와의 중요도, 관련성 순으로 배치합니다.

- 회사명보다 제목이 더 인상적이라면 제목으로 시작하세요. 일관성을 유지하세요.
- 능동사를 사용합니다('책임' 또는 '의무 포함'을 사용하지 마세요).

· 추가 경험- 가능하면 '추가'를 '관리' 등 다른 관련 전문 분야로 변경합니다.
- 회사 이름, 위치, 제목과 날짜를 기재하세요.
- 위와 동일하지만 카테고리의 관련성이 높지 않은 경우 글머리 기호를 3개로 제한합니다.
- 프로젝트, 성과 및 재무 관련 성공에 집중하세요.
- 관련성이 있고 도움이 될 때 데이터를 사용합니다.

· 교육- 이 섹션은 직업과 관련이 있거나 갓 졸업했을 때 '경력' 위로 이동할 수 있습니다.
- 받은 학위, 전공 분야, 학교 이름과 위치, 졸업 날짜를 기재합니다.
- 글머리 기호를 사용하여 평점, 우등상, 수상 경력, 관련 인턴십 등 중요한 성과를 강조하세요. 평점이 3.0 이하로 낮다면 적지 않는 편이 좋습니다.

1. 이력서를 통해 당신의 이야기를 전달하세요. 지원하고자 하는 직책과 관련 있는 방식으로 교육 및 경험을 설명하세요. 동작 동사를 사용하고 '책임자'와 같은 문구는 피하세요. 예를 들어 '팀 관리 책임자' 대신 '팀 관리'라는 단어를 사용하는 것이 좋습니다.

2. 가장 최근의 경험부터 가장 먼 경험까지 시간 역순으로 나열하거나, 기능이나 조합 등을 유형별로 나열합니다. 예를 들어 은행 경력을 원하고 여러 은행에서 일했지만 가장 최근에는 소매점에서 근무했다면 '은행 업무 경험'이라는 제목의 경력 섹션을 만든 다음 그 아래에 은행 업무만 나열할 수 있습니다. 소매업 경험은 '기타 경험', '관련 경험' 또는 다른 카테고리 아래에 넣을 수 있습니다.

3. 당신의 강점을 강조하세요. 고용주가 정보를 찾게 만들거나 지원자에게 어떤 기술과 능력이 있는지 추측하게 만들지 마세요.

4. 해당 분야와 관련된 키워드를 사용하세요. 특정 고용주를 염두에 두지 않고 이력서를 게시할 때, 키워드가 중요합니다.

키워드의 정의와 이력서에 삽입하는 방법 등 키워드에 대한 좋은 조언은 금융 및 라이프스타일 코치인 케리 테일러Kerry Taylor의 정보 제공 사이트인 Squawkfox의 '이력서에 불을 붙이는 8가지 키워드'[32]에서 찾을 수 있습니다.

5. 당신을 뒷받침할 수 없는 긍정적인 용어로 묘사하지 마세요. 예를 들어 '열심히 일한다', '활기찬 성격' 등은 좋은 표현이 아닙니다. 사실에 입각해 당신이 한 일에 집중하세요.

6. 관련성이 있는 경우 수치와 통계를 포함하세요. 자금을 모금했다면 금액을 표시하세요. 고객 만족도가 향상되었다면 얼마만큼 향상되었는지 구체적으로 적는 것이 좋습니다.

7. 이름, 도시명, 전화번호, 이메일 등의 연락처 정보를 포함하세요. 링크드인Linkedin 주소는 인쇄된 이력서에도 적용됩니다. 다만 온라인 이력서에 대한 이전의 주의 사항을 참조하세요.

8. 교육과 훈련을 받은 것도 적으세요. 업무와 관련성이 높은 최근의 것을 경험 섹션 앞에 배치합니다. 오래되었거나 관련성이 낮은 경우 경력 섹션 뒤에 배치합니다. 평점 평균이 3.0 이

상이면 포함하세요. 우등상을 포함한 각종 상, 장학금을 받았다는 사실도 기록하세요.

9. 일반적으로 필요하지 않은 선택 항목으로는 이력서 상단의 경력 요약, 직무 목표(커버 레터가 있거나 목표가 명확한 경우에는 필요하지 않음), 취미 또는 관심사 섹션이 있습니다. 취미 또는 관심사는 항상 이력서 맨 마지막에 기재하되, 흥미롭고 관련성이 높은 몇 가지 항목만 기록해야 합니다.

10. 군대나 성직자 등 고유한 언어가 있는 분야 출신이라면 자신의 경험을 고용주의 언어로 바꿔야 합니다. 예를 들어 '설교했다'는 '발표했다'로, '명령했다'는 '감독했다'로 바꿔야 합니다. 표준적인 키워드를 사용하세요.

11. 지원하는 모든 직책에 맞게 이력서를 수정하고 타겟팅할 준비를 하세요. 경험과 교육에 대한 설명을 해당 직책에 필요한 기술에 가장 적합하도록 조정하세요. 직책에 맞게 조정되지 않은 일반적인 이력서는 면접에 선발될 확률을 떨어뜨립니다.

12. 이력서를 이메일로 보내거나 웹사이트에 업로드하기 전에 항상 PDF로 저장하세요. 이렇게 하면 이력서의 모양을 보존하고 포인트와 글꼴을 의도한 대로 유지할 수 있습니다.

13. 사진, 생년월일, 결혼 여부, 자녀에 대한 정보 및 기타 사적인 개인 정보를 포함하지 마세요. 표나 그래픽은 컴퓨터가 읽을 수 없으므로 포함하지 마세요.

14. 단어와 문법을 다시 확인하세요. 고용주는 종종 오류가 있는 이력서를 삭제합니다. 컴퓨터는 항상 오류 있는 이력서를 삭제해 버리고요.

15. 이력서의 형식과 내용이 마음에 들면 신뢰할 수 있는 친구나 가족에게 보여주고 피드백을 받으세요. 새로운 시각으로 보면 간과했던 오류나 오타가 눈에 띄는 경우가 많습니다. 정보 습득을 위한 인터뷰가 예정되어 있다면, 경력 분야의 모든 사람에게 이력서를 보여줄 수도 있습니다. 이력서를 개선하기 위한 제안이나 아이디어를 부탁하세요. 그리고 그들의 제안을 받아들여 이력서를 개선하세요.

이력서를 보내기 전에 또는 온라인에 게시하여 채용 포털 또는 ATS(Applicant Tracking System) 소프트웨어에 입력하기 전에, 다음 페이지의 체크 리스트와 비교하면서 이력서를 하나하나 검토해 보세요.

명심해야 할 점은 이력서는 다음 체크 리스트 내용과 같은 정보를 제공하는 곳이라는 것입니다. '충분함'에 안주하지 말고 모든 '이상'을 목표로 하세요. 하지만 긴급한 상황이나 기타 극복할 수 없는 상황이 복합적으로 작용할 때는 최소한 '이상적'으로 가능한 한 많은 점수를 얻고, 어떤 것도 건너뛰지 마세요. 그리고 항상 오류, 오타 또는 서식 문제가 없는지 마지막 교정을 하세요.

■ 이력서 체크 리스트

형식	
이상적 ☐ 모든 것을 한 페이지에 멋지게 채웁니다. ☐ 너무 복잡하거나 단순하게 쓰지 않습니다. ☐ 섹션은 최적의 순서로 정렬되어야 합니다. ☐ 깔끔하고 전문적이며 다른 컴퓨터가 읽을 수 있는 글꼴을 사용하세요. ☐ 크기, 굵기, 색상 등을 포함하여 일관되고 세심한 글꼴 처리를 해야 합니다.	**충분함** ☐ 한 페이지를 넘지 않아야 합니다. ☐ 단순한 글꼴을 일관되게 사용합니다.
기본 콘텐츠	
이상적 ☐ 사실, 날짜, 철자법이나 문법 오류를 주의 깊게 교정하세요. ☐ 이름과 연락처 정보가 명확하고 완전하며 한 눈에 쉽게 찾을 수 있습니다. ☐ 각 섹션의 콘텐츠는 시간 역순으로 표시합니다. ☐ 그래픽 없이 입력합니다.	**충분함** ☐ 사실, 날짜, 철자법이나 문법 오류를 주의 깊게 교정하세요. ☐ 연락처 정보는 최소한 이름과 전문적으로 보이는 이메일 주소여야 합니다. ☐ 경험 섹션은 시간 순서가 역순이어야 합니다.

경험

이상적
- [ ] 직위, 조직, 위치, 근무 날짜를 정확하고 일관되게 표시합니다.
- [ ] 강력한 동작 동사와 업계별 키워드를 사용하세요.
- [ ] 기술과 성과를 명확하고 간결하게 설명하며 효과적으로 강조합니다.
- [ ] 강조 표시할 스킬은 특정 직무 설명 또는 구직 중인 직책과 관련이 있는 타깃 스킬입니다.

충분함
- [ ] 직책, 조직, 위치, 근무 날짜를 정확하게 표시합니다.
- [ ] 최소 몇 가지 동작 동사를 사용하여 능동태로 작성합니다.

교육

이상적
- [ ] 받은 학위, 전공 분야, 날짜, 교육기관 이름, 최근 졸업한 경우 평점(3.0 이상인 경우)을 기재합니다.
- [ ] 관련 교과 과정을 설명합니다.
- [ ] 인턴십, 우등상, 해외 유학 등 기타 관련 학업 경험에 대해 설명하세요.
- [ ] 실무 교육 및 기타 대학 졸업 후 학습을 포함하세요.

충분함
- [ ] 받은 학위와 교육 기관 이름을 기재합니다.

추가 크레디트

이상적
- [ ] 업계 관련 소프트웨어 전문성에 대한 섹션입니다.
- [ ] 기타 산업별 장점(미국 교통안전국인증, 깨끗한 DMV 등)을 기재합니다.
- [ ] 유창함을 포함한 말하기 또는 쓰기 언어를 기재합니다.
- [ ] 완성된 이력서의 사본을 고품질의 두꺼운 용지에 인쇄합니다.

충분함
- [ ] 지원서를 제출하기 전에 남는 시간을 이력서의 주요 항목을 수정하는 데 투자한 다음 추가 크레디트에 대해 걱정하세요!

취업 세계의 현실은 잔인합니다. 이력서를 아무리 능숙하게 작성해서 게시해도, 마음에 들어 하는 고용주가 있고 그렇지 않은 고용주도 있습니다. 문제는 당신이 어떤 범주에 속하는지 모른다는 것이죠.

관심 있는 회사 웹사이트의 채용 정보, '우리 회사에서 일하기' 또는 해당 사이트에서 옵션으로 제공하는 유사한 이름의 페이지에 이력서를 게시합니다. 사이트에는 너무 많은 이력서가 올라와 있으므로, 독특하거나 특이한 기술이 없는 한 취업 성공률이 낮으니 너무 큰 기대를 해서는 안 됩니다.

소규모 고용주에게 특히 주의를 기울이는 것이 좋습니다. 먼저 직원 수가 25명 이하, 그다음에는 50명 이하, 그다음에는 100명 이하인 조직에 시도해 보세요. 7년 이하의 신생 조직에서 더 좋은 결과를 얻을 수도 있습니다.

대기업이든 중소기업이든 특정 고용주의 사이트에 이력서를 게시했을 경우, 어떤 승인이나 답장도 기대하지 마세요. 그냥 게시하고 적절한 시간에 적절한 장소에 도착하기를 바랄 수밖에 없습니다. 적재적소에 전달되어 실제 채용 권한이 있는 담당자의 손에 들어가야 합니다.

서글픈 진실을 알려드릴까요? 많은 고용주가 사이트에 게시된 이력서를 확인조차 하지 않습니다. 그러니 너무 큰 기대를 하지 말고 최선을 다하세요. 분명히 이런 조건에서도 취업하는 사람들이 있으니까요.

자기소개서와 직무 또는 경력 포트폴리오

Cover letters and job or career portfolios

좋은 자기소개서나 이메일은 면접 기회를 크게 높일 수 있습니다. 저는 성공한 구직자들로부터 이런 종류의 보고서를 자주 받습니다. "커버 레터를 작성하고, 해당 직무에 대해 구체적으로 작성하세요. 저는 두 번의 면접에서 독특한 자기소개서 덕분에 합격했다는 이야기를 직접 들었습니다……."

자기소개서는 단순히 '이것이 제 이력서입니다'라고 적거나 구직자의 이름을 밝히지 않거나, 직무에서 요구하는 사항과 지원자의 경험을 연결하지 못하는 일반적인 편지가 되어서는 안 됩니다. 커버 레터가 무엇이며 어떻게 작성해야 할지 모르겠다면 인터넷에서 도움을 받으세요. Novoresume '자기소개서 작성법- 초보자를 위한 가이드[33]와 이 책의 자기소개서 챕터도 참고할 수 있습니다.

 클래식 이력서의 또 다른 변형은 직업 또는 경력 포트폴리오입니다. 예술가들은 자신의 작품 샘플이 담긴 포트폴리오를 가지고 있습니다. 당신도 그 사실은 이미 알고 있을 겁니다. 하지만 포트폴리오가 다른 분야에도 똑같이 적용된다는 사실은 몰랐을 수도 있습니다. 포트폴리오는 전자 문서로 만들어 인터넷에 게시하거나, 예술가들처럼 종이, 노트, 대형 진열장에 담아 과거의 업적, 경험, 교육, 표창, 수상 경력 등을 보여줄 수 있습니다.

 '포트폴리오' 대신 전체 프로젝트를 설명할 수도 있습니다. '내가 할 수 있고 해온 일에 대한 증거' 또는 '성과에 대한 증거' 같은 것들입니다.

야생의 삶 Wild Life, 존 코발릭 John Kovalic ©1989 셰틀랜드 프로덕션 허가를 받아 재인쇄함

이력서를 최대한 활용하기 위한 몇 가지 유용한 팁

Some friendly tips for making the most of your resume

○

●

⬡

⬢

개별 고용주를 대상으로 이력서를 작성할 때, 이력서의 유일한 목적은 면접까지 가서 당신을 소개하는 것입니다. 서류가 아니라 직접 만나 얼굴을 보는 대면 면접, 때로는 화상 면접 방식으로요. 이 사실을 명심하고 다시 돌아가서, 이력서의 모든 문장을 읽고 이 한 가지 기준으로 평가하세요. 이 항목이 나를 면접에 초대하는 데 도움이 될까? 아니면 이 항목이 너무 당황스럽거나 엉뚱해 보이지는 않을까? 하고 말이죠.

특정한 버릇이 면접까지 가게 도와줄지 의심스럽다면 생략하세요. 중요한 사항은 면접에서 반드시 언급할 수 있도록 메모해 두세요. 더 자세히 설명할 필요가 있다고 생각되는 부분이 있다면, 그 설명도 면접을 위해 남겨두세요. 이력서에는 '진실한 고백'을 할 수 있는 공간이 없습니다. 이직 사유를 적는 곳도 아닙니다.

"마지막에 그 직장에서 일을 좀 망쳤어요. 그래서 저를 내보냈습니다. 제 추천서를 확인해 보면 알 수 있을 겁니다."와 같은 진솔한 고백은 상대방도 그 정보를 알고 있고, 상대방이 정말 당신을 원하고 당신도 상대방을 원한다는 확신이 있을 때만 면접 마지막에 하세요. 하지만 가능하면 하지 마세요.

링크드인Linkedin이나 다른 온라인 사이트에 이력서를 게시할 경우, 다른 사람이 거주지나 직장을 찾는 데 도움이 될 수 있는 내용을 이력서에 포함하지 않도록 주의하세요. 개인의 안전을 위해 주소와 전화번호는 생략하세요. 이메일 주소만으로 충분합니다.

이력서를 이메일로 보낼 경우, 먼저 이력서를 PDF로 저장한 다음 첨부 파일로 보내세요. 이렇게 하면 어디에서 이력서를 열든, 상대방이 보는 이력서의 서식이 일관되게 유지됩니다.

대상 고용주에게 우편으로 보내거나 직접 방문하거나 면접에 가져갈 하드 카피를 인쇄할 때는 사용하는 용지에도 신경을 쓰세요. 용지의 무게는 포장에 표시되어 있으니 확인해 보고, 질 좋은 고급 용지를 사용하는 것이 좋습니다. 그리고 읽기 쉽게 적당한 크기의 세련되고 전문적인 글꼴을 사용해서 깔끔하게 배치하거나 서식을 지정해야 합니다.

눈에 보이지 않거나 명확하지 않은 장애 혹은 문제를 이력서나 자기소개서에 적는 건 현명하지 않습니다. 물론 예외가 있을 수도 있습니다. 면접을 볼 때도 당신이 할 수 없는 일을 바로 이야기하지 마세요. 우선 해당 직무에서 요구하는 일을 수행할 능력에 초점을 맞춰 면접관의 관심을 집중시키세요. 할 수 없는 일은 그들이 당신을 진정으로 원한다고 말할 때 혹은 그 이후에 말해도 됩니다.

이력서에 추천인을 기재하지 마세요. 입사 지원 이메일이나 기타 지원서에 '요청 시 추천서 제공'이라는 문구가 포함되어 있을 때만 합니다. 고용주가 추천서를 요청하면 제시할 추천서를 별도의 문서로 준비해 두세요. 추천서는 '추천인'이라는 제목과 이름이 적힌 종이 한 장으로 매우 간단해야 합니다. 추천서를 고용주에게 직접 전달할 예정이라면 이력서와 같은 고급 용지에 인쇄하세요. 이메일로 정보를 보낼 수도 있지만 직접 전달하면 좋은 인상을 남길 수 있겠죠.

해당 제목 아래에 3~5명의 추천인을 이름, 직책, 고용주, 추천인이 당신을 알게 된 경위, 전화번호와 이메일 순으로 나열합니다.

누군가에게 추천인 역할을 해달라고 요청할 때는 서면으로 먼저 허락을 받으려고 하지 마세요. 최신 이력서를 보내면서, 필요하다면 그 사람이 당신을 어떻게 알게 되었는지 기억을 되살려 주세요. 관심 있는 회사와 연관이 있고 적절하다고 생각되면 이 사실을 언급하세요.

결론
Conclusion

좋아요, 다시 한번 묻겠습니다. 이력서가 반드시 필요할까요?

아니요, 그렇지 않습니다. 인터넷에 글을 올린 적이 있다면 손가락 하나 까딱하지 않고도 이미 일종의 이력서를 가지고 있는 셈입니다. 구글Google은 새로운 이력서입니다. 고용주가 단순히 이름을 검색해서 당신에 대해 알아낸 정보는 채용 여부를 결정하는 데 도움이 됩니다. 그러니 상대방이 찾기 전에 먼저 정리해야 합니다. 다른 사람이 보기 전에 편집하고, 입력하고, 확장하고, 추가하세요.

하지만 그것만으로는 충분하지 않습니다. 온라인이든 오프라인이든 당신에 대한 정보를 한 곳에 요약하고 정리해야 합니다. 그러려면 전통적인 이력서를 작성해야 합니다.

일단 작성하면 두 가지 방법으로 활용할 수 있습니다.

첫 번째 방법은 인터넷의 모든 곳에 게시하는 것입니다. 이것은 마을 광장의 나무에 못을 박아 모든 사람이 볼 수 있도록 하는 것과 비슷하며, 있는 그대로 게시하면 됩니다.

두 번째 방법은 이력서를 통해 면접까지 갈 수 있기를 바라며, 원하는 고용주에게 이력서를 보내는 것입니다. 이때는 고용주에게 보내기 전에 이력서를 편집해야 합니다. 이력서의 모든 항목을 하나의 기준으로만 평가해야 합니다. 내가 면접에 초대받는 데 도움이 될까? 대답이 '아니요'인 경우 해당 항목을 수정하거나 제거해야 합니다. 이것이 고용주에게 이력서를 보낼 때 가장 기본적으로 해야 할 일입니다.

이력서의 주된 목적은 첫 면접에 초대받는 것입니다. 그 면접의 주된 목적은 두 번째 면접에 다시 초대받는 것입니다. 두 번째 및 그 이후 진행되는 인터뷰의 목적은 고용주가 당신을 좋아하고 당신이 그곳에서 열심히 일하겠다고 결정하게 돕는 것입니다. 지원자와 고용주가 서로를 원할 경우만요.

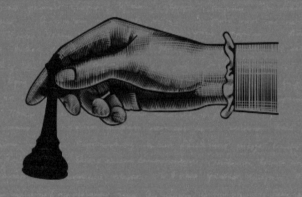

어떤 일을 하든 당신의 일은

당신의 이야기를 전달하는 것입니다.

- 게리 베이너척

No matter what you do, your job is to

tell your story.

— GARY VAYNERCHUK

9장

채용 면접을 위한 15가지 팁

Fifteen tips for interviewing for a job

구직자가 수백만 개의 일자리 중 하나를 찾기 위해서는 조만간 면접을 볼 수밖에 없습니다. 면접이라는 단어는 많은 구직자의 가슴을 두근거리게 하지만 사실 모든 면접이 취업 면접은 아닙니다. 그래도 면접은 생각보다 많은 연습이 필요합니다. 구직 과정에서 거치는 면접의 종류는 다양하지만, 무엇을 찾고 있는지 누구와 이야기하는지에 따라 크게 세 가지로 생각해 볼 수 있습니다.

1. 재미나 연습을 위한 인터뷰

- 이것은 축구, 스크랩북, 여행, 체력 단련, 달리기 등 당신과 같은 분야에 열정을 가진 사람들과 이야기를 나누는 면접입니다. 당신은 그들에게 그런 열정에 대해 질문하고 당신의 생각과 경험을 공유합니다. 이것은 그냥 '대화'라고요? 좋아요, 이 면접을 대화라고 해도 상관없습니다.

2. 정보를 얻기 위한 인터뷰

- 정보를 얻기 위한 인터뷰는 당신이 원하는 직무를 하고 있는 직원과 이야기하거나, 정보 전문가 또는 관심 있는 업계의 전문가와 하는 인터뷰입니다. 당신은 그들에게 알고 싶은 것을 질문하고, 정보를 얻고 당신의 생각을 공유합니다. 이런 것을 그냥 '대화'라고 부를 수 있을까요? 좋아요, 그렇게 생각한다면 대화라고 하죠.

3. 채용 면접을 위한 인터뷰

- 고용주, 특히 원하는 일자리에 실제로 채용할 권한을 가진 사람과 이야기하는 자리입니다. 당신은 해당 직무에 대한 정보를 원하고, 당신에 대한 정보를 제공합니다. 이런 것도 '대화'라고 부르지 않나요? 아닌가요? 저는 대화라고 합니다.

채용 면접을 위한 15가지 팁

Fifteen tips for interviewing for a job

○

●

⬡

⬢

이 장에서는 세 번째 유형의 인터뷰 또는 대화인 '채용 면접'에
대해 설명합니다.

채용 면접은 다양한 형태로 이루어집니다. 우선 면접관 한 명과
지원자가 대화하는 전통적인 사무실 면접이 있습니다. 전화 또는
온라인 화상 면접을 통해 여러 사람이 테이블에 일렬로 늘어선 상태
에서 면접관을 마주 보며 진행하는 패널 면접도 있죠. 또는 특정 사
무실이나 팀의 여러 명이 동시에 면접을 보는 그룹 면접을 받을 수
도 있습니다. 점심이나 저녁 식사가 포함된 면접도 있는데, 누군가
"그냥 점심이나 먹죠!"라고 말하더라도, 당신은 면접 중이라는 사실
을 잊지 마세요.

소규모 조직이나 1인 사업장이 아니라면 구직자는 한 번 이상의

면접을 경험하게 될 것입니다. 여기에서 당신의 목표는 채용해 달라고 설득하는 것이 아닙니다. 그런데 많은 구직자가 그렇게 생각하죠. 면접은 당신이 구직 과정에서 해왔던 정보 수집 활동의 일부분일 뿐입니다. 채용 설득 전에 먼저 해당 직책에 대해 자세히 알아보고, 그 일이 정말로 하고 싶은지 판단해야 합니다. 그다음에 그 직책에 채용되어야 합니다.

고용주 역시 정보 수집 중입니다. 고용주는 무엇보다도 필요한 기술을 갖추고 조직에 잘 맞는 인재를 찾고 있습니다. 당신이 찾고 있는 인재가 맞는지 확인하려고 합니다. 따라서 채용 면접에서 당신의 역할은 고용주에게 당신의 이러한 면모를 확인시켜 주는 것입니다. 면접 질문에 대한 답변을 개발하고 당신의 장단점을 연결하는데 도움이 되는 기술과 재능, 그리고 원하는 직책에 관해 설명해야 합니다.

당신이 두 곳 또는 여섯 곳, 열두 곳의 고용주와 면접을 봤는데 고용하지 않았다고 해서, 두 곳, 여섯 곳 또는 열두 곳의 고용주가 3,200만 개가 넘는 모든 기업을 대변한다고 보기는 어렵습니다.

밤낮이 다른 것처럼 고용주도 서로 다른 개인입니다. 고용주는 채용 방법에 대한 매우 다른 생각과 태도, 채용 면접을 진행하는 다양한 방법, 훨씬 더 다양한 관점을 가지고 있습니다. 몇 군데 고용주의 태도를 보고 나머지 고용주의 태도를 예측할 수는 없습니다. 이런 실수를 하면서 스스로 실망하지 마세요. 당신을 잘 표현하고 당신의 스킬과 재능이 무엇인지 알고 있다면, 어떤 고용주는 당신을 찾게 될 것입니다. 보장합니다. 당신의 임무는 그들을 먼저 찾는 것입니다.

면접에서 거절당했다고 해서 낙담하지 마세요. 이것이 결론입니다. 취업 전문가인 탐 잭슨Tom Jackson은 여러 곳의 면접 결과를 다음과 같이 훌륭하게 설명했습니다.

아니오, 아니오, 아니오, 아니오, 아니오, 아니오, 아니오, 아니오, 아니오, 아니오, 아니오.
아니오, 아니오, 아니오, 아니오, 아니오, 아니오, 아니오, 아니오, 아니오, 예스, 예스!

탐이 지적한 것처럼, '아니오'를 할 때마다 '예스'에 한 걸음 더 다가갈 수 있습니다.[34]

하지만 구직과 관계있는 모든 일은, 면접에 대한 준비가 잘 되어 있을수록 성공할 확률이 높아집니다. 다음은 채용 면접 또는 채용 대화에 대해 명심해야 할 15가지 팁입니다.

1. 숙제하기

면접에 들어가기 전에 모든 면접에 대비해야 합니다. 당연히 당신은 고용주가 당신에 대해 더 알고 싶어 면접을 본다고 생각하지만, 고용주는 당신이 그들에 대해 알고 있는 것이 무엇인지를 먼저 궁금해합니다. 왜 그럴까요? 조직도 사랑받는 걸 좋아하기 때문입니다. 면접에 들어가기 전에 그들에 대해 충분히 조사하세요. 면접을 보기 전에 그 조직에 대해 최대한 많이 알아봤다면, 상대는 분명 칭찬하고 감동 받고 깊은 인상을 받을 것입니다.

따라서 이 단계를 건너뛰지 마세요. 채용 여부가 결정될 수도 있습니다. 가능한 모든 정보를 찾아보세요. 구글Google에 검색하세요. 웹사이트가 있다면 해당 웹사이트로 이동하여 보도 자료와 '회사 소개' 제목 아래에 있는 모든 내용을 읽어보세요.

마지막으로 친구들에게 그곳에서 일했거나 지금도 일하는 사람을 아는 사람이 있는지 물어보세요. 있다면 점심을 같이 먹자고 하거나 카페에 데려가서 내부 이야기를 들어 보세요. 어쩌면 이야기를 듣고 더 이상 살펴보지 않기로 결정할 수도 있습니다. 때문에 나중에 알기보다는 조금이라도 먼저 아는 것이 낫습니다.

회사 또는 업계에 대한 최신 뉴스를 파악하세요. 지원하려는 직책에 대한 직무 설명이나 채용 공고를 읽어보세요. 해당 직책에 대한 주요 업무나 기대치를 알아보고, 해당 업무를 수행할 수 있는 본인 능력에 관해 이야기할 준비를 하세요.

가능하다면 면접관의 직책과 함께 면접관의 이름을 알아보세요. 면접관의 이름을 미리 알고 있다면 링크드인 프로필이 있는지 확인하세요. 개인 정보를 찾기 위해 상대방의 페이스북 페이지를 찾아다니는 것이 아니라, 조사하고 대화하기 위한 것까지만 하세요. 선을 넘으면 스토킹이 될 수도 있으니까요. 전문적인 것만 조사하면 됩니다.

2. 스토리 전달 준비

최근의 면접 조언은 대부분 스토리텔링의 개념에 초점을 맞추고 있습니다. 그럴 만한 이유가 있죠. 비슷한 자격을 갖춘 지원자가 넘쳐나는 상황에서, 스토리는 면접 툴킷에서 가장 강력한 도구 중 하나가 되니까요. 제대로 된 스토리텔링 스토리는 평범한 면접과 취업에 성공하는 면접의 차이를 만들 수 있습니다. 가장 좋은 점은 직접 만든 스토리 포트폴리오가 있으면 다양한 질문에 적용할 수 있다는 것입니다. 당신의 강점과 어려움을 극복할 수 있는 능력에 대해 미리 준비한 스토리가 있다면, 어떤 질문이 나올지 걱정할 필요가 없습니다. 어떤 질문에도 잘 대답할 수 있으니까요.

인터뷰를 위해 스토리를 작성할 때는 몇 가지 기본 지침을 명심해야 합니다. 흥미롭고 질문과 직접적인 관련이 있는지 확인하세요. 직장 또는 직업적 행동에 관한 이야기에 집중하세요. 직장에서 일한 경력이 짧거나 경험이 없다면, 과거 상황을 말하거나 지원하려는 직무에 필요한 기술을 설명하는 이야기도 괜찮습니다. 업무 환경에서 필요한 기술이나 성격 특성을 보여줄 수 있게 말하고, 가족이나 개인적인 상황에 초점을 맞춘 이야기는 피하세요.

마음을 드러내는 이야기는 하지 마세요. 고용주가 알 필요가 없는 정보입니다. 스토리의 내용이 '개인적이지만 사적인 것은 아니다'라는 것을 명심하세요.

스토리를 말하는 데 3분 이상 걸리지 않는 것이 좋습니다. 스토리텔링을 준비할 때 STAR(Situation, Task, Action, Result) 시스템을 염두에 두세요.

- 상황Situation: 상황 또는 주제는 무엇인가요? 면접관이 이해하도록 충분히 설명하되, 지나친 설명은 하지 마세요.
- 업무Task: 역할 또는 책임은 무엇이었나요? 무엇을 달성해야 했나요?
- 액션Action: 목표를 어떻게 달성했나요?
- 결과Result: 가능하다면 마감일 맞추기, 예산 절감 등 정량화할 수 있는 측정값을 사용하여 결과를 설명하세요.

달성한 목표, 극복한 장애물, 당신의 결정 또는 해결한 문제와 같은 영역에 스토리의 초점을 맞추세요. 꽃 연습에서 파악한 기술, 지식, 성격 특성을 설명할 수 있는 이야기를 생각해 보세요. 경력을 전환하려고 준비한다면, 당신의 과거 경험이 현재 원하는 분야와 어떻게 연관되는지 보여주는 이야기를 하세요.

예를 들어 보겠습니다. 5년 동안 구급대원으로 일해 왔으며 기술 문서 작성 직종으로 전환하려고 합니다. 이미 고용주에게 "구급대원의 성공은 세세한 절차를 정확하게 수행하고 발생한 일에 즉흥적으로 대처하는 능력에 달려 있습니다. 상사들은 저의 의사소통 능력과 문제 해결 능력을 꾸준히 칭찬해 주었고, 저는 입사 6개월 만에 교육직으로 승진했습니다."라고 말했습니다.

좋은 시작입니다. 하지만 면접관은 더 자세한 내용을 원할 것이므로 "해결한 문제나 상황에 대해 말해 주세요."와 같은 질문을 할 수 있습니다. 여기서 당신이 계획한 이야기가 중요한 역할을 합니다. 기술 및 커뮤니케이션 능력에 집중해서 전달하세요.

예를 들어 "제가 근무하던 회사는 업무량으로 인해 이직률과 소진율이 높았습니다. 교육 책임자로서 저는 지속적인 직원 교체 때문에 효율성이 어떻게 영향을 받는지 확인했습니다. 또한 긴급 팬데믹 자금이 업그레이드 비용을 충분히 감당할 수 있다는 사실도 알게 되었습니다. 잠재적인 해결책을 연구하던 중 파견 및 스케줄링 시스템이 시대에 뒤떨어지고 비효율적이라는 것을 발견했습니다. 결국 여러 변화로 인해 응답 시간을 32% 단축하고 이직률을 줄였으며, 본인 부담금 없이도 비용을 절감할 수 있었습니다." 이 사례는 창의성, 문제 해결 능력, 기술 친화성 등을 보여줄 수 있습니다.

—

긍정적인 이야기를 하세요. 실수나 발생한 문제를 설명할 때도 배운 점이나 재발 방지 방법에 초점을 맞추세요.

마지막으로 스토리를 전달하는 연습을 하세요. 가족이나 친구들 앞에서 연습하세요. 그들은 스토리가 너무 길거나 혼란스럽거나 지나치게 자세하거나 지루하면 알려줄 것입니다. 피드백을 받은 다유 명확하고 간결해질 때까지 수정하세요. 스토리는 최대 3분을 넘기지 않도록 하세요!

3. 정보 얻기

면접은 사실 확인을 위한 과정입니다. 지원자와 고용주 모두의 목표는 올바른 결정을 내리기 위해 서로에 대해 가능한 한 많은 데이터를 공유하는 것입니다. 이 대화는 두 사람이 대화를 계속 이어갈지 말지를 결정하기 위한 것입니다. 그리고 그것은 양방향 결정이어야 합니다. 물론 고용주가 결정하는 것도 중요하지만, 당신이 결정하는 것도 중요합니다. 한 사람이든 팀이든, 다음과 같은 질문의 답을 찾기 위해 면접을 진행하는 것입니다.

- 이곳이 마음에 드나요?
- 여기서 일하고 싶은가요?
- 우리에게 정말 필요한 기술, 지식 또는 경험을 보유하고 있나요?
- 우리가 찾고 있는 직업윤리를 보유하고 있나요?

이 면접은 구직 활동 내내 당신이 참여했거나 참여했어야 하는 데이터 분석의 일부이기도 합니다. 당신은 지금 고용주 또는 고용주의 팀과 함께 앉아 있으며, 당신이 답을 찾으려는 질문은 다음과 같습니다.

- 내가 당신들 모두를 좋아하는가?
- 내가 여기서 일하고 싶은가, 아닌가?

소문난 일부 전문가들이 말하는 것처럼 '자신을 마케팅'하는 것으로 인터뷰를 시작할 필요는 없습니다. 아직은 아닙니다. 처음부터는 아니죠. 회사에 대한 정보를 충분히 수집하고 '내가 여기서 일하고 싶은가?'에 대해 고민해 보고 '그렇다'라는 결론을 내린 후에 자신을 마케팅하는 데 에너지를 쏟아야 합니다.

너무 일찍 당신을 마케팅하기 시작하면, 듣기보다는 말하기에 집중하게 될 가능성이 높습니다. 따라서 면접의 첫 부분은 경청하는 데 집중하는 것이 중요합니다.

대화에는 두 가지 단계가 있습니다. 먼저 회사에 대해 부드럽게 질문한 다음, 이곳이 적성에 맞는다고 결정했을 때 조용하고 자신감 있게 당신을 마케팅하세요. 이렇게 두 단계가 있으므로, 이 조직과의 첫 번째 면접의 주된 목적은 두 번째 면접에 다시 초대받는 것

뿐입니다. 이런 사실을 깨닫는다면 첫 단계에서 탈락하더라도 크게 낙담할 필요가 없습니다.

이 프로세스에 대해 생각하는 한 가지 방법은 고용주가 당신에 대해 어떤 데이터를 알기 원하는지 생각해 보는 것입니다. '고용주가 나에 관해 기억했으면 하는 세 가지는 무엇인가?'를 미리 계획해 두면, 면접을 마친 후에도 고용주에게 기억에 남을 만한 이야기나 정보를 제공할 수 있습니다.

4. 질문에 대한 모든 것

그들에게 기대할 수 있는 질문과 당신이 질문할 수 있는 질문이 있습니다.

면접관이 물어볼 가능성이 가장 높은 질문, 즉 가장 중요한 질문은 "당신에 대해 말해 주세요."입니다. 이 질문에 어떻게 대답하느냐에 따라 나머지 면접의 운명이 결정됩니다. 따라서 답변할 때 염두에 두어야 할 몇 가지 핵심 사항은 다음과 같습니다.

- 이 질문은 일종의 시험입니다. 그들은 당신이 개방적이고 구

조화되지 않은 상황, 즉 삶과 직업에서 예상치 못한 상황에 어떻게 반응하는지 보고 싶어 합니다. 이 질문은 매우 흔한 질문이므로 고용주는 당신이 답변을 준비하고, 요약하고, 리허설하기를 기대할 것입니다. 유명한 '엘리베이터 스피치' 개념으로, 이 질문에 대해 엘리베이터를 타고 내리는 시간인 3분 이내에 답변할 수 있어야 합니다. 자면서도 말할 수 있을 정도로 연습하고 또 연습하세요. 1분 이내로 줄일 수 있다면 더 좋습니다.

- 답변 대신 질문으로 대답하면 고용주는 지원자가 시험에서 낙제했다고 생각합니다. 모든 구직자가 가장 좋아하는 답변은 "저에 대해 무엇을 알고 싶으십니까?"입니다. 불행하게도 이 답변은 모든 고용주가 가장 싫어하는 답변입니다. 고용주들은 지원자가 대답할 내용이 없고 시간만 끌고 있다는 의미로 해석합니다.

- 고용주가 이 질문을 통해 찾는 것은 그들이 한 질문과는 다소 다른 질문에 대한 답변입니다. 의도를 정확히 파악해야 하죠. 고용주의 진짜 질문은 "내가 채용하려는 직무와 관련된 경험, 기술 또는 지식은 무엇입니까?"입니다. 바로 여기에 답해야 합

니다.

당신의 목표는 당신과 그들이 원하는 인재상을 설득력 있게 연결하는 것임을 기억하세요. 답변은 그 과정을 시작하는 데 도움이 되어야 합니다. 따라서 가족사, 성장 배경, 애완동물, 취향, 취미에 관해서 이야기하지 마세요. 고용주는 지원자의 업무 이력, 특히 해당 직무와 관련된 업무 이력을 원합니다.

- 면접에 가기 전에 이 직무에서 가장 중요한 세 가지 역량이 무엇인지 스스로에게 물어보면 도움이 될 것입니다. 전혀 모르겠다면 면접 초반에 이 질문을 던져보세요. 그리고 면접을 진행하는 동안 지원 직무에 필요한 세 가지 역량을 갖추고 있음을 강조하고 입증하는 것이 좋습니다. 예를 들어 "채용 공고에서 _____인 사람을 찾고 있다는 것을 알았고, 그것이 이 직책에 대해 저를 흥분시킨 이유 중 하나입니다."라고 말한 다음, 이 특성과 연관 있는 이야기를 하면 됩니다.

그렇다면 면접에서 고용주가 어떤 질문을 할 것으로 예상하나요? 면접에 관한 책이나 기사에는 고용주가 할 수 있는 긴 질문 목록과 함께 진부한 반쪽짜리 답변이 많습니다. 이 점을 염두에 두고, 온라인이나 책에서 찾은 답변이 아니라 당신만의 답변을 만들어 보세요. 이러한 목록에는 다음과 같은 질문을 포함합니다.

- 이 회사의 비즈니스 또는 조직에 대해 무엇을 알고 있나요?
- 이 직무에 지원하는 이유는 무엇인가요?
- 자신을 어떻게 설명하겠습니까?
- 자신의 주요 강점은 무엇인가요?
- 가장 큰 약점은 무엇인가요?
- 어떤 유형의 일을 가장 좋아하나요?
- 업무 외적인 관심사는 무엇인가요?
- 지금까지 살아오면서 가장 큰 보람을 느꼈던 성취는 무엇인가요?
- 마지막 직장을 떠난 이유는 무엇인가요?
- 5년 후 자신의 모습은 어떤 모습일까요?
- 인생의 목표는 무엇인가요?
- 마지막 직장에서 얼마를 벌었나요?

그리고 목록은 계속 이어집니다. 하지만 실제로 주의해야 할 기본적인 질문은 다섯 가지에 불과합니다. 채용 결정권을 가진 사람들은 이 다섯 가지 질문에 대한 당신의 답변을 가장 궁금해하며, 직접 물어보거나 질문 자체를 하지 않고도 알아내려고 노력합니다.

1. "왜 여기 계세요?"

이 질문은 "왜 다른 조직의 문을 두드리지 않고 이곳의 문을 두드리는 거죠?"라는 의미입니다.

2. "우리를 위해 무엇을 해줄 수 있나요?"

"만약 우리가 당신을 채용한다면 우리가 직면한 어려움을 해결해 줄 수 있습니까?"라는 뜻입니다. "당신의 기술은 무엇이며, 우리 조직이 속한 주제나 분야에 대해 얼마나 알고 있습니까?"라는 의미이기도 합니다.

3. "당신은 어떤 사람인가요?"

이 질문은 "기존 조직에 적응할 수 있을까요, 아니면 새로운 관점을 더할 수 있을까요? 다른 사람들과 잘 어울릴 수 있는 성격인가요? 사람들이 당신과 함께 일하기 쉽게 만들고, 우리의 비전을 공유할 수 있나요?"라는 의미입니다.

4. "이 직무에 지원하는 다른 지원자와 정확히 무엇이 다른가요?" 이 질문은 "당신은 다른 사람들보다 더 나은 업무 습관을 지니

고 있습니까? 더 일찍 출근하고, 더 늦게까지 일하고, 더 철저하게 일하고, 더 빨리 일하고, 집중력을 유지합니까? 더 높은 기준을 세우고, 더 많이 노력하거나, 아니면 다른 장점이 있나요?"라는 뜻입니다.

5. "우리가 당신을 감당할 수 있나요?"

이것은 "우리가 당신의 채용을 결정하면, 당신을 영입하는 데 얼마가 필요하며, 우리 예산과 조직도상 당신 바로 위에 있는 사람만큼의 급여를 지급해야만 하는 능력과 의지가 있나요?"라는 질문입니다.

이 다섯 가지 질문은 면접 시작부터 끝까지 고용주가 한 번도 질문하지 않더라도, 고용주가 답변을 알고 싶어 하는 질문입니다. 그런데도 이런 질문은 대부분 노골적으로 하지 않습니다. 대화의 표면 아래, 논의되는 내용 아래에서 떠돌고 있습니다. 따라서 면접 중에 이 다섯 가지 궁금증을 해소할 수 있게 한다면 당신은 다른 경쟁자들보다 돋보일 것입니다. 물론 고용주만 궁금한 것은 아닙니다. 이 대화는 쌍방향 대화라는 점을 기억하세요. 당신도 질문이 있을 수 있습니다. 그리고 놀랍게도 형식만 약간 다를 뿐 고용주의 질문과 당신의 질문은 본질적으로 같습니다. 면접을 절반쯤 할 때까지 당신이 속으로 생각하고 있을 질문은 다음과 같습니다.

1. "이 업무에는 어떤 일이 포함되나요?"

어떤 업무를 해야 하는지 정확히 이해해야 당신이 정말 하고 싶은 일인지 판단할 수 있습니다.

2. "이 직종의 최고 직원이 갖춰야 할 역량은 무엇인가요?"

고용주가 이 직무를 수행하기 위해 최고의 직원이 갖춰야 한다고 생각하는 능력과 당신의 능력이 일치하는지 알아보고 싶을 것입니다.

3. "이 사람들이 내가 함께 일하고 싶은 사람들인가요, 아닌가요?"

이 사람들과 함께 일하기 불편할 것 같다는 직감이 든다면 무시하지 마세요! 당신은 그들이 최고의 성과를 낼 수 있도록 도와줄 수 있는 성격의 사람들인지 알고 싶을 것입니다. 그런 사람들이 아니라면 계속 찾아보세요!

4. "우리가 서로 좋아하고 함께 일하고 싶다면, 이 일자리에 지원하는 다른 사람들과 다른 나만의 특별한 점이 있다고 설득할 수 있을까요?"

잘 생각해 봐야 합니다. 지원자들은 대부분 같은 일을 할 수 있는 사람들입니다. 당신이 다른 사람들과 다른 점은 무엇인가요?

예를 들어 문제 분석에 능숙하다면 어떻게 할까요? (a)고심해서 (b)직관적으로 (c)해당 분야의 권위자와 상의하여 요점을 알아냅니다. 당신은 이 고용주가 다른 면접 대상자보다 당신을 선택하도록, 독특하고 호소력 있는 업무 스타일이나 방식을 보여주려고 노력해야 합니다.

5. "내가 원하는 연봉으로 나를 고용하도록 설득할 수 있을까요?"

이를 위해서는 연봉 협상을 진행하는 방법에 대한 지식이 필요합니다. 연봉 협상은 먼저 이야기하는 사람이 협상에서 불리해집니다. 연봉 협상은 항상 면접이 끝날 무렵에 진행해야 하며, 이에 관해서는 다음 장에서 설명합니다.

1번과 2번 질문은 큰 소리로 물어보고 싶을 것입니다. 거리낌 없이 질문해도 됩니다. 3번 질문에 대한 답변은 조용히 관찰해야 합니다. 4번과 5번 질문은 면접에서 적절한 기회가 생길 때 답변을 얻어내는 것이 좋습니다. 이외에도 추가 질문이 있을 수 있습니다.

- 지난 5년 동안, 이 회사는 어떤 중요한 변화를 겪었나요?
- 이 회사에서 소중하게 여기는 가치는 무엇인가요?
- 이 회사에서 성공한 직원들은 어떤 성격을 지니고 있나요?
- 앞으로 이곳에서 어떤 변화가 있을 것으로 예상하시나요?
- 이 업계에서 거짓말쟁이, 동업자 또는 경쟁자는 누구라고 생각하시나요?
- 이 역할의 성공을 어떻게 측정하나요?
- 이전 직원이 해당 지표에 의해 어떻게 성공했는지요?

면접이 시작되면 이런 질문을 어떻게 우아하게 할까요? 먼저 구직 활동을 어떻게 해왔는지, 그리고 조사 과정에서 이 조직에 대해 어떤 점이 인상 깊어서 지원했는지 정확히 보고하는 것으로 시작할 수 있습니다. 그다음에는 고용주가 필연적으로 궁금할 수밖에 없는 다섯 가지 질문에 집중합니다.

다음과 같은 다섯 가지 질문이 다시 떠오를 수도 있습니다. 그때는 이미 있는 일자리뿐만 아니라 그들이 만들어주기를 바라는 일자리에 관해 이야기할 수 있습니다. 이 경우 이 다섯 가지 질문의 형태는 약간 달라져서 고용주에게 하는 다섯 가지 진술로 바뀝니다. 모든 고용주가 생각하는 다섯 가지 기본 질문을 바탕으로, 답변할 수 있는 몇 가지 진술을 제안합니다.

1. 이 조직에 대해 어떤 점이 마음에 드는지 알려주세요.

2. 이 분야에서 일반적으로, 특히 이 조직에서 어떤 종류의 필요가 흥미로운지 알려주세요. 참고로 고용주는 대부분 '도전'이나 '필요'와 같이 부드러운 말을 선호하므로, 가능하면 '문제'라는 단어를 사용하지 마세요.

3. 그런 요구를 충족시키는 데 필요하다고 생각하는 것을 이야기하고, 그런 기술을 가지고 있음을 보여주는 과거 경험을 간단하게 말합니다. 요즘은 행동 면접의 시대입니다. 고용주는 "저는 …을 잘합니다."와 같은 막연한 진술에 깊은 인상을 받지 않습니다. 지원자들은 이전 가능한 기술, 특수 지식 기술 또는 자기 관리 기술을 가지고 있다고 다들 주장합니다. 고용주는 지원자가 말하는 과거 경험에서 이런 기술을 증명할 수 있는 구체적인 사례를 원합니다.

4. 해당 기술을 수행했던 방식의 독특한 점을 설명하세요. 모든 예비 고용주는 같은 종류의 일을 할 수 있는 다른 사람들과

당신이 무엇이 다른지 알고 싶어 합니다. 그것이 무엇인지 알려줘야 합니다. 단순히 말로만 하는 게 아니라, 채용 면접을 진행하면서 실제로 보여줘야 합니다.

5. 그리고 당신을 고용하면 장기적으로 회사에 이익이라는 점을 설득해야 합니다. 장기적으로 회사가 당신에게 지급할 급여보다 더 많은 돈을 벌어야 회사에 이익이 되겠죠. 이것을 보여줄 준비가 되어 있어야 합니다. 이 점을 강조하세요!

5. 다양한 인터뷰

면접 스타일과 면접에서 받는 질문은 여러 가지 요인에 따라 크게 달라질 수 있습니다.

1. 면접관

인사팀에서 일하며 매일 지원자를 면접하는 전문 면접관과 면접할 때도 있습니다. 이들은 법률을 잘 알고 어떤 질문이 합법적인지 알고 있으며, 일반적으로 표준 인터뷰 형식을 사용합니다.

간혹 다른 많은 책임을 맡고 있는 일선 관리자나 부서 담당자와 인터뷰할 때도 있습니다. 이 사람은 와일드카드가 될 수 있습니다. 어떤 사람은 충분한 정보를 가지고 면접을 준비하지만, 어떤 사람은 즉흥적인 스타일로 특이한 질문을 하기도 합니다. 특이한 질문을 예측하기는 어렵습니다. 따라서 일반적인 숙지를 하고, 회사와 직무에 대해 최대한 많이 알고, 준비된 이야기를 하는 것 외에는 준비할 방법이 없습니다.

미래의 상사와 면접을 보게 될 가능성이 높으므로, 가장 신경 써야 하는 순간입니다. 이 사람이 마음에 드는지, 좋은 리더나 관리자가 될 것 같은지 판단하고, 그들의 관리 스타일이 무엇인지 물어볼 수 있습니다. 또한 직원의 성공을 어떻게 측정하는지 물어볼 수도 있습니다. 이 직책이 당신에게 맞는지 결정할 때까지 계속 대화해야 한다는 점을 기억하세요.

2. 인터뷰

면접의 형태와 규모는 다양합니다. 직위와 업계에 따라 한 번의 면접으로 입사할 수도 있습니다. 하지만 많은 조직에서 한 번에 한 명씩, 때로는 그룹 면접을 진행하는 등 여러 차례의 면접 과정을 거칩니다.

앞서 '4. 질문에 대한 모든 것'에서 언급한 표준 질문부터 특정 분야에 대한 특정 질문까지 매우 다양할 수 있습니다. 예를 들어 인기 있는 면접 스타일 중 하나인 '행동 면접'에서는 지원자가 특정 기술을 보여준 사례를 구체적으로 설명하라는 질문을 받습니다. 이름에서 알 수 있듯이 면접관은 지원자의 능력뿐만 아니라 행동에 초점을 맞추고 있습니다.

따라서 "당신이 … 했을 때를 말해 주세요."와 같은 행동 관련 질문에 답할 때는 특정 기술이나 강점을 발휘한 구체적인 사례에 집중하세요. 고용주에게 상황의 맥락, 주어진 과제, 그리고 이를 어떻게 완수했는지 설명하세요. 꽃 연습을 하면서 파악한 기술과 특성을 생각하면서, 이것을 설명할 수 있는 스토리를 준비하세요. 당신이 가진 기술에 대한 일반적인 이야기를 준비하면 면접에 도움이 될 것입니다. 그런 다음 면접할 때 구체적인 질문에 맞게 스토리를 조정하면 됩니다.

① 사례 인터뷰: 컨설팅, 재무 또는 임원 직책에 대한 면접을 볼 때, 상황을 제시하고 이 상황을 어떻게 처리할 것인지 또는 행동 계획을 어떻게 할 것인지 묻는 '사례 면접'을 보게 될 가능성이 높습니다. 사례 면접은 문제를 해결하는 논리적인 능력에 초점을 맞춘 까다로운 질문이 포함될 수 있습니다. 어떤 질문을 받게 될지 예측할 수 없기 때문에, 미리 준비하기 어렵습니다. 하는 수 없죠. 온라인에서 예상되는 사례 면접 샘

플을 찾아보고 확인하세요.[35]

② 행동 연습: 면접의 일부로 특정 작업을 수행하도록 요청받을 수도 있습니다. 일부 면접에서는 '받은 편지함' 연습이 포함됩니다. 메모가 담긴 받은 편지함에 어떻게 대응할지 결정하고, 자료를 빠르게 읽고 중요도와 처리 방법의 우선순위를 정합니다. 프레젠테이션이 필요한 직책에 면접을 볼 경우, 샘플 프레젠테이션을 해보라고 요청할 수도 있습니다. 운이 좋다면 프레젠테이션 샘플을 제출할 수 있겠죠. 그러니 미리 알고 준비할 시간을 가지세요.

기술직 면접을 보거나 특정 프로그램이나 소프트웨어에 대한 지식이 요구되는 경우, 컴퓨터 앞에서 해당 프로그램이나 소프트웨어로 작업해 보라고 해도 놀라지 마세요. 외국어에 능통하다고 밝힌 지원자가 갑자기 해당 언어로 말하는 면접관과 마주칠 때도 있으니까요. 이런 사례는 해당 직책에서 기대하는 능력과 수행할 업무를 파악하고, 당신의 능력에 대해 솔직하게 말하는 것이 왜 중요한지 잘 보여줍니다. 할 수 있다고 큰소리친 작업을 하지 못한다면, 당신이 고용주라고 해도 채용하지 않을 테니까요.

다음은 가상 또는 온라인 면접 관리를 위한 7가지 팁입니다.

코로나 팬데믹으로 몇 년 동안 재택근무를 경험하면서, 대부분의 사람들은 줌Zoom이나 기타 온라인 화상 회의 플랫폼을 통한 업무 수행에 익숙해졌습니다. 하지만 모든 사람이 이런 경험을 한 것은 아니며, 이러한 경험을 한 사람이라도 익숙하지 않다면 연습해야 합니다. 대면 미팅보다 편리하고 일정을 잡기 쉽기 때문에, 점점 더 많은 면접이 화상으로 이루어지고 있습니다. 줌을 잘 활용한다고 생각하더라도 화상 면접 전에 다음의 팁을 검토해 보세요.

1. 회사와 직무에 대한 조사를 포함해 평소처럼 면접 준비를 하세요. 필요한 경우 이력서를 한눈에 볼 수 있도록, 컴퓨터와 함께 책상 위에 이력서를 올려놓으세요. 면접 중에 방해가 되는 바스락거리거나 흩날릴 수 있는 다른 서류는 치워두세요.

2. 가능하면 사용할 기술을 미리 숙지하세요. 고용주가 자체 기술을 사용할 경우, 익숙한 프로그램을 미리 연습함으로써 프로세스에 전반적으로 익숙해지도록 하세요. 컴퓨터의 카메라 각도가 얼굴과 상체를 너무 가깝거나 멀게 비추지 않는지 확인하세요. 카메라를 눈높이에 맞추기 위해 컴퓨터를 책더

미 위에 올려놓아야 할 수도 있습니다. 카메라는 얼굴 높이 또는 약간 위에 놓는 것이 좋습니다. 이렇게 하면 얼굴보다 낮은 데 카메라가 있는 것보다 더 좋은 각도로 촬영할 수 있습니다.

3. 배경은 최대한 공백으로 하고 방에 소음이나 방해 요소가 없는지 확인하세요. 면접관이 당신의 얼굴을 잘 볼 수 있도록 방의 조명이 충분한지 확인하세요. 창문 앞에 앉지 마세요. 휴대폰을 면접에 사용하지 않는다면 꺼놓고 면접실 문을 닫습니다. 주변에 다른 사람이 있다면 닫힌 문에 '방해 금지' 표지판을 붙이세요. 반려동물이나 어린아이가 갑자기 뛰어들지 않도록 미리 방지하세요.

4. 적절한 복장을 착용하세요. 보이지 않는 부분도 마찬가지입니다! 반바지나 속옷을 입고 멋진 양복 재킷만 걸치지 마세요. 깜빡 잊고 일어서거나 물건을 떨어뜨려서 움직여야 할 수도 있습니다. 카메라는 모든 것을 보여준다는 점을 기억하세요. 옷의 줄무늬, 강한 패턴, 밝은 색상이 있어서 번쩍거리거나 눈부심을 유발하는지도 확인하세요. 파란색, 검은색 또는 짙은 회색과 같은 단색의 어두운 색상을 입으세요.

5. 말하면서 카메라의 눈을 바라봅니다. 카메라는 화면 상단에 있을 가능성이 높습니다. 그런데 화면을 응시하면 인터뷰의 대부분을 내려다보는 것처럼 보일 수 있습니다.

6. 시간을 갖고 천천히 답변하세요. 응답하기 전에 잠시 멈춥니다. 소리가 지연되는 것은 드문 일이 아니므로, 질문이나 진술이 완전히 끝날 때까지 기다렸다가 말을 시작하세요.

7. 기술이 실패할 경우를 대비해 항상 백업 계획을 세우세요. 필요한 경우 연락할 수 있도록 고용주의 전화번호를 알아두세요. 프레젠테이션을 보여줄 경우, 면접관이 기술적인 문제와 상관없이 볼 수 있도록 미리 PDF 사본을 보내세요.

6. 듣고, 듣고, 또 듣고

면접에서 할 수 있는 최악의 실수 중 하나는 너무 많은 말을 하는 것입니다. 면접 중에는 반드시 50대 50 규칙을 준수하세요. 저는 채용에 성공하는 사람들은 일반적으로 면접에서 말하기와 듣기 시간을 반반씩 사용하는 사람들이라는 사실을 발견했습니다. 면접에서 절반의 시간은 고용주가 말하고 절반의 시간은 당신이 말하는 것입니다.

이런 균형을 잡지 못하는 사람은 좋은 인상을 남길 가능성이 적습니다. 당신에 대해 너무 많은 이야기를 하면 자기중심적이고 조직에 관심이 없는 사람으로 보일 수 있고, 너무 적게 이야기하면 수줍음이 많거나 내성적인 사람으로 보이거나 직무에 흥미가 없는 사람으로 보일 수 있습니다.

전문가들은 대부분 면접 질문에 대한 답변 시간은 최대 2분 이내로 제한하는 것이 좋다는 데 동의합니다. 직무 및 질문과 연관 있는 기술적 문제를 설명하는 경우가 아니라면요. 2분이 넘어가면 면접관은 집중력을 잃게 되고, 말하는 사람도 말하고자 하는 요점을 놓칠 수 있습니다. 아무리 준비가 잘 되어 있고 정장이 완벽하고 이력서가 흠잡을 데 없이 완벽해도, 너무 말을 많이 하면 합격하기 어렵습니다.

평소 길게 말하는 스타일이라면 연습이 필요합니다. 질문에 대한 답변이 너무 길다는 신호에 민감해 지세요. 면접관의 표정을 주의 깊게 관찰하고, 지루해하거나 당신에게 뭔가 말하고 싶어 하는 징후가 있는지 확인하세요. 면접은 일반적으로 30분에서 1시간 정도로 짧다는 점을 기억하세요. 대화를 독점하지 마세요. 경청하지 않으면 배울 수 없습니다.

7. 고용 위험에 노출되지 않기

고용주들은 대부분 위험에 대해 걱정을 많이 합니다. 리스크를 싫어하죠. 채용에 있어서 가장 큰 위험은 고용한 사람이 일을 제대로 하지 못하는 것입니다. 그것은 고용주에게 큰 비용을 낭비하게 할 수 있습니다. '잘못된 채용의 비용'을 검색하고 결과를 확인해 보세요. 놀랍게도 사람을 잘못 채용하면, 고용주에게 잘못된 채용자 연봉의 1~5배 또는 그 이상의 비용이 발생할 수 있습니다.

면접을 보는 동안 당신은 겁에 질려 앉아 있고 면접관은 자신감 넘치는 표정으로 앉아 있다고 생각되나요? 사실 당신과 고용주 모두 상당히 불안해할 가능성이 높습니다. 고용주가 우려하는 사항에는 다음과 같은 것들이 포함됩니다.

- 필요한 스킬이나 경험이 부족한 지원자인데, 채용 면접에서 이를 발견하지 못해 업무를 수행하지 못하는 경우입니다.
- 더 나은 일자리를 찾을 때까지 몇 주 또는 길어야 몇 달 동안만 일하고 퇴사할 사람을 뽑는 경우입니다.
- 직무를 익히는 데 너무 오래 걸려서 조직에 이익을 가져다주기까지 시간이 오래 걸릴 경우입니다.
- 다른 사람들과 어울리지 않거나 상사와의 성격 갈등이 생길 경

우입니다.

- 기대했던 최대치가 아니라 최소한의 일만 할 경우입니다. 모든 상사는 인건비를 적게 유지하려고 노력하며, 그들은 각 신입 사원의 최대 생산성을 기대하고 있습니다.

- 주도적으로 일하기보다는 항상 다음에 해야 할 일을 지시 받는 경우입니다.

- 면접에서 드러나지 않은 성격 결함이 드러나, 회사에 불화를 가져오고 회사의 재앙이 될 사람을 뽑을 경우입니다.

- 대규모 조직이고 사장이 그곳의 최고 책임자가 아닌 경우에는 지원자가 고용한 부서에 대한 불신을 초래해서, 상사와의 관계가 나빠지고 승진이나 승급에 불이익을 받을 수도 있는 경우입니다.

결국 고용주는 자신이 줄 급여보다 더 많은 수익을 발생시킬 사람을 고용하고 싶어 합니다. 모든 조직은 일상적인 업무에서 두 가지 주요 관심사를 가지고 있죠. 바로 조직이 직면하고 있는 문제와 이에 대해 직원과 경영진이 어떤 해결책을 마련하고 있는지에 대한 것입니다. 따라서 고용주가 당신과의 채용 면접에서 파악하려는 주요 사항은 이것입니다. "이 지원자가 조직의 솔루션이 될 것인가, 아니면 또 다른 문제가 될 것인가?"

고용주의 이런 걱정을 없애려면 나쁜 직원이 어떻게 일을 망치는지 미리 파악해야 합니다. 면접 전 지각, 너무 긴 휴가 요청, 고용주의 의제보다 자신의 의제를 주장하는 것 등은 하지 마세요. 면접 전, 면접 중, 면접 후에 고용주에게 그들이 걱정하는 사람과 당신이 정반대라는 걸 보여줄 계획을 세우세요. 당신의 행동과 말을 통해서요. 면접하러 갈 때는 정시에 도착하거나 미리 도착하세요. 면접 중에는 당신의 의제가 아니라 고용주의 의제에 몰두하세요. 당신의 목표는 조직의 효율성, 서비스 및 수익을 높이는 것입니다. 당신은 채용 면접 중이니까요.

8. 당신을 도울 수 있는 작은 것들

면접에서 승부를 가르는 것은 사소한 것들입니다. 자, 당신은 면접에 왔습니다. 신중하게 연습한 경험, 기술, 지식에 대한 요약과 이를 뒷받침할 흥미로운 이야기와 사례를 준비했습니다. 하지만 고용주는 귀를 기울이지 않습니다. 면접관 맞은편에 앉아 있는 채용 담당자가 면접을 망칠 수 있는 당신의 단점을 이미 눈치채고 있기 때문입니다. 이것은 용과 싸울 준비를 하고 왔는데 모기에게 물려 죽는 것과 같습니다. 그것도 처음 2분 만에 지는 거죠.

그래서 무슨 일이 일어나고 있는 거냐고요? 바로 이것입니다. 최고의 면접관은 소우주가 거대 우주를 드러낸다는 원칙에 따라 직관적으로 면접을 진행합니다. 그들은 작은 영역에서 어떤 행동을 하면 더 큰 영역에서 어떻게 행동할지 알 수 있다고 믿습니다. 그들은 면접 현장에서 당신을 주의 깊게 지켜봅니다. 왜냐하면 그곳에서의 행동 하나하나가 더 큰 우주, 즉 업무할 때 어떻게 행동할지를 드러낸다고 가정하기 때문입니다!

이력서에서와 마찬가지로 과거를 면밀히 조사하는 것도 같은 이유에서입니다. 미시 세계(과거의 행동)를 통해 거시 세계(미래의 행동 가능성)를 알 수 있기 때문입니다.

그러니 채용 결정권을 가진 사람이 잠깐 살펴보고 "이 사람 말고 다른 지원자를 찾으면 좋겠다."라고 중얼거리지 않게 하세요. 면접의 첫 30초에서 2분 동안 어떤 모기가 날아들 수 있는지 살펴봅시다.

1. 외모와 개인 습관

여러 설문조사에 따르면 다음과 같은 경우 취업 가능성이 훨씬 높은 것으로 나타났습니다.

- 새로 목욕하고 몸단장을 마쳤으며 전문적으로 옷을 입었습니다.

- 새로 양치질하고 치실을 사용했습니다.

- 방에 들어섰을 때 압도적인 향수 냄새가 나지 않습니다. 요즘 고용주들은 많은 직원과 고용주가 특정 향기에 알레르기가 있다는 사실에 매우 민감해졌습니다. 작고 답답한 방에서 면접관이 어떤 이유로든 냄새에 불쾌감을 느낀다면 대면 면접이 중단될 수도 있습니다.

- 면접에서 문신이 눈에 잘 띄는 경우입니다. 문신이 허용되는 업종이라면 좀 달라질 수도 있겠지만요. 요즘 문신은 영화배우, 가수, 댄서, 운동선수, 일반인 등 많은 사람이 새깁니다. 몸에 새긴 문신이 작고 눈에 잘 띄지 않는다면 걱정할 필요가 없습니다. 하지만 불쾌감을 줄 수 있는 문신이 있고, 고용주가 눈에 띄는 문신을 보고 당신을 나쁘게 생각할까 봐 걱정할 수도 있을 것입니다. 직업보다 문신을 더 중요하게 생각하는지 신중하게 생각해 보세요. 문신이 있다면 최소한 긴팔 셔츠, 블라우스 또는 재킷으로 문신을 가리는 것이 좋습니다.

2. 신경질적인 매너리즘

많은 고용주들은 다음과 같은 경우 이를 꺼립니다.

- 고용주와 계속 눈을 마주치지 않으려고 합니다. 이것은 매우,

매우 큰 금기 사항입니다.

- 절뚝거리며 악수를 합니다.

- 인터뷰 중에 의자에 구부정하게 앉아 있거나, 손을 계속 만지
  작거리거나, 손가락 관절을 꺾거나, 머리를 계속 만지작거린
  다면 매너리즘에 빠진 것입니다. 이러한 매너리즘의 대부분은
  무의식적으로 나타나며, 스트레스를 받으면 더욱 심해집니다.
  당신이 이러한 행동을 하고 있는지 알아볼 수 있는 가장 좋은
  방법 가운데 하나는 모의 면접을 녹화하는 것입니다. 인터뷰
  를 휴대폰이나 컴퓨터로 녹화합니다. 사운드를 끄고 재생하면
  서 당신이 무의식중에 한 행동을 시청하세요. 있다면 당연히
  연습을 통해 고쳐야 합니다.

3. 자신감 부족

다음과 같은 경우 많은 고용주가 이를 꺼립니다.

- 너무 작게 말해서 들리지 않거나 너무 크게 말해서 다른 방까
  지 들리는 것입니다.
- 매우 주저하는 방식으로 대답을 합니다.
- 고용주의 질문에 대해 가장 간단한 답변만 합니다. '아니요, 예,
  아마도, 아직은 아닌 것 같아요.' 이런 식으로요.

- 고용주를 끊임없이 방해합니다.
- 당신의 업적이나 능력을 경시하거나 계속 자기 비판적인 태도를 보이는 경우입니다.

4. 다른 사람에게 보여주는 배려

다음과 같은 경우 많은 고용주들이 꺼려합니다.

- 접수 담당자, 보조원에 대한 예의가 부족합니다.
- 이전 고용주에 대해 매우 비판적입니다.
- 면접 과정에서 술을 마시게 되는 경우가 있습니다. 고용주와 점심을 먹으러 갈 때 술을 주문하는 것은 삼가세요. 이런 경우 고용주는 '보통 한 잔으로 끝낼까, 아니면 계속 마실까?'하는 의문이 생기고, 결코 좋은 영향을 미칠 수 없습니다. 절대 안 됩니다. 절대로 하지 마세요!
- 면접을 마치고 나가면서 면접관에게 감사 인사를 잊어버리거나, 면접이 끝난 후 감사 이메일을 보내는 것을 잊어버리는 경우가 있습니다. 한 인사 전문가는 다음과 같이 말합니다. "시간을 내주어 감사하다는 짧은 이메일과 함께 자신의 고유한 자질에 대한 개요를 간단하게 보내면, 이 사람이 기술을 활용하고 '게임'의 규칙을 잘 아는 적극적이고 의욕적이며 고객 서비스에

지향적인 영업 사원이라는 것을 알 수 있습니다. 이것이 바로 제가 찾고 있는 자질입니다. 현재 저는 면접을 보는 지원자 15명당 약 한 통씩 이런 편지를 받고 있습니다."

5. 당신의 가치관

많은 고용주들은 지원자에게서 다음과 같은 기미가 보이면 완전히 퇴짜를 놓습니다.

- 난폭함 또는 과도한 공격성
- 지각 또는 이러한 인터뷰를 포함한 약속을 제시간에 지키지 않는 경우
- 게으름 또는 동기 부여 부족
- 끊임없이 불평하거나 다른 사람을 탓하기
- 이력서나 면접에서 정직하지 않거나 거짓말을 하는 행위
- 무책임함 또는 태만함
- 지침을 낮추거나 규칙을 준수하지 않음
- 이 조직과 조직이 하고자 하는 일에 대한 열정 부족
- 불안정, 부적절한 답변 등 면접 준비가 미흡한 경우

요즘에는 실내 또는 건물 근처에서 흡연을 허용하는 직장이 거

의 없습니다. 이는 비즈니스 장소와 공공장소에서 매우 흔한 일이기 때문에 예전보다 문제가 덜 되고 있습니다. 하지만 동등한 자격을 갖춘 두 사람 간의 경쟁에서, 비흡연자가 흡연자를 이기는 경우가 대부분이라는 연구 결과가 있답니다. 흡연자라면, 유감스럽지만 심각하게 받아들이세요!

이상으로 채용 면접에서 용과 싸우는 당신을 죽일 수 있는 은유적인 모기에 대해 알아봤습니다. 이러한 '사소한 일' 때문에 면접에서 떨어진다는 것이 실망스러울 수 있다는 것을 압니다. 하지만 저는 세상을 있는 그대로 보고하는 것도 아니고, 제가 원하는 대로 보고하는 것도 아닙니다. 저는 매달 여러 연구를 통해 세상에 대해 밝혀진 사실을 보고하고 있습니다. 그것이 당신의 취업 기회에 어떤 영향을 미치는지 말이죠.

하지만 좋은 소식은, 모든 것을 알고 조심하면 이 모기들을 모두 죽일 수 있다는 것입니다. 이러한 요소들은 모두 당신이 통제할 수 있고 바꿀 수 있습니다. 다시 돌아가서 목록을 읽어보세요!

9. 역량 및 기술

요즘 채용의 핵심 키워드는 역량입니다. 흔히 '핵심 역량'이라고도 하는 이런 역량은 광범위하고 포괄적입니다. 특성 또는 능력을 말하며, 컴퓨터 프로그래밍에 능숙한 사람이 리더십에 대한 역량도 보여줄 수 있습니다. 꽃 연습의 세 번째 꽃잎에서 언급했듯, 역량은 특정 스킬보다 더 넓은 범주로 보아야 합니다.

예를 들어, 리더십과 관련 있는 역량에는 전략적 비전 개발, 팀을 이끌고 동기 부여하기, 멘토링 등이 포함될 수 있습니다. 핵심 역량에 대해 자세히 알아보려면 Workforce.com의 클래식 게시물인 '31가지 핵심 역량 설명'을 참조하세요.[36]

꽃 연습을 완료했다면 면접 스토리와 질문에 대한 답변을 준비할 때 사용할 수 있는 당신의 기술과 역량에 대한 목록을 이미 가지고 있을 것입니다. 이미 파악한 직무 관련 기술과 역량 외에도, 고용주들이 원하는 일반적인 역량을 알고 있어야 합니다. 그들은 다음과 같은 직원을 찾고 있습니다.

- 시간을 잘 지킵니다. 정시 혹은 더 일찍 출근하고, 퇴근 시간 혹은 그보다 늦게 퇴근합니다.
- 신뢰할 수 있습니다.

- 좋은 태도를 가졌습니다.

- 추진력, 에너지, 열정이 있습니다.

- 월급 이상의 것을 해냅니다.

- 자기 훈련이 잘되어 있고 체계적이며, 동기 부여가 강하고, 시간 관리에 능숙합니다.

- 사람을 다룰 수 있습니다.

- 언어를 효과적으로 사용할 수 있습니다.

- 컴퓨터로 작업할 수 있습니다.

- 팀워크에 전념합니다.

- 유연하고 새로운 상황에 대응하거나 업무 환경이 바뀔 때 적응할 수 있습니다.

- 훈련이 가능하고 배우기를 좋아합니다.

- 프로젝트 지향적이고 목표 지향적입니다.

- 창의력이 있고 문제 해결에 능숙합니다.

- 성실성을 갖추고 있습니다.

- 조직에 대한 충성도가 높습니다.

- 기회, 시장, 향후 트렌드를 파악할 수 있습니다.

따라서 이러한 역량 중 지원자가 합법적으로 보유하고 있는 역량을 보여줄 계획을 세우세요. 면접 전에 자리에 앉아 목록을 작성하거나 이미 가지고 있는 목록에 추가하고, 각 항목에 대해 해당 기술을 보유하고 있음을 증명할 수 있는 경험을 적어 보세요.

10. 증거 보여주기

채용 면접에서 당신의 능력을 증명할 방법을 생각해 보세요. 앞서 말했듯이 좋은 스토리를 들려주는 것은 증거를 제공하는 가장 좋은 방법 가운데 하나입니다. 모든 지원자가 자신이 열심히 일한다고 주장하겠죠. 하지만 팀원 중 누군가가 퇴사하여 후임자가 채용될 때까지 당신의 업무 외에 그 사람의 업무를 추가로 수행했던 사례를 이야기한다면 구체적인 사례를 제공한 것입니다. 업무 효율을 유지하기 위해 어떻게 업무를 간소화했는지 설명할 수 있다면 유연성과 창의성을 입증한 것입니다.

예술가, 공예가 또는 제품을 제작하는 사람이라면 스크랩북이나 포트폴리오 형식, 플래시 드라이브, 유튜브, 사진, 프로그래머라면 코드 예제 등 당신이 만들거나 제작한 샘플을 가져가세요. 직무 연관성을 고려해서요. 새로운 직책에 필요한 기술을 증명할 수 있는 증거만 가져가세요.

11. 긍정적인 태도 유지

면접 중에 이전 고용주가 끔찍한 사람이었다고 해도 험담하지 마세요. 이전 고용주를 험담하는 것은 면접을 보는 고용주가 채용 후 당신이 어떤 말을 할지 걱정하게 할 뿐입니다. 이것은 제 경험으로 알게 된 사실입니다. 한번은 면접에서 이전 고용주에 대해 친절하게 이야기한 적이 있습니다. 면접관은 이전 고용주가 저를 심하게 학대했다는 사실을 이미 알고 있었습니다. 그가 안다는 사실을 저는 몰랐죠. 그래서 그는 저를 매우 높게 평가했습니다. 제가 이전 고용주를 험담하지 않았다는 것 때문에 저를 매우 높이 평가한 것입니다. 실제로 그는 그 상황을 잊지 않았고, 그 후에도 몇 년 동안 그 상황에 관해 이야기했습니다.

이전 고용주와 사이가 좋지 않았다는 사실이 밝혀질 것이 확실해도 부드럽게 말하는 편이 좋습니다. "저는 평소에 모든 사람과 잘 지내지만, 어떤 이유에서인지 이전 고용주와는 사이가 좋지 않았습니다. 이유는 모르겠습니다. 전에는 그런 적이 없었어요. 다시는 그런 일이 없었으면 좋겠습니다."라고요.

12. 일반적인 질문의 이면에 무엇이 있는지 파악하기

면접을 진행하는 동안 다음과 같은 사실을 명심하세요. 고용주는 당신의 과거에 관심이 없습니다. 그들은 당신을 채용하려고 할 때, 과거의 행동에 근거해서 미래 행동을 예측하려고 할 뿐입니다. 물론 그들도 잘못된 채용에 대한 두려움이 있으니까요.

법적으로 미국 고용주는 다음과 관련 있는 질문만 할 수 있습니다. 직무의 요구사항과 기대치에 부합하는지 확인하는 질문이죠. 신념, 종교, 인종, 나이, 성적 취향, 결혼 여부 등에 대해서는 질문할 수 없습니다. 하지만 과거에 대한 다른 질문은 괜찮습니다.

따라서 채용 면접에서 고용주가 과거에 관해 질문하면, 답하기 전에 잠시 멈춰서 '미래에 대한 어떤 두려움이 내 과거에 대해 이런 질문을 하게 만들었을까.'라고 생각해 보세요. 그 두려움을 은근하게 또는 직접적으로 해결해 줘야 합니다.

다음은 고용주가 할 수 있는 몇 가지 질문의 예입니다.

고용주의 질문	"당신에 대해 말해 주세요."
질문 뒤에 숨겨진 두려움	고용주는 올바른 질문을 하지 않아 면접을 제대로 진행하지 못할까 봐 두려워합니다. 또는 지원자에게 문제가 있어 지원자가 이를 얼버무릴까 봐 두려워합니다.
도달하고자 하는 지점	과거에 다른 직장에서 증명했듯이 당신은 훌륭한 직원입니다(당신이 누구인지, 관심사, 취미, 지금까지 가장 즐거웠던 일의 종류에 대해 간략하게 설명하세요. 최대 2분 이내로 작성하세요).
다음 문구를 사용하여 이 내용을 전달할 수 있습니다.	근무 이력을 설명할 때는 당신을 칭찬할 수 있는 솔직한 문구를 최대한 많이 사용하세요. "열심히 일하는 사람.", "일찍 출근하고 늦게 퇴근했습니다.", "항상 기대 이상의 일을 해냈습니다." 등의 예시로 진술을 뒷받침하세요.

고용주의 질문	"어떤 종류의 일자리를 찾고 계신가요?"
질문 뒤에 숨겨진 두려움	고용주는 예를 들어 비서를 원하지만, 당신은 사무실 관리자가 되고 싶어 하는 등 고용주가 원하는 직무와 다른 직무를 찾고 있는 것을 우려하는 것입니다.
도달하고자 하는 지점	고용주가 제공하는 업무의 종류를 정확히 말하세요(단, 사실이 아닌 경우 그렇게 말하지 마세요). 고용주가 해당 직무에 대해 말한 내용을 당신의 말로 고용주에게 되풀이하고 이를 수행하기 위해 필요한 기술을 강조하세요.
다음 문구를 사용하여 이 내용을 전달할 수 있습니다.	고용주가 직무에 대해 전혀 설명하지 않았다면 "기꺼이 답변해 드리겠지만 먼저 이 직무가 어떤 종류의 업무인지 정확히 이해하고 싶습니다."라고 말하세요.

고용주의 질문	"이런 일을 해본 적이 있나요?"
질문 뒤에 숨겨진 두려움	고용주는 당신이 이 직무를 수행하는 데 필요한 기술과 경험을 갖추지 못했다고 우려합니다.
도달하고자 하는 지점	당신은 이전에 어떤 일을 했든 이전할 수 있는 기술을 가지고 있고, 잘 해냈습니다.
다음 문구를 사용하여 이 내용을 전달할 수 있습니다.	"저는 어떤 일이든 빠르게 습득했습니다." 등의 예를 들어 당신의 과거와 관련된 이야기를 공유하세요.

고용주의 질문	"전 직장을 그만둔 이유는 무엇인가요?" 또는 "이전 사장 및 동료들과는 어떻게 지냈나요?"
질문 뒤에 숨겨진 두려움	고용주는 당신이 사람들, 특히 사장과 잘 어울리지 못하는 것을 두려워하며 그 증거로 이전 사장이나 동료에 대해 험담하기를 기다리고 있습니다.
도달하고자 하는 지점	이전 상사와 동료에 대해 할 수 있는 긍정적인 말을 거짓말 없이 최대한 많이 하세요. 평소 사람들과 잘 어울린다는 점을 강조한 다음, 이전 상사와 동료에 대해 친절한 태도로 고용주의 앞에서 이를 증명하세요.
다음 문구를 사용하여 이 내용을 전달할 수 있습니다.	자발적으로 퇴사한 경우, "이곳이 저의 주도성과 창의성을 발휘할 여지가 더 많을 것 같고, 더 행복하고 효과적일 것이라고 느꼈습니다."라고 말한 뒤, 본인의 강점을 설명하세요. 해고되었다면, "평소에는 모든 사람과 잘 지내는 편이지만, 특별한 경우에는 사장과 서로 잘 맞지 않았습니다. 이유를 말하기 어렵습니다."라고 말하세요. 그 이상은 말할 필요가 없습니다.

고용주의 질문	"왜 그렇게 오랫동안 일을 하지 않았는지 설명해 주세요." 또는 "경력에 이런 공백이 있는 이유를 설명해 주세요." (이력서를 검토한 후에 하는 질문)
질문 뒤에 숨겨진 두려움	고용주는 당신이 마음에 들지 않는 일이 생기면 바로 그만두는 사람, 즉 '끈기'가 없는 사람이라는 것을 두려워합니다.
도달하고자 하는 지점	당신은 일을 좋아하고 일이 잘 풀리지 않을 때는 도전하며, 이를 극복하는 방법을 배우는 것을 즐깁니다.
다음 문구를 사용하여 이 내용을 전달할 수 있습니다.	"업무 공백기 동안 저는 공부하고/자원봉사를 하고/자녀를 키우고/인생에서 제 사명에 대해 열심히 고민하고/방향을 찾았습니다." (하나만 선택하세요.)

고용주의 질문	"건강은 어떠세요?" 또는 "지난 직장에서 얼마나 결근했나요?"
질문 뒤에 숨겨진 두려움	고용주는 당신을 고용하면 결근을 많이 할까 봐 두려워합니다. 사실 이것은 법적으로 물어볼 수 없는 질문입니다.

도달하고자 하는 지점	질문이 불법이라고 해서 당신의 숨겨진 두려움을 해소할 수 없다는 의미는 아닙니다. 당신이 언급하지 않더라도 그 두려움을 없애기 위해 노력할 수 있습니다.
다음 문구를 사용하여 이 내용을 전달할 수 있습니다.	"이전 직장에서 제 생산성은 항상 다른 직원들보다 뛰어났습니다."라고 말할 방법을 찾을 수 있습니다. 이를 뒷받침할 수 있는 사례를 공유하세요.

고용주의 질문	"이 일은 당신에게 한 단계 내려가는 일 아닌가요?" 또는 "이 직업은 당신의 재능과 경험에 비해 너무 낮은 것 같나요?" 또는 "이 직무를 맡으면 고용이 불안정해질 것 같나요?"
질문 뒤에 숨겨진 두려움	고용주는 당신이 다른 곳에서 더 높은 연봉을 받을 수 있다는 것을 두려워하기 때문에 더 나은 조건이 나타나면 바로 이 직장을 떠날 것이라고 생각합니다.
도달하고자 하는 지점	당신과 고용주가 이 직장이, 당신이 근무해야 하는 곳이라는 데 동의하는 한 이 직장을 계속 다니게 됩니다.
다음 문구를 사용하여 이 내용을 전달할 수 있습니다.	모든 고용주는 좋은 직원이 너무 일찍 퇴사할까 봐 두려워하고, 모든 직원은 고용주가 정당한 이유 없이 해고할까 봐 두려워하는 등 서로에게 두려움이 있습니다. "저는 이 직책의 업무가 마음에 들고, 그 일을 잘 해낼 수 있는 기술을 가지고 있습니다.", "저는 일을 좋아하고, 지금까지 해온 모든 일에 최선을 다했습니다."라고 답합니다.

고용주의 질문	마지막으로 "당신의 가장 큰 약점은 무엇인가요?"라고 질문합니다.
질문 뒤에 숨겨진 두려움	고용주는 당신에게 어떤 성격적 결함이 있을까 봐 두려워하며, 이제라도 성급히 털어놓기를 희망합니다.
도달하고자 하는 지점	다른 사람과 마찬가지로 한계가 있지만, 당신을 개선하고 더 나은 사람이 되기 위해 끊임없이 노력합니다. 더 효율적으로 일할 수 있습니다.
다음 문구를 사용하여 이 내용을 전달할 수 있습니다.	예를 들어 "저는 주도성이 강하고 문제가 발생하기 전에 먼저 예상하는 것을 좋아하기 때문에 지나친 감독을 받는 것을 싫어합니다."와 같이 약점을 언급한 다음 긍정적인 측면을 강조하세요.

| 13. 면접관처럼 생각하기

지원자 평가 양식				
지원자 이름: _____ **직책:** _____ **날짜:** _____ **인터뷰 대상:** _____				
등급	**5-6:탁월**	**3-4:보통**	**1-2:나쁨**	**코멘트**
외모 : 단정한 외모: 적절한 복장: 전문적인 태도. 안절부절못하고 산만한 행동이 없음.				
이력서 및 기타 자료 : 전문적이고 깔끔함. 정리가 잘 되어 있음. 포트폴리오 또는 기타 작업 예시 제공.				
대인관계 기술 : 악수와 눈 맞춤이 좋음. 친절함. 예의 바름. 열정과 관심.				
포지션에 대한 지식: 포지션에 대한 명확한 이해. 회사를 조사했음. 좋은 질문을 했음. 지식을 전달했음.				
업무를 잘 수행할 수 있는 기술 : 주요 직무에 대한 직접 또는 관련 경험. 수행 능력에 대한 자신감.				
커뮤니케이션 : 명확하고 간결하며 자신감 있게 말함. 질문에 대한 강력한 답변. 좋은 문법. 설정에 적합한 음량. 잘 경청함.				
리더십 잠재력 : 타인에 대한 관심이 있음. 프로젝트 관리 경험. 동기 부여				
전반적인 평가 :				

14. 채용 프로세스의 다음 단계 문의하기

당신도 상대방을 좋아하고 상대방도 당신을 좋아한다고 가정할 때, 최종 면접이 끝나기 전에 결정할 사항이 있습니다. 이 과정에서 마지막 질문이 가장 기억에 남을 수 있으므로, 신중하게 결정하세요. 어떤 상황에서는 직접적인 접근이 적절할 수 있으므로 직접 물어볼 수도 있습니다.

"저에게 이 일을 제안해 주실 수 있나요?" 이 직책에 대한 설명을 듣고 정말 일하고 싶다고 생각되면 요청할 수 있습니다. 이 말을 듣고 고용주가 할 수 있는 최악의 말은 "안 됩니다." 또는 "면접에 대해 생각할 시간이 필요합니다."입니다. 혹시 모를 고용주의 거절에 마음의 대비를 하세요.

특정 상황에서 지나치게 대담하게 느껴진다면 "채용 절차의 다음 단계는 무엇인가요?" 또는 "언제쯤 연락을 받을 수 있나요?"라고 물어볼 수도 있습니다. 고용주가 "생각할 시간이 필요합니다." 또는 "다음 면접을 위해 연락드리겠습니다."라고 답하면 물어볼 수도 있습니다.

"언제쯤 연락을 받을 수 있을지 여쭤봐도 될까요?" 면접관은 아마도 최선의 추측을 해보고 대답하겠지만, 채용은 여러 단계의 승인을 거치는 과정입니다. 면접관을 포함한 모든 사람이 생각하는 것보다 오래 걸릴 수도 있습니다. 면접 결과가 늦어지더라도, 너무 일찍 실망하지 마세요. 지연은 거부가 아닙니다.

"어떤 이유로든 해당 날짜 이후까지 연락이 오지 않으면 제가 연락해도 될까요?"라고 물어볼 수도 있습니다. 일부 고용주는 이 질문에 화를 냅니다. 하지만 대부분의 고용주는 본질적으로 안전망이 생긴다는 점을 높이 평가합니다. 그들은 바쁘고 다른 일에 치여서 당신과의 약속을 잊을 수 있다는 걸 알고 있습니다. 이럴 때 연락하겠다고 제안하면 안심이 됩니다. 다만 여러 지원자가 계속 연락하면 불편할 수 있으므로, 이 방법은 신중하게 사용하세요. 면접 때 질문하는 것이 아니라, 언제든지 인사팀에 전화하여 해당 직책이 충원되었는지 문의할 수 있습니다.

최종적으로 고용주가 "아니오."라고 대답하면 "제 스킬과 경험에 관심이 있을 만한 다른 사람을 소개해 주시겠습니까?"라고 질문할 수도 있습니다. 이 질문은 첫 번째 질문에 "아니오."라고 대답한 경우에만 사용합니다. 상대방의 답변을 메모한 다음 자리에서 일어나 시간 내주셔서 진심으로 감사하다고 말하고 악수를 한 다음 자리를 떠납니다.

두 사람이 합의한 마지막 기한이 지나기 전까지는 그다음 날 필수 감사 이메일 외에는 연락하지 말고 약속한 모든 사항을 엄격하게 지키세요. 해당 날짜 이후에 연락했는데도 상대방이 여전히 미정이라고 말할 경우, 이런 질문을 다시 할 수는 있지만 가볍게 하세요.

15. 항상 감사 편지(메모나 이메일) 작성하기

전문가들은 모두 인터뷰에 대해 다음 두 가지를 지적합니다.

첫째, 모든 구직자는 면접이 끝난 후 감사 편지를 보내야 합니다. 둘째, 그런데도 구직자 대부분이 이 조언을 무시합니다. 실제로 전체 구직 과정에서 가장 간과되는 단계라고 해도 과언이 아닙니다.

같은 직종에 지원하는 다른 지원자들보다 돋보이고 싶다면, 그날 면접장에서 만난 모든 사람에게 감사 편지를 보내세요. 명함이 있는지 물어보고 명함을 받고, 명함이 없다면 이름과 이메일 주소를 적어 달라고 부탁하세요. 면접관과 마찬가지로 행정 보조원에게도 이렇게 하세요. 그들은 종종 왕국으로 가는 열쇠를 쥐고 있기도 하거든요.

취업에 도움이 될 수 있다는 사실 외에 면접관에게 감사 편지를 보내야 하는 6가지 이유가 더 있습니다.

첫째, 당신은 자신을 좋은 인간관계 기술을 가진 사람으로 소개했습니다. 면접과 관련된 당신의 행동이 이 주장을 뒷받침해야 합니다. 감사 편지를 보내는 것이 바로 그 역할을 합니다. 고용주는 당신이 사람들을 잘 대하는 스킬을 가지고 있음을 알 수 있습니다. 당신은 그들에게 감사하는 걸 잊지 않았으니까요.

둘째, 고용주가 당신이 누구인지를 기억할 수 있게 해줍니다. 면접관이 하루에 수십 명의 사람을 만났다면 더욱 유용합니다.

셋째, 위원회가 채용 과정에 관여하면서 첫 번째 면접에 한 명의 위원만 참석한 경우, 첫 번째 면접을 본 사람은 다른 위원들에게 보여줄 것이 있습니다. 위원회는 당신을 호의적으로 볼 것입니다.

넷째, 인터뷰가 잘 끝났고 고용주가 호의를 보였습니다. 이때 감사 편지를 보내면 당신에 대한 관심을 증폭시킬 수 있습니다.

다섯째, 감사 편지는 무심코 남긴 잘못된 인상을 바로잡을 수 있는 기회를 제공합니다. 잊고 있었던 내용 중 상대방에게 알리고 싶은 내용을 추가할 수도 있습니다. 그리고 두 사람이 나눈 대화 내용 중에서 특별히 강조하고 싶은 것이 있다면 두세 가지로 요약해서 면접관에게 각인시킬 수 있습니다.

마지막으로, 면접이 잘 진행되지 않았거나 당신도 그 일자리에 관심을 잃은 경우에 감사 편지는 "안녕히 계세요, 감사합니다."라는 의미가 됩니다. 감사 편지로 마무리를 잘 하면, 당신이 관심을 가질 만한 다른 곳에서 채용 소식을 들을 수도 있습니다. 감사 편지에 이 점을 언급하고, 다른 곳에서 채용 소식을 들으면 알려달라고 요청하세요. 인터뷰한 사람이 친절한 사람이라면 추가 정보를 보내줄 수도 있습니다.

결론

Conclusion

구직 활동에는 마법이 없습니다. 항상 효과가 있는 기술은 없습니다.

저는 이 장과 책에서 언급한 팁에 주의를 기울이고 면접을 꽤 능숙하게 치렀는데도 채용되지 않았다는 구직자들의 이야기를 자주 듣습니다. 그리고 그들은 자신이 무엇을 잘못하고 있는지 알고 싶어 합니다.

검열에는 눈에 보이는 단계와 보이지 않는 단계가 있습니다. 눈에 보이는 단계에서는 모든 것이 잘 진행되고 있는 것처럼 보일 수 있지만, 보이지 않는 단계에서는 그렇지 않을 수도 있습니다.

아직도 채용되지 않은 이유가 궁금하신가요? 안타깝게도 대답은 '당신이 잘못한 것이 없다'는 것입니다. 이런 일이 얼마나 자주 발생하는지는 모르겠지만, 고용주가 이미 다른 사람의 채용을 결정해 놓고 채용 과정을 밟는 경우도 있습니다. 때때로 그들은 다른 스킬을 가진 사람을 찾고 있습니다.

면접이 잘 진행되었다고 생각했는데 왜 거절당했는지 당황스러울 수도 있을 것입니다. 문제는 절대 알 수 없다는 것입니다. 고용주가 지원자를 거절한 이유를 알려주는 경우는 거의 없습니다. 당신은 "면접에서 너무 꼰대처럼 보였어요."와 같은 솔직한 말은 절대 듣지 않습니다. 또는 "우리가 찾던 열정과 추진력이 부족해 보였어요."와 같은 말도 들어 본 적이 없습니다. 지원자는 대부분 자신이 무엇을 잘못했는지 모른 채로 남게 됩니다.

너무 궁금해서 대담한 전략이 필요하다면, 시도해 볼 방법이 있습니다. 여러 고용주에게 면접을 봤다면 그중 가장 친절하게 대해 준 고용주가 당신을 도와주고 싶어 할 수도 있습니다. '그럴 수도 있다'는 것이지, 반드시 '그렇다'는 아닙니다.

그래도 너무 알고 싶다면 전화를 걸어 당신이 누구인지 상기시킨 다음, 질문해 볼 수 있습니다. 다음과 같이 의도적으로 일반화되고 모호하며 해당 장소와 관련이 없고 미래 지향적인 질문을요. "조언 좀 부탁드립니다. 저는 지금 여러 곳에서 여러 차례 면접을 보았습니다. 그런데 모두 통과하지 못했어요. 실례가 되지 않는다면, 면접 과정에서 제가 그곳에 채용되지 못한 원인으로 생각되는 부분이 있나요? 그렇다면 향후 채용 면접에서 더 잘할 수 있도록 몇 가지 팁을 주시면 정말 감사하겠습니다."

그들은 대부분 피할 것입니다. 회사에 법률 고문이 있다면 당연히 반대할 것입니다. 첫째, 소송이 두려워서입니다. 둘째, 상대방이 답변을 어떻게 사용할지 모른다는 점입니다.

한 퇴역 군인은 저에게 이렇게 말했습니다. "예전에는 모든 사람에게 진실을 말하는 것이 제 의무라고 생각했습니다. 하지만 이제는 진실을 사용할 수 있는 사람에게만 진실을 전합니다."

하지만 때때로 당신이 현명하게 사용할 것으로 생각하며, 위험을 감수하고 기꺼이 진실을 알려주는 자비롭고 친절한 고용주를 만날 수도 있습니다. 그렇다면 진심으로 감사하세요. 피드백이 아무리 고통스럽더라도 말이죠. 방어적으로 논쟁을 벌이려고 하지 말고, 열린 마음으로 경청하고 들은 내용을 받아들이세요. 이러한 조언에 귀를 기울인다면 면접에서 승리하기 위한 면접 전략에 변화를 줄 수 있습니다.

면접을 본 고용주로부터 이런 도움을 받을 수 없는 경우, 좋은 비즈니스 친구에게 모의 채용 면접을 해달라고 부탁하세요. 모의 면접을 녹화해서 다시 보는 것도 잊지 마세요. 모의 면접을 통해 당신에게 눈에 띄는 문제점이 발견되면, 많은 연습을 통해 고치도록 노력하세요.

이 모든 방법이 실패한다면 시간 단위로 비용을 청구하는 커리어 코치에게 가서, 그들의 부드럽고 풍부한 지식에 당신을 맡기는 것이 좋습니다. 그들과 함께 면접 역할극을 해보고 그들의 조언을 진지하게 받아들이세요. 구직 활동의 다른 부분과 마찬가지로, 면접에서도 당신이 통제할 수 있는 모든 것을 찾아서 바꾸는 것이 비결입니다! 비록 2%에 불과하더라도 말이죠.

그리고 취직이 확정되면 그 자리에서 스스로에게 한 가지 결심을 하세요. 새로운 직장에서의 성과를 매주 주말마다 개인 일지에 기록해 두는 것입니다. 커리어 전문가들은 반드시 이것을 실천하라고 권장합니다. 이러한 성과를 상사의 눈높이에 맞춰 매년 한 장에 요약해서, 연봉 인상이나 승진에 관해 고려할 때 보여줄 수 있으니까요.

카메라를 들어보세요. 무언가를 촬영하세요.

아무리 작은 것이든, 아무리 유치한 것이든,

친구나 동생이 나오든 상관없습니다.

거기에 감독으로 이름을 올리세요.

이제 당신은 감독입니다.

그 이후에는 예산과 출연료만 협상하면 됩니다.

- 제임스 카메론

Pick up a camera. Shoot something.

No matter how small, no matter how

cheesy, no matter whether your

friends and your sister star in it.

Put your name on it as director.

Now you're a director. Everything after that

you're just negotiating your budget and your fee.

— JAMES CAMERON

10장

연봉 협상을 위한
5가지 비밀

The five secrets of salary negotiation

급여는 최종적으로 채용을 확정하기 전에 반드시 논의해야 합니다. 고용주들은 대부분 채용하려고 할 때 또는 고용 제안서를 통해 보수 수준을 알려줄 것입니다. 만약 알려주지 않았다면 고용이 확실해지기 전에 물어보세요. 그리고 협상할 준비를 하세요. 고용 협상을 꼭 해야 하냐고요? 알아두어야 할 이야기 하나를 소개합니다.

최근에 졸업한 어느 구직자가 첫 직장에 취직했다고 말하면서 무척 기뻐했습니다. "연봉은 얼마를 받기로 했어요?" 제가 물었습니다. 그녀는 깜짝 놀란 표정을 지었죠. "네? 모르겠어요. 저는 물어본 적이 없어서요. 그냥 정당한 임금을 줄 거라 생각해요."

하지만 그녀는 연봉 협상이 왜 필요한지를 고통스럽게 배웠습니다. 그녀가 생각한 연봉과는 거리가 먼 급여를 받아야 했거든요. 당신도 그녀처럼 연봉 협상의 필요성을 고통스럽게 배우지 말고, 고용 제안을 수락하기 전에 급여에 관해 물어보세요. 그리고 협상하세요.

면접 시 고용주는 급여를 어느 수준까지 줄 것인지 고심하고 있을 가능성이 높습니다. 회사나 정부 정책에 의해 급여가 고정되어 있지 않다면, 대부분 협상의 여지가 있습니다. 따라서 가능한 한 높은 급여를 받을 수 있도록, 급여 범위에 관해 최대한 알아보는 것이 당신의 역할입니다.

급여를 계산할 때는 금액이 전부가 아니라는 점을 항상 명심하세요. 4대 보험(국민연금, 건강 보험, 고용 보험, 산재 보험), 휴가 및 유급 휴가 기간, 주식 등 해당 직책과 함께 제공되는 모든 혜택을 알아봐야 합니다. 이러한 항목은 실제로 받는 급여 외에 잠재적인 협상 포인트가 될 수 있습니다. 당신이 원하는 직장과 직책 분야에서 일반적으로 어떤 혜택을 주는지도 조사해 보세요. 특별히 좋은 혜택을 제공한다면 연봉을 약간 낮게 받는 것이 합리적일 수 있기 때문입니다.

예를 들어 대학교 행정직 급여는 일반 기업의 비슷한 직급에 비해 낮은 경우가 많습니다. 하지만 많은 대학에서 행정직 자녀에게 학비 혜택을 제공합니다. 대학 등록금이 비싸니까, 합하면 더 유리한 금액이거든요.

협상을 진행하기 전에 먼저 당신이 얼마나 받고 싶은지도 파악하세요. 당신이 받아들일 수 있는 최소한의 연봉은 얼마인가요? 이상적이면서 현실적인 수치는 어느 정도인가요? 어떤 제안이 주어지든 열린 마음으로 경청하고, 하나의 숫자에 집착하지 마세요. 한 번에 여러 변수를 고려해서 협상하세요.

연봉 협상은 한 번에 해결하세요. 연봉 논의를 하고 나서 또 다른 협상 조건을 가지고 고용주에게 다시 찾아가지 말라는 것입니다. 연봉을 협상하는 동안 당신이 쓸 수 있는 카드를 테이블 위에 놓아두세요. 예를 들어 결혼식이 있어서 근무 시작 2주 후에 휴가를 내야 한다면, 연봉 협상을 할 때 논의하세요. 근무 첫날까지 기다렸다가 그 얘기를 꺼내지 마세요.

협상의 범위가 얼마나 넓은지는 조직에서 얼마나 높은 직급인지와 관련이 있습니다. 직급이 낮을수록 협상 여지가 적습니다. 동일한 기본 직책에 많은 사람이 채용되는 경우 협상의 여지가 적습니다. 관심 있는 지원자가 매우 많은 좋은 직책이라면 협상의 여지는 더 적을 것입니다. 그렇다고 해서 협상을 하지 말라는 건 아닙니다. 다만 협상의 여지가 없다는 답변을 들을 각오를 하세요. 연봉 협상 답변을 듣고 나서도 여전히 채용되기를 원하는지 결정하세요.

기본적으로 연봉을 협상할 때 명심해야 할 5가지 비밀이 있습니다.

연봉 협상의 첫 번째 비밀
The five secrets of salary negotiation

○

●

⬡

⬢

면접에 가기 전에 해당 분야와 해당 조직의 일반적인 급여에 대해 자세히 알아보세요.

연봉 협상은 고용주가 공개적으로 급여를 정해 놓지 않았거나 협상할 수 없다고 명시하지 않은 경우에 필요합니다. 자, 여기 수만 달러를 좌우하는 질문이 있습니다. 고용주가 처음 제시하는 금액이 시작 금액일 뿐인가요, 아니면 최종적으로 줄 금액인가요?

면접하기 전에 먼저 해당 분야와 해당 조직에 대한 조사를 해보고, 연봉 범위를 준비하세요. 해당 분야의 연봉에 대한 철저한 조사는 최종적으로 받는 금액을 크게 높일 수 있습니다. 꽃 연습에서 얻은 지식도 결합해서 범위를 정하세요.

항상 그런 것은 아니지만, 제가 아는 많은 구직자와 이직자들이 이런 시도를 통해 연봉을 더 받은 경험이 있습니다. 손해볼 일 없으니 시도해 볼 만한 가치가 있겠죠? 채용을 결정한 후에는 연봉 협상을 할 수 없으므로, 동의하기 전에 반드시 협상해야 합니다. 일단 직원이 되면 적어도 승진할 때까지는 매년 조직에서 정하는 일반적인 비율로만 인상됩니다!

그렇다면 연봉 조사를 어떻게 할까요? 온라인과 오프라인에서 확인할 수 있는 두 가지 방법이 있습니다. 차례대로 각각 살펴보겠습니다.

온라인 급여 조사

인터넷 덕분에 이미 많은 조사가 완료되었습니다. 특정 지역, 직위, 직종, 산업 또는 특정 조직의 급여에 관한 정보를 얻을 수 있는 무료 사이트를 소개합니다.

- www.glassdoor.com : 이 사이트에서는 해당 지역의 직책과 그에 상응하는 평균 급여를 검색할 수 있습니다. 또한 60만 개가 넘는 기업의 직원 리뷰도 찾아볼 수 있습니다.

- www.payscale.com : 관심 분야, 경력, 선호 지역에 대한 몇 가지 질문에 답하면 알고 싶은 기업의 예상 급여 범위를 알 수 있습니다. 모든 질문에 답할 필요는 없으며 필수 질문만 답하면 됩니다. 하지만 더 많이 답변할수록 더 정확한 결과를 얻을 수 있습니다.

- www.salary.com : 사람들이 가장 많이 방문하는 직업 사이트입니다. 임금 전문 사이트로, 급여에 대한 다양한 정보를 확인할 수 있습니다.

- www.indeed.com : 급여 전문 사이트는 아니지만, 인디드 Indeed는 특정 채용 공고에 대한 급여를 게시하고 급여 범위별로 구인 목록이 정렬되어 있습니다. 직책과 취업하고자 하는 지역을 입력하면 가능한 채용 공고와 대략적인 급여 범위를 확인할 수 있습니다.

- www.bls.gov/ooh : 매년 업데이트되며, 미국 노동통계국의 직업 전망 핸드북에서 개별 직업의 연봉을 조사합니다. 가장 높은 급여를 받고, 가장 빠르게 성장하며, 가장 많은 일자리를 제공하는 직업이 목록에 포함됩니다.

- www.MyPlan.com : 이 사이트에는 학사 학위가 필요 없는 직업 목록을 포함해서, 미국에서 가장 높은 임금을 받는 직업 목록이 여러 개 있습니다. 채용 정보에서 상위 10개 목록을 선택하면 해당 정보를 제공합니다.

- www.salaryexpert.com : 여기에는 분야, 기술 수준 및 경력에 따라 다양한 수백 개의 직책에 대한 무료 연봉 보고서를 포함하여 연봉에 관한 많은 자료가 있습니다. 또한 급여 계산기도 있습니다.

위의 모든 사이트에서 원하는 기업의 급여 조사에 실패했다면, 좀 더 영리하게 해당 분야의 전문가에게 물어봐야 합니다.

오프라인 급여 조사

오프라인에서는 어떻게 급여를 조사할까요? 간단한 규칙이 있습니다. 인터넷이나 책을 버리고, 사람들과 직접 만나서 이야기해 보세요. 다음은 몇 가지 아이디어입니다.

- 가까운 대학이나 전문대학에 해당 분야의 직원을 양성하는 사람들이나 학과가 있을 것입니다. 그곳을 방문해서 정중하게 인터뷰를 요청해 보세요. 교사와 교수는 졸업생들의 연봉을 알고 있을 것이고, 일부 대학 커리어 센터에서는 졸업생들의 연봉 데이터를 게시하기도 합니다. 실제 직장을 방문해서 문의할 수도 있습니다.

- 원하는 기술을 갖춘 인재를 채용하는 임시직 에이전시나 직업소개소에 문의하세요. 고려 중인 업계의 직책에 대한 일반적인 급여 또는 시간당 임금에 대해 물어보세요.

- 관심 있는 분야의 정보 습득을 위한 인터뷰를 진행할 때, 인터뷰 대상자에게 어느 정도의 연봉을 받을 수 있는지 물어보세요. 대부분 자신의 연봉을 상세히 알려주지는 않겠지만, 해당 분야의 일반적인 연봉 범위를 알려줄 수도 있습니다.

- 대기업의 경우, 인사 부서에서 조직 내 직책에 대한 일반적인 급여 범위 정보를 얻을 수 있습니다.

- 급여 정보를 문의할 때는 정확한 금액보다는 범위를 문의하세

요. 일반적으로 범위를 물어보는 쪽이 정보를 얻을 가능성이 더 높습니다.

연봉 협상의 두 번째 비밀

The second secret of salary negotion

○

●

⬡

⬢

면접을 본 조직의 전체 면접 과정이 끝날 때까지, 그리고 당신을 채용한다고 확실히 말하기 전까지는 연봉 이야기를 꺼내지 마세요.

'전체 면접 과정이 끝나는 시점'이란 고용주가 '이 사람을 꼭 뽑아야겠다!'라고 말하거나 생각하는 시점을 말합니다. 첫 번째 면접이 끝날 때일 수도 있고, 두 번째 혹은 세 번째 면접이 끝날 때일 수도 있습니다. 면접 방식으로 보면 개별 면접이 끝날 때, 혹은 같은 회사나 조직 내의 여러 사람에게 면접을 보거나 한꺼번에 여러 사람을 대상으로 하는 일련의 면접이 끝날 때일 수도 있겠죠. 면접과 협상 과정에서는 항상 평가 받기 때문에, 연봉 협상을 할 때도 면접에서와 마찬가지로 긍정적인 태도를 유지하세요.

첫 번째, 두 번째, 세 번째, 네 번째 면접 이후에도 상황이 호의적이고 당신이 점점 더 마음에 든다면 채용을 제안할 것입니다. 이때, 고용주의 마음속에 필연적으로 떠오르는 질문은 이것입니다.

'이 사람에게 급여를 얼마나 줄 것인가?'

당신의 마음속에도 질문이 있죠.

'이 직업의 급여 수준은 얼마나 될까?'

이때쯤이면 당신은 이 분야 또는 직책의 급여에 대한 조사를 완료했어야 합니다. 고용주가 면접을 시작할 때 "연봉을 얼마나 받기 원하십니까?"라는 식으로 연봉에 관해 질문을 먼저 한다면, 세 가지 답변을 준비해 두어야 합니다.

답변 1

가장 적절하고 재치 있는 답변은 "저를 확실히 원하고 제가 여기서 업무나 프로젝트를 확실히 도울 수 있다고 결정하기 전까지는, 연봉에 대한 논의는 시기상조라고 생각합니다."라고 답하는 것입니다.

대부분 이 말이 받아들여집니다. 하지만 그렇지 않은 경우, 다음 답변이 필요합니다.

답변 2

면접을 시작한 지 2분도 되기 전에 원하는 연봉을 묻는 고용주를 만날 수도 있습니다. 이때는 "기꺼이 말씀드리겠지만, 먼저 이 직무가 어떤 일인지 이해하도록 도와주시겠습니까?"와 같은 예비 답변이 필요할 수 있습니다.

대부분 이렇게 하면 반응이 좋습니다. 하지만 효과가 없다면 어떻게 해야 할까요? 그렇다면 다시 시작해야겠죠.

답변 3

고용주가 "나는 정말 알고 싶습니다. 원하는 연봉을 알려주세요." 이렇게까지 나온다면 하는 수 없습니다. 네, 맞아요. 이때는 솔직하게 말해야 합니다. 다만 액수를 정확한 숫자로 말할 필요는 없으며, 범위로 답변하는 편이 좋습니다. 예를 들어 "비슷한 직급을 조사한 결과 55,000~65,000달러의 연봉을 원하지만, 복리 후생 측면에서 전체 패키지가 어떤지 알고 싶습니다."라고 답할 수 있습니다.

이 시점에서 어떤 일이 일어나는지 지켜봐야 합니다. 그들이 당신이 말한 범위를 받아들일 수도, 받아들이지 못할 수도 있으니까요. 당신 역시 이곳이 당신이 원하는 직장이 아니라고 결정할 수 있습니다. 이 부분에서 융통성이 없고 당신이 원하는 금액보다 적게 준다고 해도 정말로 원하는 일자리라면 받아들일 수도 있습니다. 물론 "생각할 시간이 좀 필요합니다."라고 말하며 하루 정도 결정을 미룰 수도 있습니다.

하지만 방금 언급한 내용은 최악의 시나리오에 불과합니다. 보통 연봉 협상 이야기가 나올 때는 쌍방에서 채용을 염두에 둔 시점이기 때문에, 이렇게 무력감을 느낄 정도로 상황이 나쁘게 진행되지는 않을 것입니다.

요즘 대부분의 면접에서 고용주는 단독으로 또는 그룹으로 면접을 진행하면서 지원자를 채용하려고 최종적으로 결정할 때까지 연봉 협상을 미루려고 합니다. 물론 지원자도 원한다고 결정할 때, 그 시점에서 연봉을 협상하려고 합니다.

그렇다면 언제 보수를 언급하는 게 좋을까요? 일반적으로 다음 조건이 충족될 때까지는 연봉에 대해 언급하지 않는 것이 좋습니다.

- 고용주가 당신을 잘 알고 다른 지원자보다 돋보이며 더 높은 가치가 있는지 알게 되었을 때
- 당신이 최대한 완벽하게 그들을 알고, 당신이 일하고 싶은 곳

이라고 판단할 때

- 해당 직무에서 어떤 일을 하는지 정확히 알게 되었을 때
- 고용주가 당신이 그들의 직무 요구사항에 부합하는지 충분히 알아봤을 때
- 당신이 그 직장에 대한 최종 면접을 보고 있을 때
- 당신이 정말 그곳에서 일하고 싶다고 결정했을 때
- 고용주가 "좋아요, 우리는 당신을 원합니다."라고 말할 때
- 그들이 당신을 고용하고 싶다는 느낌을 전달했을 때

이 내용을 다이어그램 형식으로 정리하면 다음과 같습니다.

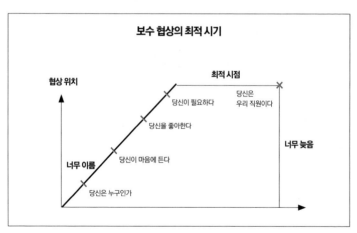

『Ready, Aim, You're Hired』의 저자이자
Express Potential(www.expresspotential.com)의 대표인
폴 헬먼Paul Hellman의 허가를 받아 재인쇄함

채용 면접에서 지원자가 빛난다면, 면접을 시작할 때 생각했던 것보다 더 높은 연봉을 제시할 수도 있습니다. 특히 면접이 성공적으로 진행되고 고용주가 유능한 인재를 놓치기 싫어한다면, 고용주는 마음먹었던 금액을 높여서라도 당신을 채용하려고 할 것입니다.

연봉 협상의 세 번째 비밀

The third secret of salary negotion

○

●

◇

⬢

연봉을 협상할 때, 절대로 먼저 정확한 연봉 숫자를 언급하지 마세요.

보수 이야기를 꺼내지 않을 수 없는 때가 오더라도, 절대로 먼저 급여를 말해서는 안 됩니다. 이 대화는 고용주가 먼저 시작하게 하세요.

왜 그럴까요? 아무도 정확한 이유를 모릅니다. 하지만 이렇게 입장이 엇갈릴 때, 구직자는 최대한 많은 금액을 받으려고 하고 고용주는 최대한 적은 금액을 주려고 합니다. 따라서 구체적인 액수를 먼저 언급하는 쪽이 일반적으로 불리합니다. 수년 동안 관찰한 결과가 그렇습니다.

경험이 없는 고용주나 면접관은 이 이상한 규칙을 모르는 경우가 많습니다. 하지만 경험이 많은 면접관들은 이 규칙을 잘 알고 있습니다. 그래서 그들은 "연봉은 얼마 정도 원하십니까?"와 같이 순진하게 들리는 질문을 던집니다. 원하는 연봉 수치를 먼저 말하게 하려고요.

원하는 것을 물어봐 주기 때문에 친절하다고요? 아닙니다. 절대 아니에요! 친절과는 아무 상관이 없습니다. 그들은 과거 수만 건의 인터뷰를 통해 교훈을 얻었기 때문에, 당신이 먼저 정확한 금액을 말해 주기를 바라고 있을 뿐입니다.

따라서 상대방이 먼저 원하는 금액을 말해 달라고 하면, "이 직책의 일반적인 연봉을 조사해 봤는데, 대략적인 수치는 알고 있습니다."라고 대답하는 것이 좋습니다.

연봉 협상의 네 번째 비밀
The fourth secret of salary negotiation

○

●

⬡

⬡

고용주가 정한 연봉 범위를 조사한 다음, 고용주의 범위와 비교해서 당신이 받으려는 연봉의 범위를 정합니다.

꽃 연습을 마쳤을 때, 당신은 당신에게 필요한 돈과 원하는 직책에 맞는 연봉 범위를 설정했어야 합니다. 이미 정하셨죠? 그게 아니라면 꽃 연습으로 돌아가서 급여에 관한 다섯 번째 꽃잎을 완성하세요.

고용주에 관한 조사에서 당신이 파악할 일은 단순한 연봉 수치가 아닙니다. 고용주가 제시할 수 있는 최소 금액과 고용주가 기꺼이 줄 수 있는 최대 금액, 즉 연봉의 범위가 필요합니다. 온라인 조사를 통해 다양한 분야의 일반적인 연봉 범위를 파악해야 합니다.

원하는 직책이 어떤 수준의 기술이나 전문성을 요구하는지 생각해 보는 것이 유용할 때가 많습니다. 많은 고용주는 일반적으로 각 직책이 속하는 위치에 따라 급여 범위를 조정합니다. 해당 직책을 맡은 사람이 학습해야 업무를 할 수 있는 '신입'인지, 약간의 교육만 받으면 바로 업무에 투입할 만큼 경험이 충분한 '중간급'인지, 전략 차원에서 업무를 수행할 수 있는 '리더급'인지에 따라 급여 범위가 달라지죠.

자, 면접을 볼 때 당신은 어떤 범주에 속한다고 생각하시나요? 경력이 있다면 바로 업무를 수행할 능력을 언급하여 중간 정도의 연봉을 받을 자격이 있다고 말해야 합니다. 반면에 초보자이고 교육이 필요하다면 연봉을 논의할 때 이를 염두에 두어야 합니다.

이제 당신은 이 게임의 진정한 전문가가 되어야 합니다. 그걸 위해서 약간의 계산을 해봐야 합니다. 원하는 직종에 대한 고용주의 연봉 범위가 36,000~47,000달러라고 가정해 보겠습니다. 면접에 들어가기 전에, 면접에서 연봉 협상 단계로 넘어갈 때 할 질문을 스스로 정하세요. 당신이 요구할 연봉의 범위는 고용주의 최대치 바로 아래에서 시작하고, 거기서부터 올라가야 한다는 점에서 유용합니다. 이 방법은 다음의 다이어그램처럼 표현할 수 있습니다.

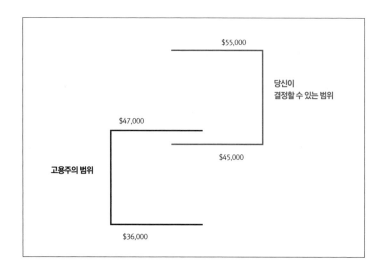

$55,000

당신이
결정할 수 있는 범위

$47,000

$45,000

고용주의 범위

$36,000

따라서 고용주가 최저 연봉(이 경우 3만 6,000달러 정도)을 제시하면 다음과 같이 대답할 준비를 해야 합니다. "물론 요즘 조직이 처한 상황과 조건은 이해합니다. 하지만 제 생산성은 연봉을 정당화할 정도로 높을 것임을 확신합니다."라고 말합니다. 당신이 제시하는 가장 낮은 수치의 연봉 범위를 고용주가 제시한 상단 바로 아래에서 정하는 거죠. 위의 사례에서는 45,000~55,000달러 범위로 받고자 하는 연봉을 요구합니다. 해당 조직을 위해 돈을 벌거나 비용을 절약할 방법을 제시할 수 있다면, 이 협상에 많은 도움이 될 것입니다.

이렇게 하면 당신이 요구하는 높은 연봉을 정당화할 수 있습니다. 상대방이 당신의 제안을 낮은 범위에서 받아들이더라도, 고용주가 지불하려고 하는 최고 금액에 근접해 있습니다.

하지만 이 작업은 위험하다는 점을 명심하세요. 네. 약간의 노력이 필요합니다. 그리고 일을 해낼 수 있다는 자신감도 필요합니다.

적어도 그 장소에서 모든 노력을 했는데도 효과가 없다면 어떻게 해야 할까요? 예를 들어 고용주가 요구하는 상한선이 있고, 그 상한선이 당신이 요구하는 하한선보다 낮으며, 당신이 당신의 가치를 낮추려고 하지 않을 때 말입니다.

유럽 일자리 전문가인 다니엘 포롯Daniel Porot은 일하고 싶지만 필요한 만큼 급여를 받기 어렵다면, 당신의 일부 시간만 일하는 것을 협상해 보라고 합니다. 전일제가 아니라 시간제 근무를 고려해 보라는 것입니다.

예를 들어 연간 5만 달러가 필요하고 받을 자격이 있지만 고용주가 3만 달러만 지불 가능하다고 하면, 3만 달러를 받고 일주일에 3일 동안만 일하는 것을 협상하라는 거죠.

이렇게 하면 나머지 이틀 동안은 다른 곳에서 자유롭게 일할 수 있습니다. 물론 당신은 주 3일 동안에 5일 동안 할 만큼 작업하려고 할 것이고, 그들은 이 거래를 환영하지 않을 이유가 없겠죠.

결론은 이것입니다. 원하는 연봉과 맞지 않더라도 그 일자리를 원하시나요? 이 사실을 아는 사람은 오직 본인뿐이며, 재정적 희생을 감수할 만한 가치가 있는 직업인지 결정해야 합니다. 향후 승진 가능성, 받을 수 있는 혜택, 경제가 불안정할 때 직장을 갖는 안정감 등 다른 요소도 염두에 두세요.

연봉 협상의 다섯 번째 비밀

The third secret of salary negotion

○

●

⬡

⬢

연봉 협상을 마무리하는 방법을 알아보세요. 결정하지 않은 상태로 남겨두지 마세요.

고용주와의 연봉 협상은 임금 이상의 문제를 다룰 때까지 끝난 것이 아닙니다. 독립 계약자가 아니라면 부가 혜택에 관해서도 이야기해야 합니다. 앞서 언급한 4대 보험 및 휴가 또는 유급 휴가 기간 퇴직 프로그램 등의 복리 후생을 확인하세요.

면접에 들어가기 전에 당신에게 특히 중요한 혜택이 무엇인지 결정해 둬야 합니다. 당신은 꽃 연습을 할 때 이미 이것을 파악하고 필요한 혜택을 다섯 번째 꽃잎에 기록했습니다. 아직 하지 않았다면, 다시 돌아가서 해당 꽃잎을 마무리하세요. 그런 다음, 기본급에 대한 협상이 마무리되면 어떤 혜택이 제공되는지 물어볼 수 있습니다. 미리 생각해 두었다면 어떤 혜택이 가장 중요한지를 미리 결정하고, 이를 얻기 위해 싸울 준비가 되어 있어야 합니다.

그리고 이 작업이 완료되면, 즉 고용주와 당신이 서로를 원하고 연봉 협상과 복리 후생에 대한 최종 논의가 끝나면, 상대방이 제안하는 모든 사항을 서면으로 작성해서 받아두는 것이 좋습니다. 제 말을 믿으세요. 서면으로, 또는 자필로 작성하고 서명하세요.

안타깝게도 많은 경영진은 채용 면접에서 자신이 한 말을 '잊어버리거나' 심지어 그런 말을 한 적이 없다고 부인하기도 합니다. 이런 일이 있어서는 안 되지만 실제로 일어납니다. '돌다리도 두드려보고 건너라'는 말이 괜히 있는 게 아닙니다.

가끔은 자신이 한 말을 정말로 잊어버리기도 합니다. 하지만 알면서 장난을 치는 경우도 있습니다. 또는 후임자가 채용 당시 당신이 주장한 구두 약속을 부인할 수도 있습니다. 후임자는 "전임자가 그런 말을 했는지는 모르겠지만, 이것은 제 권한을 넘어선 것이므로 당연히 우리가 책임질 수 없습니다."라고 답할 수도 있습니다.

반복합니다. 서면으로 작성하세요. 그리고 서명하세요. 합의서 또는 고용 계약서를 작성하는 것입니다. 예를 들어 10인 이하 소규모 고용주라면 작성 방법을 모를 수도 있습니다. 이럴 때는 검색 엔진에 '연봉 계약서 샘플'이라는 검색어를 입력하면 많은 무료 샘플을 찾을 수 있습니다. 본인 또는 고용주가 작성할 수 있고, 작성 후에 서명하면 됩니다.

당신은 이것을 요청할 모든 권리가 있습니다. 당신이 요구했는데도 제공을 거부하는 경우에는 조심하세요. 신뢰할 수 없는 고용주일 수 있습니다.

구직 활동에는 어느 정도 운이 따라야 합니다. 하지만 엄청난 행운이 필요한 것은 아닙니다. 약간의 행운과 노력, 결단력만 있으면 됩니다. 위에서 말한 지침과 조언이 도움이 될 것입니다.

발명가가 탄생에 성공한 창조물을 볼 때 느끼는 것보다

더 감동적인 것은 없습니다.

그 감정은 음식, 수면, 친구, 사랑,

모든 것을 잊게 만듭니다.

- 니콜라 테슬라

There's nothing more inspiring than the feeling an

inventor gets when they see their creation come to life.

That feeling makes you forget about food, sleep,

friends, love, everything.

— NIKOLA TESLA

11장
나만의 비즈니스를
시작하는 방법

How to start your own business

구직 활동이 마음대로 되지 않으면 절망적인 순간에 '다른 사람을 위해 일하는 직장을 그만 찾고 내 사업을 시작해야겠다.'라는 생각이 들 수도 있습니다. 어떤 사람들은 다른 사람을 위해 일할 필요 없이 자신이 직접 사업을 운영하고 싶다고 생각합니다. 설문조사에 따르면 직장인 10명 중 8명 정도는 인생의 어느 시점에 이런 생각을 해본 적이 있다고 합니다. 사람들은 꿈을 꾸니까요.

사람들에게 '친환경적인' 방법을 가르치는 웹사이트를 만들고 싶은 것이 당신의 꿈일 수도 있습니다. 환경 보호에 기여하고 싶을 수도 있습니다. 아니면 보석 장신구를 만들어 판매하고 싶은 꿈이 있을 수도 있죠. 아니면 수년간 비즈니스 세계에서 쌓은 전문성을 활용해서 컨설턴트가 될 수도 있겠죠. 부동산 임대업을 하거나요. 이런 모든 것들이 창업에 해당합니다.

아니면 꿈이 없을 수도 있습니다. 그저 다른 사람을 위해 일하고 싶지 않아서 사장이 되고 싶을 수도 있습니다. 사실 창업은 어떤 제안에도 열려 있으니까요.

창업 실행의 3가지 사례

Three examples of start-up practices

○
●
⬡
⬢

창업을 실행하는 건 쉬울 때도 있습니다. 때로는 매우 어려울 때
도 있지요. 실제 사례 몇 가지를 살펴보겠습니다.

사례 1

물리 치료사 교육을 받은 앨런Alan은 지역 병원에 취업하는 데
어려움이 없었습니다. 하지만 앨런은 실내에만 있는 것을 좋아하지
않았고, 밖에서 일할 수 있기를 원했습니다. 그는 사진에 능숙하고
가구를 잘 손질하며 중고품 가게와 벼룩시장을 좋아했습니다. 그는
또한 손으로 작업하는 것을 좋아했습니다. 특히 특정 시대의 가구

를 좋아했고, 전문가가 되기 위해 열심히 빠르게 배웠습니다. 그는 특정 시대 가구를 좋아하는 팬들이 그 가구에 얼마를 지불하는지 알게 되었습니다.

그는 지역 중고품 가게, 벼룩시장, 부동산 판매, 인터넷 등을 샅샅이 뒤져 실제 가치보다 낮은 가격에 판매되는 가구를 찾기 시작했습니다. 그리고 그것들을 사서 작업장으로 개조한 차고로 가져가 아름답게 보이도록 손질했습니다. 그런 다음 매력적인 사진을 찍어 이베이eBay, 엣시Etsy, 넥스트도어Nextdoor 및 기타 사이트에 올렸습니다. 전문성이 알려지면서 사람들은 그가 온라인에 올린 모든 것을 구매하기 시작했습니다. 그는 단골 고객 목록을 관리하면서 새로운 상품을 공개적으로 발표하기 전에 고객에게 먼저 알림을 보내기도 했습니다. 이제 그는 자신의 작업으로 큰 수익을 올리고 있습니다. 게다가 좋아하는 야외에서 많은 시간을 보낸답니다.

사례 2

전업주부이자 전직 사서였던 베스Beth는 지역 도서관에서 자원봉사를 하며 자신의 연구 기술을 최신 상태로 유지하는 것을 좋아했습니다. 그녀는 고객들이 다양한 프로젝트에 필요한 자료를 찾도록 도와주는 것을 즐겼습니다. 어머니가 중태에 빠지자 더 이상 자원봉사를 할 시간이 없었지만, TV 프로그램 '뿌리 찾기'를 시청하면서 어머니의 가계도 조사라는 새로운 프로젝트를 시작하게 되었습니다.

그녀는 여러 족보 사이트에 계정을 설정하고 신속하게 가족 정보를 발견하는 과정이 매우 흥미로웠습니다. 그녀는 온라인에서 찾은 법적 기록, 사진, 신문 스크랩 및 기타 항목으로 1700년대까지 어머니의 가족을 추적하는 방대하고 매력적인 가계도 스크랩북을 만들었습니다. 어느 날 어머니의 병실에 스크랩북을 두고 왔는데, 며칠 후 간호사 중 한 명이 다가와 스크랩북에 대해 문의했습니다. 간호사는 자신의 어머니와 아버지를 위해 비슷한 프로젝트를 만들 수 있는지 알고 싶어 했죠.

소문이 퍼지면서 베스는 가족을 돌보는 일과 병행할 수 있는 새로운 파트타임 '직업'을 얻게 되었습니다. 그녀는 조상 찾기 소프트웨어를 구입하고 미국 계보학회에 가입한 후, 계보학 온라인 강좌를 수강하기 시작했습니다. 언젠가는 공인 계보학자가 되고 싶다는 그녀는 도서관 등에서 프레젠테이션을 통해 자신의 사업을 마케팅하고 있습니다. 그녀는 작업의 속도와 시간을 조절할 수 있고 가족에 대한 책임이 줄어들면 사업을 성장시킬 수 있다는 점이 마음에 듭니다.

사례 3

마리아Maria는 10년 동안 기업 인사부에서 근무했습니다. 채용 후보자를 인터뷰하고 복리 후생 패키지를 관리하며 채용 과정의 서류가 제대로 관리되고 기록되는지 확인하는 업무를 담당했죠. 그녀는 회사에서 후보자들을 면접한 뒤, 채용 프로세스와 관련된 양식과 서류를 제출할 때 자신의 에너지가 왕성해진다는 것을 발견했습니다. 마침 회사에 교육 과정이 생겼고, 그녀는 커리어 코칭에 관한 교육 과정을 발견하고 등록했습니다.

교육 과정 내내 '나도 할 수 있겠다'는 생각이 들었지만, 수입과 혜택을 포기하기는 꺼려졌습니다. 그래서 그녀는 웹사이트를 만들고 토요일 오전에 코칭 세션을 제공하기 시작했습니다. 그녀는 교회에서 몇 개의 코칭 그룹을 운영했고, 그 그룹에서 한두 명의 고객과 함께 일하기 시작했습니다. 그동안 그녀는 새 사업체의 이름을 짓고 이력서 작성 가이드를 만들어 웹사이트를 통해 이메일 주소를 알려주는 모든 사람에게 무료로 제공했습니다. 그녀는 웹사이트에 블로그를 개설했고 커뮤니티에서 강연 기회가 생기기 시작했습니다.

비즈니스를 발전시키면서 그녀는 고객들이 구직 활동을 위한 '마케팅 패키지'를 만들 수 있도록 돕는 데만 집중했습니다. 처리할 수 있는 고객보다 더 많은 고객을 유치하기 시작하자, 그녀는 요금을 인상했습니다. 새로 받은 수수료 덕분에 그녀는 파트타임 직장을 그만두는 것을 진지하게 고려할 수 있었습니다. 2년 후 그녀는 과감한 결단을 내렸고, 지금은 전 세계의 고객들과 함께 일하며 이력서 및 온라인 마케팅 패키지를 구성하는 데 도움을 주고 있습니다. 그녀는 회사에서 일할 때와 같은 수입을 얻지는 못하지만, 자유롭고 유연성 있는 업무 스타일이 무척 마음에 듭니다. 매일 사무실에 출근할 필요가 없어서 주유비, 전문 의류, 점심 식사, 육아 비용도 절약하고 있습니다.

위 이야기들은 실제 사례이며, 개인 정보 보호를 위해 이름만 변경했습니다. 이런 사례에서 공통적으로 나타나는 몇 가지 사항을 확인해 보겠습니다.

- 이 사람들은 자신의 사업을 시작하는 데 많은 돈이 필요하지 않았습니다.
- 하지만 이를 실현하기 위해 때로는 많은 양의 조사를 해야 했습니다.
- 세 사람 모두 인터넷을 사용하여 제품, 서비스 또는 전문 지식을 알렸습니다.
- 이들 중 누구도 자영업을 고려할 때 프랜차이즈에 가입하거나

'재택근무' 프로젝트에 빠져드는 등 전통적인 경로를 밟지 않았습니다. 요즘 자영업은 예전의 자영업과 상당히 다른 모습을 하고 있습니다.

이 장을 읽고 있는 당신은 혼자 사업을 시작하고, 직접 사장이 되는 것에 대해 고민하고 있을 것입니다. 어디서부터 시작해야 할까요?

어떤 비즈니스로 진출하고 싶은지 모를 때
When you have no idea what business you want to go into

○

●

⬡

⬢

창업하고 싶지만 어떤 종류의 비즈니스를 하고 싶은지 전혀 모른다고 가정해 봅시다. 어떻게 시작해야 할까요? 철저하고 성실한 사람이라면 누구나 충실히 따라야 할 네 가지 단계가 있습니다. 쓰고, 읽고, 탐색하고 피드백을 받는 거죠.

쓰기

1. 이 책의 꽃 연습부터 시작하세요. 그냥 읽지 마세요, 해보세요! 이 책 전체에서 반복해서 말하는 것처럼, '누가'가 '무엇'보다 먼저입니다. 무엇을 하고 싶은지 결정하기 전에 먼저 자신이

누구인지 명확하게 파악하세요. 무엇을 하기로 결정하는 것은 궁극적으로 자신이 누구인지에서 비롯되어야 합니다. 꽃 다이어그램을 완성한 후에는 전체 꽃 다이어그램을 살펴보고 꽃잎 중 하나 또는 일부에서 자신의 사업에 대한 아이디어가 떠오르는지 살펴보세요.

2. 빈 종이에 사업 아이디어 목록을 작성합니다. 나머지 단계를 진행하면서 떠오르는 아이디어도 같은 종이를 사용하세요. 한 페이지에 한 줄로 정리하세요.

3. 아직 이력서를 작성하지 않았다면 8장의 이력서 체크 리스트와 비교해서 해당 분야에 가장 적합한 이력서를 작성했는지 확인하세요. 작성하고 나서 이력서를 읽어보고 당신만의 비즈니스에 대한 아이디어가 떠오르는 내용이 있는지 살펴보세요. 다른 사람에게 고용되어 오랫동안 이 일을 해왔을 수도 있습니다. 하지만 이제는 독립 회계사, 마사지 치료사, 비즈니스 컨설턴트, 수리공, 댄스 강사, 홈 데코레이터, 가정 간호사, 공예가, 제품이나 서비스의 생산자 또는 판매자 등, 어떤 종류의 일을 하고 싶다고 생각할 것입니다. 그렇다면 그 종이에 당신의 멋진 아이디어를 추가하세요.

4. 영감이 떠오르지 않는다면 다니엘 핑크의 처방을 시도해 보세요.

- 당신이 잘하는 일 다섯 가지 목록을 작성하세요.
- 그런 다음 하고 싶은 일 5가지를 두 번째 목록으로 작성하세요.
- 그리고 처음 두 목록이 겹치는 곳에 세 번째 목록을 만듭니다.
- 목록을 읽어보세요. 그리고 "이런 일을 하라고 돈을 주는 사람이 있을까?"라고 자문해 보세요. [37]

5. 사장이 되고 싶지만 어떤 업종에 진출해야 할지 모르겠다면 O-NET(www.onetonline.org)을 방문해보세요. 직업 찾기를 클릭하고 드롭다운 메뉴에서 커리어 클러스터를 클릭합니다. 해당 드롭다운을 클릭하고 마음에 드는 클러스터 제목이 있는지 확인합니다. 그 제목을 종이에 적습니다. 그런 다음 고급 검색을 클릭하고 해당 드롭다운에서 O-NET 데이터로 찾아보기를 클릭합니다. 10개의 부제목이 표시됩니다. 능력, 관심사, 지식, 기술, 업무 활동, 업무 상황, 업무 스타일, 업무 가치관, 기술 검색, 도구 및 기술입니다. 각 항목을 차례로 클릭하고 매력적이거나 흥미로운 내용을 해당 종이에 적으세요.

읽기

이런 생각과 글쓰기를 통해 새로운 아이디어가 떠오르기를 바랍니다.

세 가지의 다른 벤처 비즈니스의 가능성이 떠오른다면 정말 잘한 것입니다. 그 세 가지 중에 당신이 정말 즐겁게 할 수 있고 열정을 느낄 수 있는 것이 하나라도 있다면, 그 분야를 먼저 탐색해 보세요. 두 번째, 그리고 세 번째도요!

다음으로 직접 운영할 때의 장점과 위험에 대해 살펴보세요! 비즈니스로 도약하기 전이니까요. 인터넷에는 이에 대한 수많은 정보가 있습니다. 예를 들어 다니엘 핑크Dan Pink의 인터뷰(https://workforce.com/news/dan-pink-interview-free-agent-nation-evolves)를 살펴보세요. 그의 대표 저서는 『프리에이전트의 시대Free Agent Nation』입니다. 그의 기본 논지는 다음과 같습니다.

자영업은 다른 시대보다 더 광범위한 개념이 되었습니다. 이제 이 개념에는 자신의 사업을 소유한 사람뿐만 아니라 여러 고객을 위해 일하는 독립 계약자, 임시 대행사를 통해 매일 일하는 임시직 및 계약직, 프로젝트처럼 정해진 시간 동안만 일하고 다른 회사로 이동하는 기간제 근로자, 컨설턴트 등 프리 에이전트도 포함됩니다. 이

글은 '프리 에이전트'가 되고 싶은지 여부를 결정하는 데 도움이 되는 흥미로운 글입니다.

다음은 창업에 관해 살펴볼 수 있는 몇 가지 다른 자료들입니다.

중소기업청

www.sba.gov

SBA는 중소기업의 창업, 관리 및 성장을 돕기 위해 설립된 연방 프로그램입니다. 유용한 글과 조언이 많이 나와 있습니다.

비즈니스 소유자를 위한 툴킷

www.wolterskluwer.com/en

여기에는 중소기업을 위한 많은 정보가 있습니다.

소유자의 시작, 계획, 자금 조달, 마케팅, 고용, 관리, 정부 계약, 세금 등 비즈니스에 관한 모든 것, 그리고 제출해야 하는 모든 양식을 포함합니다.

비즈니스 소유자 아이디어 카페

www.businessownersideacafe.com

소규모 비즈니스 소유자를 위한 훌륭하고 재미있는 사이트입니다. 실용적인 조언이 많고 페이스북Facebook 사이트도 있습니다.

Nolo의 소규모 비즈니스 운영

www.nolo.com

비즈니스를 시작할 때 필요한 법률, 양식, 계약서, 리소스 등 실용적이고 핵심적인 내용들이 많이 있습니다.

탐색하기

이제 당신도 창업에 대한 아이디어를 얻었기를 바랍니다. 온라인과 오프라인을 막론하고 많은 스타트업이 성공하지 못한다는 것을 알고 있을 것입니다. 당신은 이런 일이 일어나지 않고, 같은 종류의 사업을 시작한 다른 사람들을 인터뷰하여 그들이 저지른 실수를 되풀이하지 않기를 원할 것입니다. 그렇다면 이 간단한 공식의 세 가지 단계를 탐색하며 진행해야 합니다.

$$A - B = C$$

먼저 여러 비즈니스 소유자와 인터뷰를 통해 비즈니스 아이디어를 실행하는 데 필요한 기술, 지식 또는 경험을 알아내야 합니다.

이것이 목록 A입니다.

어떤 종류의 사업을 시작하고 싶은지 최대한 자세하게 적어 이 목록을 준비하세요. 프리랜서 작가, 공예가, 컨설턴트, 독립 시나리오 작가, 카피라이터, 디지털 아티스트, 작곡가, 사진작가, 일러스트레이터, 인테리어 디자이너, 비디오그래퍼, 영화 제작자, 상담사, 치료사, 배관공, 전기 기사, 에이전트, 비누 제작자, 자전거 수리공, 연설가 또는 다른 어떤 일을 하고 싶으신가요?

그렇다면 이미 하고 싶은 종류의 일을 하고 있는 사람들을 인터뷰합니다. 최소한 세 명 이상의 이름을 찾은 후에 탐색해 봐야 합니다. 자주 사용하는 인터넷 검색 엔진이나 링크드인Linkedin, 옐프Yelp, 상공회의소 또는 다양한 스마트폰 앱에서 그 사람들을 찾아보세요. 그리고 그들과 인터뷰할 때는 아래 내용을 참고하세요.

- 비즈니스의 역사
- 가장 좋아하는 점
- 시작하게 된 계기
- 어떤 종류의 도전을 만났는지
- 어떤 종류의 실수를 저질렀는지
- 오늘 다시 시작한다면 다르게 하고 싶은 것
- 누군가 일찍 말해줬으면 하는 것

당신의 사업과 유사한 사업을 시작할 가능성을 탐색해 보고, 자신의 사업 경험을 공유할 의향이 있는지 물어봅니다. 이런 종류의 비즈니스를 성공시키려면 어떤 기술, 지식 또는 경험이 필요하다고 생각하는지 물어보세요.

요즘은 대부분 이메일이나 줌으로 인터뷰하는 것을 선호합니다. 저는 이것이 큰 실수라고 생각합니다. 어떤 경우든 직접 대면해서 대화하는 것이 바람직합니다. 차로 한 시간 거리에 있는 도시의 비즈니스맨을 만나 보세요. 인터넷에서 정면으로 경쟁하지 않는 한, 그들이 당신을 잠재적 경쟁자로 볼 가능성은 높지 않습니다. 오히려 그들이 먼저 당신에게 무언가를 알려주려고 할 것입니다. 사람들은 대부분 자신의 경험담을 이야기하기 좋아하거든요.

직접 대면하면 이메일이나 줌으로 대화하는 것보다 자신이 겪은 어려움, 장애물, 함정에 대해 더 많은 이야기를 해줄 가능성이 높습니다. 비슷한 사업을 시작하기로 했을 때 같은 실수를 반복하지 않기 위해 이러한 정보가 필요할 것입니다. 당신이 그들과 같은 지뢰를 밟을 필요는 없으니까요. 그뿐만이 아닙니다. 현재 하고 있거나 하고자 하는 비즈니스 유형에 필수적이라고 생각하는 기술, 지식, 경험의 목록을 작성하는 데도 도움을 줄지 모릅니다.

성공한 기업가들의 TED 강연을 확인하거나 그들이 어떻게 비즈니스를 시작했는지 알려주는 유튜브YouTube 인터뷰를 시청하세요. 유명 기업가의 전기를 읽고 그들이 비즈니스를 만드는 과정에서 겪었던 어려움에 대해 자세히 알아볼 수도 있습니다. 이런 이야기는 때때로 매우 교육적이고, 영감을 줄 수도 있습니다.

거의 모든 소규모 비즈니스에는 다음과 같은 성공 요소가 필요하다는 점도 명심하세요.

- 재능, 제품 또는 서비스
- 마케팅 또는 영업 계획
- 웹사이트 또는 기타 온라인 존재
- 잠재 고객 또는 고객 분석 회계 시스템
- 다른 사람을 고용할 계획이 있는 경우 급여 또는 고용 계획서

만족스러운 목록이 있으면 목록 A라고 명명합니다.

이제 목록 B를 만들겠습니다. 집에 돌아와서 자리에 앉아 6장 꽃 연습에서 설명한 대로 당신의 기술, 지식, 경험을 목록화하여 당신이 누구인지 파악합니다. 다른 사람들이 당신이 하고 싶은 일에 필요하다고 말한 기술과 당신이 가지고 있는 기술을 살펴보세요. 목록 A에서 스스로 할 수 있는 항목은 지우세요. 도움이 필요한 것

은 목록 C에 기록하세요.

C는 필요하지만 당신에게 없는 기술이나 지식의 목록입니다. 직접 강좌를 수강하거나, 해당 기술을 가진 사람을 고용하거나, 해당 기술을 가진 친구나 가족에게 자원봉사를 요청하세요. 누구의 도움을 받든지 필요한 기술을 반드시 찾아야 합니다.

예를 들어, 조사 결과 수익을 내기 위해서는 좋은 회계 관행이 필요하다는 사실을 알게 되었습니다. 그런데 회계에 대해 전혀 모른다면요? 당장 아르바이트 회계사를 고용하거나, 회계사 친구에게 잠시 시간을 내서 자원봉사를 해 달라고 부탁해야겠죠.

스타트업의 예를 살펴보겠습니다.

10년 넘게 고등 교육 행정 분야에서 일한 줄리아Julia는 영재고 학생을 가르치는 일을 하기로 결심했습니다. 그녀는 즐겁게 일했지만 공립학교 시스템의 관료주의에 좌절감을 느꼈고 일상에서 벗어나고 싶었습니다. 그녀는 자신이 가장 좋아하는 활동 중 하나가 영재 학생들이 어느 대학에 진학할지 결정하는 것을 돕는 일이라는 것을 깨달았습니다. 고등 교육에 대한 그녀의 배경 덕분에, 그녀는 전문대학과 일반대학 간의 차이점을 이해하는 자격을 갖추게 되었습니다. 그녀는 자신만의 대학 진학 상담 비즈니스를 만들기로 결심했습니다.

그녀는 부업으로 이 일을 할 수 없다는 걸 금방 깨달았습니다. 사업을 시작해 더 큰 도약을 해야 했습니다. 하지만 성공적인 비즈니스를 위해서는 새로운 기술과 지식을 개발해야 했고, 비즈니스 관리와 대학 상담 비즈니스에 대해 더 많은 것을 배워야 했습니다. 줄리아는 사업을 발전시키면서 몇 가지 결정을 내렸습니다. 그녀는 '전문가'에게 돈을 쓸 필요가 없도록, 모든 것을 가능한 한 많이 배우기로 했습니다.

예를 들어, 그녀는 회계사에게 세금 관련 업무만 의뢰하지 않고 홈 비즈니스용 회계 소프트웨어 패키지로 기장과 회계를 관리합니다. 또한 입소문과 웹사이트를 통해 비즈니스를 마케팅함으로써 홍보 담당자의 고용 비용, 전단지나 온라인 광고 비용을 절약했습니다. 마지막으로 그녀는 자신의 웹사이트를 설정하는 방법을 배웠습니다. 그녀의 차트는 다음 페이지에 있습니다.

A	− B	= C
이러한 종류의 비즈니스를 성공적으로 운영하는 데 필요한 스킬, 지식 및 특성	내가 가지고 있는 스킬, 지식 및 특성	내가 습득하거나 다른 사람을 고용해야하는 스킬, 지식 및 특성
고등 교육 및 대학 입학 절차에 대한 철저한 지식	네	
재정 지원 시스템에 대한 철저한 지식	네	
대학 입학사정관 및 기타 담당자와의 긴밀한 관계	네	
대학 선택 과정에서 가족 역학에 대한 이해를 포함하여 청소년과의 코칭 및 상담 스킬	네	
기업가적 특성: 근면, 자기 홍보, 사교성 등	취득	이미 열심히 일하지만 내성적인 성격으로 더 많은 사람들을 만나기 위해 더 많은 자기 홍보 스킬을 개발하고 행사에서 더 사교적인 사람이 되는 법을 배워야 했습니다.
교육 기획자 자격증	취득	자격증 시험을 치르기 전에 공부하고 교육받았습니다.
자격증 유지를 위해 1년에 최소 15개 대학을 방문할 수 있는 능력	네	
회계: 부기, 청구 및 세금 신고	일부	홈 비즈니스용 회계 소프트웨어 프로그램 사용법을 스스로 배웠지만 세금은 회계사에게 보냅니다.
웹사이트 디자인 및 유지 관리	취득	독학으로 웹사이트를 디자인했습니다.
Skype 및 기타 온라인 커뮤니케이션 시스템 사용 능력	취득	대부분의 약속이 인터넷을 통해 이루어지므로 온라인 일정 관리 캘린더 시스템을 포함한 대부분의 일반적인 시스템 사용법을 스스로 배웠습니다.
데이터베이스 및 엑셀 프로그램 구매 및 사용을 포함한 컴퓨터 리서치 스킬	취득	비즈니스 운영에 필요한 리서치 데이터베이스를 배웠습니다. 데이터베이스를 구입하고 효과적으로 사용하는 방법을 배웠습니다.

보다시피 줄리아는 비즈니스에 대해 많은 것을 배움으로써 독립적으로 비즈니스를 운영할 수 있게 되었습니다. 그녀가 스스로 전문 지식을 쌓았다는 것은 비즈니스에 필요한 모든 것을 설정하는 데 많은 시간을 투자했다는 것을 의미합니다. 하지만 비즈니스가 성장하고 수입이 늘어나면, 비즈니스 관리 업무를 도와줄 다른 사람을 고용하여 고객 서비스에 더 많은 시간을 할애할 수도 있습니다.

처음부터 비즈니스를 위해 이러한 많은 작업을 수행할 사람을 고용할 수도 있습니다. 자신의 강점이 무엇인지, 웹사이트 디자인과 같은 새로운 업무를 배울 시간이나 능력이 있는지, 비즈니스를 발전시킬 때 어떤 방식으로 주의를 집중하고 싶은지 파악하는 것이 중요합니다.

피드백 받기

자, 당신은 이런 일이 적성에 맞나요? 그 대답은 당신만이 심사숙고할 수 있습니다. 하지만 도움을 받을 수는 있습니다. 다른 비즈니스 소유자와 대화할 때 받은 피드백을 진지하게 받아들이세요. 부정적인 의견을 받아도 대수롭지 않게 넘기지 말고 검토한 후, 당신에게 해당하는지 아닌지를 결정하세요.

기업가 정신에 관한 책을 최대한 많이 읽으세요. 전통적인 사업 계획을 좋아한다면 시중에는 사업 시작과 관리에 관한 수많은 책이 나와 있습니다. 서비스를 계획하고 있다면 마이클 포트의 책 『Yourself Solid』를 추천합니다. 창의적인 유형이고 전통적인 사업 계획이 지겹다면 제니퍼 리의 『The Right-Brain Business Plan』 (www.rightbrainbusinessplan.com)을 확인해보세요.

배우자나 파트너가 있는 경우, 배우자에게 무슨 일을 하려는 것인지 알리고 의견을 물어보세요. 당신뿐만 아니라 배우자의 희생이 필요한지 살펴보고, 배우자가 이에 대해 어떻게 생각하는지 알아보세요. 당신이 자녀와 함께 사는 경우 또는 그 반대의 경우, 혼자서 일방적으로 결정을 내릴 권리는 없습니다. 자녀나 배우자, 부모님은 마음이 결정된 마지막 순간이 아니라 전체 여정의 일부가 되어야 합니다. 당신이 어떤 결정을 내리든, 배우자를 완전한 파트너로 만들어야 할 책임이 있습니다. 사랑은 그런 것이니까요!

이 모든 탐색과 피드백을 거친 후에도 여전히 이런 종류의 사업을 시작하여 당신만의 직업을 만들고 싶다고 결정했다면, 선의의 충고를 하는 친구나 가족이 뭐라고 말하든 상관없이 시도하세요. 그들은 당신을 사랑하고, 당신을 걱정합니다. 당신은 그들에게 감사해야 합니다. 하지만 이 지구상에서 당신의 삶은 단 하나뿐이고, 그 삶을 어떻게 보낼지 말지는 당신이 결정할 수 있습니다. 부모, 자녀, 선의의 친구, 기타 지인들은 사랑스러운 조언을 할 수 있지만, 투표 권은 그들에게 있지 않습니다. 오직 당신과 당신의 파트너만이 결 정할 수 있습니다.

오늘날 롤러코스터 같은 경제 상황에서 새로운 것을 시도하려 면 많은 용기가 필요하다는 점을 기억하세요. 하지만 다음 사항을 염두에 두면 더 쉬워집니다.

- 새로운 것을 시도하는 데는 항상 어느 정도의 위험이 따릅니 다. 모든 위험을 미리 피할 방법은 없습니다. 당신의 목표는 위 험을 피하는 것이 아니라 위험을 관리할 수 있는지 미리 확인 하는 것입니다.

- 지금까지 살펴본 것처럼, 시작하기 전에 먼저 당신이 하려고 하는 일을 이미 해본 다른 사람들과 이야기를 나누세요. 힘든 점, 좋은 점, 어려운 점, 필요한 것 등 최대한 많은 정보를 알아 본 다음, 그래도 계속해 보고 싶은지 평가합니다.

시작하기 전에 일이 잘 풀리지 않으면 어떻게 할 것인지, 즉 다음에 어디로 갈 것인지에 대한 플랜 B를 마련하세요. 기다리지 마세요! '이것이 잘 안되면 이렇게 할 것입니다.'에 대해 지금 당장 작성하세요.

자신의 비즈니스를 운영하기로 하는 것은 가볍게 내릴 수 있는 결정이 아닙니다. 다른 사람을 위해 일하는 것보다 더 많은 시간과 더 큰 위험, 훨씬 더 힘든 일을 감당해 내야 하겠죠. 하지만 개인적인 성취감과 금전적 이득을 얻을 수 있는 기회도 더 커질 수 있습니다. 당신이 가진 기술, 지식, 관심사, 가치관 등 당신이 아는 것은 비즈니스 성공에 필수적이므로, 낙하산 접근법은 자영업자이든 아니든 상관없이 똑같이 적용됩니다.

결론
CONCLUSION

○

●

⬡

⬣

해냈어요!

이 책을 꼼꼼히 읽고, 꽃 연습을 해보고, 당신이 주인공인 다음 단계에 대해 창의적으로 생각하기 시작했나요? 그렇다면 꿈의 직업이나 흥미로운 새 직업을 찾는 길에 들어선 것입니다. 방금 페이지를 넘겼거나 관심 있는 부분만 읽었다면 제가 무슨 말을 하려는지 모를 수도 있습니다. 처음으로 다시 돌아가서 최대한 마음을 다잡고 꼼꼼히 읽어 보세요.

이 책의 서문으로 거슬러 올라가면 '취업 매뉴얼을 가장한 희망의 책'이라는 표현을 떠올릴 수 있습니다. 직장에서 보내는 시간과 잘못된 일자리가 당신의 사기를 얼마나 떨어뜨리는지를 생각해 보세요. 이 책에서 찾는 희망은 가면을 벗으면 모든 게 원점인 가면극이 아닙니다. 오히려 관점의 전환에 가깝습니다.

누가 하루에 최소 8시간 동안을 절망적인 막다른 골목에서 불만족스럽게 시간 낭비를 하고 싶겠습니까? 여기에 출퇴근 시간까지 오래 걸린다면 고통과 시간 낭비는 더 커지겠죠.

그렇다면 사람들은 왜 자신의 꿈을 성공적으로 추구하지 못할까요? 아니면 아예 꿈을 이루지 못하거나요. 물론 여러 가지 이유가 있겠지만, 결국 직업과 커리어의 성공은 몇 가지 핵심 요소로 귀결됩니다.

- 당신이 가진 기술과 재능에 대한 실제 지식을 업무에 어떻게 활용하고 싶은지 파악하세요.
- 성취감을 느낄 수 있는 직업에 대해 확고한 생각이 든다면 그 직업으로 가는 길을 어떻게 찾을지 방법을 연구하세요. 돌아가도 괜찮습니다.
- 이러한 일자리를 구하는 데 필요한 도구, 즉 이력서, 링크드인 Linkedin 프로필, 무엇보다도 네트워크에 대한 숙달이 필요합니다.

현재 커리어의 어느 단계에 있든지 당신은 해낼 수 있습니다. 저는 당신을 믿습니다. 이제 나가서 그 마법을 실현하세요!

블루 페이지

인생의 사명 찾기

The blue pages-
Finding your mission in life

많은 사람에게 구직은 인생 전반에 걸쳐 근본적인 변화를 일으킬 기회입니다. 인생의 전환점이 되기도 합니다. 숙고하고 성찰하며 정신의 지평을 넓히고 영혼의 밑바닥으로 더 깊이 들어갈 수 있는 기회를 제공하니까요.

구직은 "나는 왜 지구에 존재하는가?"라는 질문과 씨름해 볼 기회를 제공합니다. 우리는 인류라는 해변에 누워있는 모래알에 불과하고, 수십억의 다른 인간들 속에서 헤아릴 수 없는 미미한 존재라고 느끼는 것은 바람직하지 않습니다.

우리는 일터에 출근하고 지쳐서 퇴근하는 것 이상의 일을 하고 싶어 합니다. 살면서 사명감을 느끼는 데서 오는 '누구도 빼앗을 수 없는' 특별한 기쁨을 찾고 싶죠. 우리는 분명 특별한 목적을 위해, 우리만이 할 수 있는 특별한 일을 하기 위해 이 세상에 태어났을 것입니다. 그래서 우리는 사명이 무엇인지, 모두 알고 싶어합니다.

당신의 고유성과 특수성
Your uniqueness and specificity

○

●

⬡

⬣

신에 대한 믿음을 '어둠으로부터 자신을 지키기 위해 인류가 만들어낸 동화일 뿐'이라고 생각하는 사람들이 있습니다. 그래서 그들은 '신을 믿는 사람은 마음이 약하거나 제대로 성장하지 못한 한심한 아이 같다.'라고 생각합니다. 이런 관점을 가진 사람들은 취업 관련 서적에서 신앙이나 종교에 관해서 말하면 경악을 금치 못합니다.

하지만 저는 여기에 신에 관한 내용을 적습니다. 전 세계 인구 중에서 '신이 없다'고 대답한 사람들의 비율은 평균 18% 미만이기 때문입니다. 물론 국가마다 다르며, 미국은 약 11%, 캐나다는 약 29%입니다. 2018년 미국 여론 조사[38]에 따르면 64~87%가 신을 믿는다고 했습니다. 이 정도의 사람들이 신을 믿는다는 것은 압도적인 비율이고, 천만 명이 넘는 제 독자는 이 나라의 전형적인 단면입니다.

2015년 퓨 리서치 센터의 종교 및 공공생활 포럼Pew Research Center's Forum on Religion & Public Life에서 230여 개 국가와 종교를 대상으로 포괄적인 인구 통계 연구를 했습니다. 이에 따르면 전 세계에서 종교를 가진 성인과 어린이는 61억 명으로, 2015년 세계 인구 73억 명의 84%에 달하는 것으로 추산됩니다.

2,500개 이상의 인구조사, 설문조사, 인구 등록부 분석을 기반으로 한 이 포괄적인 인구 통계 연구는 이후 업데이트되지 않았으며, 2020년 조사에 따르면 전 세계 인구의 31%는 24억 명의 기독교인, 25%는 19억 명의 무슬림, 15%는 12억 명의 힌두교인이 있는 것으로 추정됩니다. 5.6억 명의 불교도(5%), 1,470만 명의 유대인(0.17%)도 있습니다.

퓨 리서치 센터에 따르면 전 세계 인구의 80% 이상이 종교적 제한이 심한 지역에 거주하고 있습니다. 무슬림, 유대인, 기독교인 및 기타 종교에 대한 제한이죠. 미국 국무부에 따르면 60여 개국의 기독교인들은 예수 그리스도를 믿는다는 이유만으로 정부나 주변 이웃으로부터 핍박을 받고 있습니다.

"기독교인들은 세상의 적대감과 무관심의 영향을 온몸으로 경험했습니다. 우리는 그 정도에 놀라움과 경악을 금치 못하고 있으며, 부분적인 성공에 어리둥절해하고 있습니다. 엄청나게 증가한 인구에 비례하여 기독교인은 수치상으로 급격하게 감소하고 있으며, 아마 앞으로도 이런 수치적 감소 추세는 유지될 것으로 보입니다. 의심할 여지없이 우리는 소수 민족으로 살아남았지만, 결코 불쌍하거나 경멸할 만한 소수 민족이 아닙니다. 우리는 우리 자신의 연약함 때문에 매일 죽지만, 그럼에도 불구하고 신이 우리와 함께하시기 때문에 살아갑니다. 기독교 신앙에 전적으로 헌신하는 사람들은 최후의 수단으로 빼앗길 어떤 것에 의지하지 않습니다. 그러므로 교회는 겉모습과는 달리 세상보다 훨씬 더 강합니다. 그렇기 때문에 그리스도인들은 소원해진 형제들을 대할 때 동정심과 연민, 자비를 베풀어야 할 의무가 있습니다."[39]

저는 침묵함으로써 신을 믿지 않는 사람들과 동조하고 싶지는 않습니다. 이 책에서는 신앙을 환영합니다. 블루 페이지를 쓰기 시작하면서 처음에는 종교에 대한 '모든 길'이라고 할 수 있는 접근 방식, 즉 최대한 일반적이고 구체적이지 않은 접근 방식을 따르려고 고민했습니다. 하지만 많은 고민 끝에 그렇게 하지 않기로 했습니다. 다른 많은 작가가 시도했던 접근법을 읽었고, 그 접근법이 비참하게 실패했다고 느껴졌기 때문입니다. 모든 사람을 기쁘게 하려는 여자나 남자는 결국 아무도 기쁘게 하지 못합니다. 마찬가지로 종교에 대한 '모든 길'의 접근 방식은 결국 '어떤 길도 없음'의 접근 방식이 될 수밖에 없습니다. 이것은 '보편적인 것'과 '특수한 것'에 관한 오래된 이야기입니다.

진로 상담을 하는 사람이라면, 신앙에 대해 글을 쓸 때 보편성을 유지하려고 노력하는 것이 결코 도움이 되지 않으리라는 걸 예측할 수 있습니다. 진정으로 도움이 되는 진로 상담은 우리가 돕고자 하는 각 사람의 특수성 또는 고유성을 정의하는 데 달려 있습니다. 우리는 이것을 우리 자신의 분야에서 잘 알고 있습니다. 어떤 고용주도 다른 모든 사람과 당신의 공통점을 알고 싶어 하지 않습니다. 고용주는 무엇이 당신을 독특하고 개성 있게 만드는지 알고 싶어 합니다. 이 책 전체에서 주장했듯이, 의미 있는 일을 찾으려면 당신의 고유성 또는 특수성을 파악하는 것이 중요합니다.

이러한 특수성은 사람이 하는 모든 일에 스며들어 있으며, 신앙의 문제로 넘어가면 갑자기 '버릴 수 있는' 것이 아닙니다. 따라서 저나 다른 사람이 신앙에 관해 글을 쓸 때도 각자의 특수성에서 출발해야 한다고 생각합니다. 제가 성공회 사제라는 사실에서 짐작할 수 있듯이, 저는 기독교인으로서 글을 쓰고 생각하고 숨 쉬는 것에서 출발합니다.

당연히 이 장에서는 기독교적 관점에서 이야기합니다. 처음부터 이 점을 알아주셨으면 합니다. 저는 우리가 살고 있는 이 사회가 다원주의 사회라는 사실을 항상 명심하고 있으며, 특히 저와 전혀 다른 종교적 신념을 가진 독자들에게 큰 빚을 졌다는 사실도 고려했습니다. 지난 몇 년 동안 제 사무실에서 함께 일하거나 함께 일했던 사람들은 대부분 다른 종교를 가진 사람들이었습니다. 그래서 이 장은 책의 본문에서 떨어져 따로 있습니다. 종교적 신념이 다른 분은 읽지 않아도 됩니다.

천만 명이 넘는 이 책의 독자 중에는 다양한 종교와 신념을 가진 기독교인, 기독교 과학자, 유대인, 힌두교인, 불교인, 이슬람 신자뿐만 아니라 '뉴에이지' 종교 신자, 세속주의자, 인본주의자, 불가지론자, 무신론자 등 다양한 사람들이 포함되어 있습니다. 따라서 저는 모든 독자의 감정에 대해 매우 정중하게 대하려고 노력하는 동시에, 제 기독교적 사고방식을 당신 역시 자신의 것으로 번역해 주기를 기대합니다. 이러한 번역 능력은 오늘날과 같은 다원주의 사회에서 다른 사람들과 유익한 소통을 하려는 모든 사람에게 없어서는 안 될 필수 조건입니다.

제가 속한 유대-기독교 전통에서는 분노에 찬 질문 하나가 있습니다. 바로 "신은 은혜를 잊으셨나요?"라는 질문입니다. 이 질문에 대한 대답은 분명 "아니요"입니다. 저는 우리가 모두 같은 목표를 추구하는 것이 중요하다고 생각합니다. 그래서 인생의 사명에 관한 이 장을 모두에게 도움이 되는 은혜로운 내용으로 만들기 위해 노력했습니다.

'사명'이라는 단어의 의미

The meaning of the word mission

우리의 삶과 일을 놓고 말할 때, '사명Mission'은 항상 종교적인 개념이었습니다. 웹스터 사전에서는 사명을 '어떤 사람이 해야 할 운명이나 적합성을 지니고 있거나 특별히 수행해야 하는 지속적인 임무 또는 책임'으로 정의하고 있습니다.

역사적으로 사명은 소명과 천직Calling and Vocation이라는 두 단어와 동의어로 사용되어 왔습니다. 물론 이 두 단어는 영어와 라틴어라는 두 가지 다른 언어에서 같은 의미로 사용됩니다. 둘 다 신을 의미하죠. 소명이나 천직을 받았다는 것은 '누군가가 부른다'는 뜻입니다. 운명을 타고났다는 것은 우리를 위해 목적지를 결정한 누군가가 존재한다는 걸 의미합니다. 따라서 소명이라는 개념은 인생을 시작하기도 전에 우리를 필연적으로 신의 무릎에 앉게 합니다.

제가 이 점을 강조하는 이유는 우리 문화에서 종교적인 주제를 이야기할 때 신을 언급하지 않으려는 경향이 점점 더 커지고 있기 때문입니다. 특히 '영성Spirituality, 영혼Soul, 사명Mission'이 그렇습니다. 점점 더 많은 책에서 사명을 단순히 '자신의 열정을 확인하여 자신의 삶을 위해 선택하는 목적'인 것처럼 이야기합니다.

처음부터 종교적 개념인 '사명Mission'에서 신에 대한 모든 언급을 지우려는 이러한 시도는 특히 아이러니합니다. 대체 단어인 열정enthusiasm은 '우리 안에 계신 신'을 의미하는 그리스어 '엔 테오스 en theos'에서 파생된 단어이기 때문입니다.

이런 식으로 의미를 다르게 해석하는 점점 더 세속화되는 문화 속에서, 우리는 운동 경기와 함께 신을 믿는 신앙에 매우 우호적인 오아시스를 발견했습니다. 그 오아시스는 바로 취업입니다. 창의적인 구직 아이디어를 발전시킨 리더들 대부분은 처음부터 신을 굳게 믿고 말한 사람들이었습니다. 시드니 파인Sidney Fine, 버나드 할데인Bernard Haldane, 존 크리스탈John Crystal, 아더와 마리 커른Arthur and Marie Kirn, 아더 밀러Arthur Miller, 톰과 엘리 잭슨Tom and Ellie Jackson, 랄프 맷슨Ralph Matson, 그리고 저 역시 마찬가지입니다.

이 장의 서두에서 미국인의 89%가 신을 믿는다고 말했습니다.

세계복음연맹에 따르면 우리 중 90%는 기도하고, 88%는 신이 우리를 사랑하신다고 믿으며, 33%는 삶을 변화시키는 종교적 경험을 했다고 답했습니다.

그러나 우리가 신에 대한 믿음과 일 사이에 많은 연관이 있다고 믿는지는 분명하지 않습니다. 종종 우리의 영적 신념과 일에 대한 태도는 마음속에서 다른 공간에 살고 있는 경우가 많습니다.

그런데 실직 상태에서는 우리의 머리와 마음속에서 이 둘 사이의 대화가 시작됩니다. 실직은 우리가 왜 이 땅에 존재하는지, 그리고 우리 각자에게 고유한 소명Calling, 천직Vocation 또는 사명Mission이 무엇인지 생각해 볼 기회를 줍니다.

늘 해오던 일자리를 찾을 수 없는 실직은 인생의 전환점이 됩니다. 한 가지를 처음부터 다시 생각해야 하기에 많은 사람들이 모든 것을 다시 생각하기로 결심합니다. 그리고 우리 안에서 무언가가 깨어납니다. 바로 간절한 생각과 희망입니다. 우리는 우리가 꿈꿨던 꿈이 죽지 않았음을 깨닫게 됩니다. 그리고 그것을 얻기 위해 길을 찾습니다. 우리는 우리의 운명이라고 마음속으로 믿는 삶을 다시 찾기로 결심하죠.

이제 우리는 우리의 일과 종교적 신념을 결합하여 인생에서 소명Calling, 천직Vocation 그리고 사명Mission에 관해 이야기할 기회를 가졌습니다. 우리가 여기 있는 이유와 신이 우리를 위해 어떤 계획을 마련했을지 생각해 보세요. 실직 상태일 때 우리는 우리의 삶을 완전히 바꿀 수 있습니다.

인생의 사명을 찾는 비결- 단계적으로 실천하기

The secret to finding your mission in life- taking it in stages

제가 살면서 배운 '인생의 사명을 찾는 단계'를 설명해 드리겠습니다. 다만, 저는 기독교인의 관점에서 말할 것이며, 당신이 이를 당신의 사고방식에 맞게 해석하리라 믿습니다. 또한 저는 이 단계가 유일한 길이 아니라는 것을 알고 있습니다. 많은 사람이 다른 길을 택함으로써 자신의 사명을 발견했습니다. 당신도 그럴 수 있습니다. 하지만 당신이 어떤 길을 택하든, 제가 하는 말이 조금이나마 도움이 되길 바랍니다.

인생의 사명이 무엇인지 알아내려면 시간이 좀 걸릴 수 있습니다. 하루아침에 해결될 문제가 아닙니다. 그것은 우리가 먹는 법을 배우는 과정과 마찬가지로 단계가 있는 학습 과정입니다. 어렸을 때 우리는 성인용 음식을 바로 먹지 않았습니다. 먼저 엄마 젖이나 젖병을 빨았고, 그다음에는 영양이 풍부하고 소화가 잘되는 이유식을 먹었으며, 마지막으로 이가 나고 시간이 지나면 어른들처럼 씹을 수 있는 음식을 먹었습니다. 이 세 번째 단계에서 앞의 두 단계를 폄하해서는 안 됩니다. 발달 단계에 따라 먹는 형태만 다를 뿐 모두 먹는 것이니까요. 하지만 각 단계를 차례로 마스터해야만 다음 단계에 도달할 수 있었습니다.

인생의 사명이 무엇인지 알아가는 단계는 보통 3단계로 나뉘며, 마찬가지로 앞의 두 단계를 폄하해서는 안 됩니다. 당시의 성장 단계에 따라 다른 형태의 사명이 있을 뿐 모두 '미션'입니다. 각 단계를 차례로 마스터해야만 다음 단계로 나아갈 수 있지요.

물론 이러한 단계 중 어느 하나도 완전히 마스터하지는 못하지만, 지구에서 살아가는 동안 끊임없이 이해하고 숙달하며 성장해 갈 수 있습니다. 수년 동안 많은 사람들을 기독교인의 시각으로 관찰하면서 느낀 바에 따르면, 지상에서의 사명은 크게 세 가지로 정의할 수 있을 것 같습니다.

1. 지구에서의 첫 번째 사명은 모든 인류가 공통으로 갖는 사명입니다. 그것을 공유한다고 해서 개인적인 사명이 아닌 것은

아닙니다. 그것은 당신에게 사명을 준 하느님 앞에 의식적으로 매 순간 서 있으려고 노력하는 것입니다. 종교적 언어로 말하면, 여기서 당신의 사명은 신을 알고, 그분을 영원히 누리고, 그분이 만든 모든 것에서 그분의 손길을 보는 것입니다.

2. 지구에서의 두 번째 사명은 당신의 첫 번째 사명을 다른 인류와 공유하는 것입니다. 인류와 공유하지만, 처음부터 공동의 것이라는 점에서 당신 개인의 사명이 아닙니다. 그냥 순간순간 할 수 있는 일을 하면 됩니다. 매일, 단계별로, 더 나은 세상을 만들기 위해, 성령이 인도하는 대로 매 순간 할 수 있는 일을 하는 것입니다.

3. 두 번째 사명을 진지하게 시작했다면, 지구에서 당신의 세 번째 사명은 당신만의 고유한 사명입니다.
- 당신에게만 특별히 주어진 재능, 당신이 기쁘게 사용할 수 있는 귀한 선물인 재능을,
- 신이 당신에게 가장 매력을 느끼게 한 장소나 환경에서,
- 신이 세상에서 이루기를 원하는 목적을 위해서 사용하는 것입니다.

이를 구체화해서 문장으로 적어 놓으면, 그것이 당신 인생의 사명입니다. 다른 말로 표현하자면, 위에 말한 세 가지가 당신 인생의 세 가지 사명인 것입니다.

단계적 실천을 위한 정리

Organizing for action in steps

○

●

⬡

⬢

앞의 세 단계 특징은 각 단계에서 우리 문화가 '사명'에 대해 가르쳐 온 몇 가지 근본적인 가정을 버려야 한다는 것입니다. 다시 말하자면 사명을 탐구하는 각 단계에서 우리는 단순히 학습만 하는 게 아닙니다. 우리는 그동안 배워온 것을 버리고 벗어나는 과정에도 참여해야 합니다. 따라서 각 단계에서 무엇을 배워야 하는지에 대해 세 가지를 다시 정리할 수 있습니다.

－우리는 첫 번째 단계에서 우리의 사명이 '무언가를 계속 바쁘게 하는 것'이라는 생각을 버려야 합니다. 대신 우리의 사명은 '무언가가 되기 위해 계속 바쁘게 사는 것'임을 배워야 합니다. 다른 언어도 그렇겠지만 기독교적 언어로 표현하자면, '우리는

무엇보다도 신의 아들과 딸이 되는 법을 배우기 위해 이곳에 보내졌다'고 말할 수 있습니다.

- 두 번째 단계에서는 '존재'가 '행동'으로 전환됩니다. 이 단계에서는 사명에 관한 모든 것이 나만의 고유한 것이어야 한다는 생각을 버려야 합니다. 대신 지구에서 우리 사명의 일부는 다른 사람들과 공유한다는 것, 말하자면 우리는 세상에 더 많은 감사, 더 많은 친절, 더 많은 용서, 더 많은 사랑을 전하기 위해 이곳에 보내졌다는 것을 배워야 합니다. 이 임무는 한 개인이 수행하기에는 너무 큰 임무이기 때문에 우리는 이 사명을 공유합니다.

- 세 번째 단계에서는 '진짜로 독특하고 진정한 우리의 사명은 우리의 영, 정신, 마음의 동의 없이 신이 우리에게 명령한 사명'이라는 생각을 버려야 합니다. 다른 한편으로, 그것은 우리 각자가 선택한 다음 신께 축복해 달라고 요청하는 것도 아닙니다. 우리는 신께서 우리의 자유 의지를 존중하며, 우리의 고유한 사명을 우리가 어느 정도 선택하도록 했다는 사실을 배워야 합니다.

이 세 번째 단계에서 버려야 할 생각이 또 하나 있습니다. '우리의 독특한 사명이 세상 사람들이 알아줄 만한 어떤 성취로 이루어져 있다'라는 생각입니다. 대신 연못에 던져진 돌이 연못에 어떤 파문을 일으킬지 알 수 없듯, 우리의 삶과 사명을 통해 우리가 무엇을 성취했는지 항상 알 수는 없다는 것을 배워야 합니다. 신의 은혜로 주위의 다른 영혼들의 삶에 더 나은 변화가 생기게 도왔을 수도 있지만, 우리의 시야 밖에서 또는 우리가 떠난 후에 일어날 수도 있습니다. 우리는 이 생이 지나고 신을 직접 만나기 전까지는 우리가 무엇을 성취했는지 결코 알 수 없습니다.

가장 중요한 것은 '우리가 성취한 것은 우리가 한 일이며, 우리만의 일이다'는 생각도 버려야 한다는 것입니다. 우리가 무엇을 하든 우리를 통해 신이 우리를 도와준 것이므로, 단수 일인칭 대명사는 적절하지 않고 복수 대명사만 적절합니다. "내가 이 일을 해냈다."가 아니라 "신과 내가 함께 일하면서 이 일을 해냈다."로 표현해야 합니다.

이 정도면 제 말의 개요를 파악했을 것입니다. 하지만 저는 이 세 가지 사명에 대해 개인적인 의견을 몇 가지 덧붙이고 싶습니다.

첫 번째 사명에 대한 코멘트

Comments on the first mission

○

●

⬡

⬢

이 땅에서 당신의 첫 번째 사명은 인류 공통의 사명이지만, 매시간 의식적으로 하느님 앞에 서려고 노력하는 것은 당신 개인의 사명입니다. 신은 사명을 주고 당신은 사명을 받았으며, 이것은 기본 규칙입니다. 종교적 언어로 표현하자면, 당신의 사명은 하느님을 알고, 그분을 영원히 기뻐하며, 그분이 창조한 모든 일에서 그분의 손길을 보는 것입니다.

코멘트 1. 신을 생각하는 방법

우리 각자는 첫 번째 사명을 수행할 때 자신의 특정 종교의 교리 안에서 말하고 수행해야 합니다. 저는 제가 아는 것을 제 신앙의 맥락에서 이야기할 것이며, 당신은 이를 해석하여 당신의 신앙에 적용할 수 있을 것입니다. 저는 그리스도가 길이요 진리요 생명이라고 믿는 열정적인 기독교인으로서 말할 것입니다. 그러나 저는 또한 성 베드로와 함께 "신은 편파적인 모습을 보이지 않으며, 모든 나라에서 신을 경외하고 옳은 일을 행하는 사람은 누구에게나 그분이 받아주신다."(사도행전 10:34-35)라는 것을 믿습니다.

예수님은 자신과 자신의 사명에 대해 독특한 것들을 주장했습니다.

예수님은 자신을 '인자'라고 칭하며 "내가 진실로 너희에게 이르노니 나를 믿는 사람은 내가 한 일과 같은 일을 할 것이요, 또 그보다 큰 일도 하리라."(요한복음 14:12)고 말씀하셨습니다.

우리를 그분의 삶과 그분의 사명으로 동일시하는 모습에 용기를 얻은 우리는, 그분이 이 땅에서의 삶에 대해 어떻게 말했는지 기억할 것입니다. 그분은 이렇게 말씀하셨습니다. "나는 아버지로부터 세상에 왔고, 다시 세상을 떠나 아버지께로 간다."(요한복음 16:28)

이것이 조금이나마 우리 삶에도 적용되는 사실이라고 생각한다면, 우리의 위대한 창조주 '신'이나 '아버지'를 바로 떠올리는 대신, 우리에게 사명을 주고 우리를 이 행성에 보내신 분을 '신'이나 '아버지'

가 아니라 - 우리의 생각을 돕기 위해 - '우리가 왔고 우리가 돌아갈 분'으로 생각해 보세요. 그러면 종교라는 주제에 조금쯤 접근할 수 있을 것입니다.

이 땅에서 우리의 삶이 그리스도를 닮아가는 것이라면, 우리에게 사명을 준 분에 대해 당연히 생각해 봐야 합니다. 우리는 영원불멸의 존재가 아닙니다. 우리는 한때 존재하지 않다가 위대한 창조주의 뜻에 따라 존재하게 된 피조물이며, 계속해서 우리의 존재를 이어가고 있습니다.

피조물로서 우리는 육체와 영혼을 모두 가지고 있습니다. 우리의 육체는 어머니의 자궁에서 창조되었다는 것을 알고 있지만, 우리 영혼은 어디에서 왔을까요? 영혼의 기원은 위대한 미스터리입니다. 영혼이 어디에서 왔는지, 주님께서 어느 순간에 창조하셨는지 우리는 알 수 없습니다. 그러나 위대한 신께서 우리의 영혼이 우리 몸에 들어오기 전에 우리의 영혼을 창조하셨습니다. 그런 의미에서 우리는 태어나기 전에 신 앞에 서 있었으며, 그분이야말로 '우리가 왔고 우리가 돌아갈 분'이라고 가정하는 것은 불합리하지 않습니다.

"무엇을 하라고 보냈는가?"에 대한 답을 찾기 전에, 우리는 '우리가 왔고 우리가 돌아갈 그분'과 접촉해야 합니다. 제대로 말하자면, 접촉할 수 있는 관계를 확립해야 합니다. 피조물이 사명을 주신 분에게로 나아가지 않고서는 "내 인생의 사명은 무엇인가?"라는 질문은 공허하고 무의미합니다. '무엇'은 '누구'에 뿌리를 두고 있으며, '개인'이 없으면 '그 무엇'을 의미 있게 논할 수 없습니다. 이는 마치 결혼하고 싶은 사람이 누구인지도 생각해 보지 않고 "결혼하고 싶어요."라고 외치는 것과 같습니다.

코멘트 2. 종교 또는 신앙을 어떻게 생각할 것인가

우리가 피조물이라는 관점에서 비추어 볼 때, 종교 또는 신앙은 흔히 말하는 것처럼 '신과 관계를 맺는 것'입니다. 이 땅에서의 삶보다 더 큰 맥락에서 우리의 삶을 살펴보면, 신과의 관계는 우리에게 선택의 여지없이 주어진 것이 분명합니다. 신과 우리는 우리가 태어나기 전에 영혼이 존재할 때나 죽은 후에 영혼이 계속 존재할 때나 변함없이 관계를 맺어 왔고, 지금도 맺고 있습니다.

우리가 할 수 있는 유일한 선택은 태어나서 죽을 때까지의 삶입니다. 이 세상에 사는 동안 신과 어떤 관계를 맺으며 살고, 죽은 후 신과의 관계에 어떤 영향을 미칠 삶을 살 것인지 뿐입니다.

이런 상관관계에서 나오는 결론 하나는 인간의 몸으로 태어나면 일종의 기억상실증을 겪을 수밖에 없다는 것입니다. 그 기억상실증은 자궁에서의 9개월과 하루의 3분의 1이상 잠을 자는 아기 시절, 더 중요한 우리의 기원이나 운명에 대한 기억도 포함합니다. 우리는 기억상실증 환자로서 이 땅에서 방황하며 살아갑니다. 그러므로 신앙을 갖는다는 것은 그 기억상실증에서 벗어나기 위해 노력하는 것입니다. 종교 또는 믿음은 우리가 한때 확실히 알고 있던 지식을 어렵게 되찾는 것입니다.

코멘트 3. 사명 수행의 첫 번째 장애물

지구에서의 첫 번째 사명은 단순히 첫 번째라고 해서 가장 쉬운 것은 아닙니다. 사실 여러 가지 면에서 가장 어려운 임무입니다. 우리가 알 수 있는 것은 지구에서의 우리 삶은 매우 육체적인 삶이라는 것입니다. 우리는 먹고, 마시고, 자고, 안기고 싶고, 안고 싶어 합니다. 우리는 매우 육체적인 욕구를 가진 육체를 물려받았고, 육체로 땅 위를 걷고, 육체적인 소유물을 얻습니다.

기억상실증에 걸린 우리는 이 삶에 대해 물리적으로 해석합니다. 우주가 단지 종의 생존에만 관심이 있다고 생각하는 것이 가장 매혹적인 유혹입니다. 이렇게 해석을 하면 우리 개인의 삶은 단순히 태어나고, 자라고, 번식하고, 죽는다고 말할 수 있습니다.

하지만 우리는 항상 이곳에 온 목적을 달성하기 위해 노력합니다. 푸른 하늘과 푸른 잔디에 대한 사랑처럼 육체적인 기쁨을 거부하지 않지만, 그것을 넘어 우리 삶에 대한 영적인 해석을 되찾고 회복해야 합니다. 이 삶의 육체 안과 육체 너머에서, 이 땅 너머에서, 우리와 함께하고 우리 안에 계신 영과 사람을 감지해야 합니다. 위대한 창조주의 실제적이고 사랑스럽고 놀라운 존재와, 우리가 다시 돌아갈 그분을 느끼는 것입니다.

코멘트 4. 사명 수행의 두 번째 장애물

슬프게도 지상의 기억상실증과 피조물의 반항 중 하나는, 매우 인간적인 우리 안의 일부가 스스로 신이 될 수 있는 세상에서 살고 싶게 한다는 것입니다. 순전히 물리적인 삶의 해석을 좋아하고 그것을 포기하는 것을 괴로워합니다. 전통적인 기독교 어휘에서는 이를 '죄'라고 부르며, 이것이 우리의 첫 번째 사명을 수행하기 어렵게 만듭니다. 사려 깊은 삶을 사는 사람은 첫 번째 사명을 수행할 때 가장 큰 적이 바로 우리 자신의 마음이라는 사실을 잘 알고 있습니다.

코멘트 5.
우리를 특별하고 독특하게 만드는 그 무엇에 대한 생각

많은 사람이 인생의 사명에 관해 이야기하는 이유는 자신이 특별하다는 것을 느끼고 싶기 때문입니다. 우리는 타고난 권리이자 누구도 빼앗을 수 없는, 우리 안에 있는 '특별함'을 발견하고 싶어 합니다.

이 주제에 대해 철저하게 탐구한 결과 발견한 것은 우리가 정말 특별하다는 것입니다. 신이 우리를 그렇게 생각하시기 때문입니다. 우리의 특별함과 독특함은 우리 존재의 본질적인 어떤 것에 있는 것이 아니라, 그분과 그분의 사랑에 있습니다. 이것을 올바로 구별하고 인식하면, 우리의 발은 도시가 이끄는 교만이 아니라 성전이 이끄는 감사로 향하게 됩니다.

종교란 무엇인가요? 종교는 신이 우리를 위해 행한 일에 대해 감사하고 사랑하며 신을 섬기는 것입니다. 특히 기독교 종교는 신이 그리스도 안에서 우리를 위해 한 일에 대해 감사한 마음으로 신을 섬기는 것입니다. -『O Little Town of Bethlehem』의 저자, 필립 브룩스Phillips Brooks

코멘트 6.
무의식적으로 하는 일의 무의식적 수행

당신은 이미 지구에서의 첫 번째 사명과 씨름하고 있었을 것입니다. 사명이라고 생각하지 않고 단순히 '신을 믿는 법을 배우는 것'이라고 생각했을 수도 있습니다. 하지만 당신이 인생에서의 사명이 무엇인지 묻는다면, 이것은 당신이 세상에 태어나서 하게 될 모든 일의 전제 조건입니다. 지금도 마찬가지며, 이 사명 없이 나머지에 관해 이야기하는 것은 거짓말입니다.

만일 당신이 믿음을 찾거나 믿음을 강화하기 위해 노력해 왔다면, 이미 당신에게 주어진 첫 번째 사명에 대해 고민해 온 것입니다. 중간 시대에 태어난 당신이 그분의 손을 발견하고 다시 잡은 것입니다. 그러므로 당신은 그분의 영과 함께 세상에 태어난 목적, 즉 당신에게 맡겨진 사명을 수행할 준비가 된 것입니다.

두 번째 사명에 대한 코멘트

Comments on the second mission

지구에서 당신의 두 번째 임무는 인류 공통의 임무이기도 하지만, 공유된다는 점에서 당신의 개인적인 임무이기도 합니다. 순간순간, 매일, 단계별로 할 수 있는 일을 하는 것이죠. 내 안에서 신이 인도하는 대로, 이 세상을 더 나은 곳으로 만들기 위한 발걸음을 한 발짝 내딛는 것입니다.

코멘트 1. 한 번에 한 걸음씩 나아가는 불편함

어느 날 밤 동네를 걷다가 갑자기 짙은 안개에 휩싸여 방향을 잃고 길을 찾지 못한다고 상상해 보세요. 그때 갑자기 안개 속에서 한 친구가 나타나 손을 내밀며 집으로 데려다주겠다고 합니다. 한 번에 한 걸음만 보이지만 어디로 가야 할지 알 수 없는 당신은 친구를 믿고 따라갑니다. 결국 당신은 감사한 마음으로 안전하게 집으로 돌아옵니다. 하지만 다음 날 그 경험을 떠올려보면, 믿을 수 있는 안내가 있음에도 불구하고 한 번에 한 걸음만 보이는 상황에서 계속 걸어야 하는 것이 얼마나 불안한 일인지 깨닫게 됩니다.

제가 이런 상황을 상상해 보라고 한 것은, 이것이 바로 당신과 제가 이 세상에서 수행해야 할 두 번째 사명의 본질이기 때문입니다. 그것은 우리가 상상했던 것과는 매우 다른 것입니다. "인생에서 당신의 사명은 무엇입니까?"라는 질문이 처음 나왔을 때, 그리고 우리가 신의 손에 우리의 손을 얹었을 때, 우리는 먼 곳을 볼 수 있는 산꼭대기로 올라가는 것을 상상합니다.

"보세요, 저 멀리 도시가 보이시죠? 그곳이 바로 당신이 수행할 사명의 목표이며, 모든 것이 그곳으로 향하게 됩니다."

하지만 우리는 산 정상 대신 짙은 안개에 휩싸인 계곡에서 종종 자신을 발견합니다. 그리고 귓가에 들리는 목소리는 우리가 생각한 것과는 전혀 다른 말을 합니다. "어디로 향하고 있는지, 그랜드 플랜이 무엇인지, 인생의 전반적인 사명이 무엇인지 알 수 없을 때도, 한 번에 한 걸음씩 나아가는 것이 당신의 사명입니다. 나를 믿으세요. 내가 당신을 인도할 것입니다."

코멘트 2. 단계별 사명의 본질

당신이 처한 모든 상황에서 당신은 이 세상에 더 많은 감사, 더 많은 친절, 더 많은 용서, 더 많은 정직, 더 많은 사랑을 가져올 수 있도록 순간순간 할 수 있는 모든 일을 하도록 이곳에 보내졌습니다.

그런 순간은 매일 수십 번씩 찾아옵니다. 영적 갈림길에 서 있는 순간, 두 가지 길이 눈앞에 놓여 있을 때가 있습니다. 이러한 순간을 흔히 '결정의 순간'이라고 합니다. 결정의 틀이나 내용은 중요하지 않습니다. 결국에는 매번 두 갈래 길로만 나뉘게 됩니다. 하나는 감사, 친절, 용서, 정직, 사랑을 덜 하는 길입니다. 다른 하나는 더 많은 감사, 더 많은 친절, 더 많은 용서, 더 많은 정직, 더 많은 사랑으로 이어지는 길입니다. 맞습니다. 당신의 사명은 매 순간 전자가 아니라 후자의 길을 선택하도록 노력하는 것입니다.

코멘트 3. 단계별 사명의 몇 가지 예시

이 사명의 성격을 명확히 이해할 수 있도록 몇 가지 예를 들어보겠습니다.

차를 타고 고속도로를 달리고 있습니다. 누군가 내 차선의 오른

쪽에 있는 잘못된 차선으로 들어왔습니다. 그는 내가 있는 차선으로 넘어와야 합니다. 당신보다 앞서 끼어들어야 하는 상대가 보입니다.

결정의 시간입니다. 당신의 마음속에는 두 가지 길이 놓여 있습니다. 하나는 세상에 대한 친절이 줄어드는 길이고, 다른 하나는 세상에 대한 친절이 늘어나는 길입니다. 전자라면 속도를 높여서 이 운전자를 차단해서 끼어들지 못하게 하고, 후자라면 끼어들 수 있도록 양보할 것입니다. 당신은 이것이 사명의 일부라는 것을 알고 있고 소명은 분명합니다. 당신은 어떤 길을 택하고 어떤 결정을 내려야 하는지 알고 있습니다.

책상에서 열심히 일하고 있는데 갑자기 무언가 방해를 합니다. 전화벨이 울리거나 누군가 문 앞에 서 있습니다. 그들은 당신의 시간과 관심을 필요로 합니다.

결정의 시간입니다. 당신의 마음속에는 두 가지 영적인 길이 놓여 있습니다. 하나는 세상으로 더 적은 사랑이 이어지는 길이고, 다른 하나는 세상으로 더 많은 사랑이 이어지는 길입니다. 전자라면 너무 바빠서 귀찮으니 모른 척하고, 후자라면 하던 일을 제쳐 두고 신께서 이 사람을 보내셨다고 생각하며 "네, 제가 무엇을 도와 드릴까요?"라고 말할 것입니다.

당신은 이것이 사명의 일부임을 알고 있기에, 왜 지구에 왔는지 소명은 분명합니다. 이번에도 당신은 어떤 길을 택하고 어떤 결정을 내려야 하는지 잘 알고 있습니다.

상대방이 내 감정을 상하게 하는 행동을 합니다.

결정의 시간입니다. 두 가지 영적인 길이 당신 앞에 놓여 있습니다. 하나는 세상에서 용서를 덜 받는 길이고, 다른 하나는 세상에서 용서를 더 받는 길이죠. 전자라면 두 사람 사이에 얼음처럼 차가운 침묵을 만들고 어떻게 하면 그들을 처벌하거나 복수할 수 있을지 생각할 것이고, 후자라면 그들에게 다가가 품에 안고 상처 받은 감정에 대해 진실을 말하고 사랑을 확인시켜 줄 것입니다.

아시다시피 이것은 사명의 일부이며, 당신이 지구에 태어났다면 당신의 사명은 분명합니다. 어떤 길을 택해야 할지, 어떤 결정을 내려야 할지 당신은 알고 있습니다.

당신은 최근에 고상한 행동을 하지 않았습니다. 그리고 이제 당신은 무슨 일이 있었는지 질문하는 사람과 대면하고 있습니다.

결정의 시간입니다. 당신의 마음의 눈에는 두 가지 영적인 길이 놓여 있습니다. 하나는 세상에 덜 정직해지는 것이고, 다른 하나는 세상에 더 정직해지는 것입니다. 전자라면 상대방의 존경이나 사랑을 잃을까 봐 일어난 일이나 당신이 느낀 감정에 대해 거짓말을 할 것이고, 후자라면 당신이 느낀 감정과 함께 진실을 말할 것입니다.

당신은 이것이 사명의 일부이자 지구에 온 이유 중 하나임을 알고 있기에, 어떤 길을 택하고 어떤 결정을 내려야 할지 알고 있습니다.

코멘트 4. 천사들을 웃게 만들 광경

"내 인생의 사명이 무엇인지 알고 싶다."며 손을 꼭 쥐고 말하는 사람들이 많습니다. 그러면서도 사람들은 고속도로에서 운전 중에 끼어들고, 도움을 청하는 사람들에게 시간을 내주지 않고, 상대방이 감정을 상하게 하면 벌을 주고, 자신이 한 일에 대해 거짓말을 합니다. 아마도 천사들은 이 광경을 보고 웃을 것 같습니다. 두 손을 꼭 쥐고 사명을 찾는 사람들에게 말하고 싶습니다. 당신들의 사명은 방해 받는 시간과 상처 받은 상황, 그리고 대립의 현장에 있다고요.

코멘트 5. 계곡 대 산 정상

인생의 어느 시점에서 당신의 사명은 높은 산 정상에 힘들게 올라가서 "이것이 바로 내가 세상에 태어난 이유로군! 이제야 난 알았어."라고 스스로에게 말하는 경험과 비슷할 수 있습니다. 바로 그 순간에 도달할 때까지 당신의 사명은 계곡과 안개 같습니다. 당신은 순간순간, 하루하루의 작은 일상에 있습니다. 중요한 것은, 당신이 계곡에서 지켜야 할 것을 충실히 수행하지 않았다면 산꼭대기에 도달할 수 없었을 것입니다.

작은 것들에 충실하지 않는다면 어떻게 더 많은 것을 기대하고 더 큰 것을 차지할 수 있을까요?(누가복음 16:10-12, 19:11-24) 매일 더 많은 감사, 친절, 용서, 정직, 사랑을 세상에 전하려고 노력하지 않는다면 세상에 평화를 가져오는 사명이나 다른 크고 중요한 일을 맡으리라고 기대하기 어렵습니다. 우리가 매일매일 작은 사명을 실천하지 않는다면, 더 큰 산꼭대기의 사명을 감당할 준비가 되어 있지 않은 것입니다.

코멘트 6.
사명을 '단순한 훈련 캠프'로 생각하지 않는 것의 중요성

당신이 정상을 오르기 위해 거쳐야 하는 계곡은 단순한 '훈련 캠프'가 아닙니다. 지금도 당신의 상상 속에는 보이지 않는 영적인 산꼭대기가 있으며 원한다면 그곳으로 갈 수 있습니다. 상상 속에서 당신은 무엇을 보게 될까요? 바로 영적인 목표, 영적인 정상을 볼 수 있습니다. 지구는 천국과 비슷해질 수 있고, 인간의 삶은 신의 삶과 더 닮아갈 수 있습니다. 그것이 바로 계곡에서 선교 활동을 하는 우리들이 지향하는 큰 성취입니다.

이것은 큰 명령이지만, 우리가 작은 일에서도 위대한 창조주의 뜻을 행하려고 충실하게 노력할 때 성취됩니다. 이는 마치 이집트의 피라미드가 수많은 사람이 수많은 돌조각을 하나하나 끌어서 쌓아 올린 것과 같습니다. 계곡과 안개 속을 한 걸음 한 걸음 나아가는 것은 단순한 훈련 캠프가 아닙니다. 목표는 아무리 크더라도 존재합니다. "뜻이 하늘에서 이루어진 것 같이 땅에서도 이루어지이다."

세 번째 사명에 대한 코멘트

Comments on the third mission

○

●

⬡

⬢

지구에서 당신의 세 번째 사명은 당신만의 고유한 미션입니다.

1. 당신이 특별히 받은 재능, 당신이 가장 기쁘게 사용할 수 있는 가장 큰 재능을,

2. 신이 당신에게 가장 강하게 어필할 수 있는 장소나 환경에서,

3. 신이 세상에서 가장 필요로 하는 목적을 위해 사용하는 것입니다.

코멘트 1. 우리의 사명은 이미 '우리 안에' 있습니다

우리의 세 번째 사명을 파악하려고 할 때, 우리는 간절히 기도합

니다. 신이 우리에게 말해 주고 우리의 사명이 무엇인지 분명하게 알려달라고 간구하기 위해서요. 우리는 공기 중의 목소리, 머릿속의 생각, 밤의 꿈, 낮의 사건에서 표징을 찾아 완전히 숨겨져 있는 사명을 드러내려고 합니다. 때로는 그런 기도를 통해 사람들은 모든 의심과 불확실성을 넘어 자신의 사명이 무엇인지 실제로 발견하기도 합니다.

하지만 신의 음성을 통해 우리의 사명이 드러나기를 기다리는 것은 우리가 처한 상황을 제대로 파악하는 것이 아닙니다. 성 바울은 로마서에서 '우리 지체 안에 이미 새겨진' 율법에 대해 말하는데, 이 문구는 신께서 우리 각자에게 인생의 고유한 사명을 어떻게 계시하시는지에 대한 질문에도 적용될 수 있습니다. 세 번째 사명의 정의를 다시 읽어보면 알 수 있습니다.

신은 이미 우리의 소명과 사명에 관한 그분의 뜻을 '우리 구성원 안에 기록하심'으로 우리에게 계시하셨다는 것입니다.

우리는 자신 안의 독특한 임무를 찾아내기 시작해야 합니다. 우리의 재능과 기술, 특히 우리가 가장 기꺼이 사용하는 재능(또는 기술)을 연구하여 우리의 고유한 사명을 해독하는 것입니다.

신께서는 우리 안에 두 번이나 그분의 뜻을 기록하셨는데, 첫째는 그분이 주신 재능에, 둘째는 그 재능을 사용함으로써 우리에게 가장 큰 기쁨이 느껴지게 만들어 놓으셨습니다.

인류학자가 고대의 유물과 문자를 조사해서 오랫동안 잃어버린 사람들의 삶을 밝혀내는 것과 비슷합니다. 우리도 우리의 재능과 마음을 살펴봄으로써 우리의 꿈보다 더 명확하게 살아 계신 하느님의 뜻을 발견할 수 있습니다. 사실 우리의 사명은 그분이 알려주시는 것이 아니라 이미 우리 내부에 써놓은 것입니다. 그것은 하늘이 아니라 우리 구성원들 안에 새겨 놓은 것입니다.

코멘트 2. 진로 상담–우리는 당신이 필요합니다

인생의 처음 두 가지 사명은 진로에 대한 언급 없이 종교만으로도 배울 수 있습니다. 그런데 세 번째 임무를 논할 때, 이 책의 주제인 진로 상담이 인생의 사명과 함께 거론됩니다. 세 번째 사명이 재능, 스킬, 천부적 자질과 결정적으로 관련이 있기 때문입니다.

이 책의 본문을 읽으셨다면 재능, 천부적 자질 또는 기술을 식별하는 것이 커리어 상담의 영역이라는 걸 잘 알 것입니다. 커리어 상담의 전문성, 즉 존재 이유는 바로 재능, 기술, 은사의 식별, 분류, 그리고 '우선순위 지정'에 있습니다. 간단히 말해서 진로 상담은 전통

종교를 포함한 다른 어떤 학문보다 이 일을 잘 해낼 방법을 알고 있습니다. 이것은 종교의 결함이 아니라 예수님이 약속한 것을 성취하는 것입니다. "진리의 성령이 오시면 그가 당신을 모든 진리 가운데로 인도하시리니."(요한복음 16:13)

진로 상담은 늦게나마 약속된 진리의 일부입니다. 따라서 인생에서 자신의 고유한 사명을 파악하는 단계로 자신의 가장 큰 재능이 무엇인지 알아내려는 순례자에게는 헤아릴 수 없는 도움이 될 수 있습니다. 인생의 사명을 확인하는 두 단계에서 진로 상담의 도우미로 종교가 필요했다면, 세 번째 임무를 알아내는 단계에서는 종교의 도우미로 진로 상담이 필요합니다.

지금 당신의 삶, 즉 취업과 그 모든 불안에 직면하고 있는 이 순간이야말로 진로 상담과 신에 대한 당신의 신앙을 가슴과 머리에 결합할 수 있는 완벽한 시기입니다.

코멘트 3. 우리는 사명을 어떻게 선택하는가 - 로맨틱한 시나리오

왜 어떤 사람에게는 이런 재능이 있고 어떤 사람에게는 저런 재능이 있는지, 신께서 왜 한 사람에게는 이런 재능과 사명을 주고 다른 사람에게는 저런 재능과 사명을 주기로 선택했는지, 이 세상에서는 우리가 헤아릴 수 없는 신비입니다. 우리는 알 수 없고, 알 수 없으므로 어느 정도 추측하고 상상할 자유가 있습니다.

우리는 지구에 오기 전에 우리의 영혼과 숨결, 빛이 위대한 창조주 앞에 서서 이 사명을 자원했다고 상상할 수도 있습니다. 신과 함께 그 사명에 필요한 은사를 선택해서 우리가 태어난 후 신이 우리에게 능력을 주셨는지도 모르죠.

우리의 사명은 창조주가 노예에게 일방적으로 내린 명령이 아닐 것입니다. 위대한 창조주가 "그것을 원한다."라고 말씀하시자, 우리 마음이 "오, 알겠습니다."라고 응답한, 공동으로 설계한 임무일 수도 있습니다.

이전 코멘트에서 언급했듯이, 우리가 태어나기 전에 우리의 영혼이 가졌던 모든 의식에 대해 기억상실증, 즉 우리의 임무가 설계된 본질이나 방식에 대해 기억상실증에 걸린 것으로 생각하는 것이 도움이 될 수 있습니다. 따라서 지금 우리가 사명을 찾는 것은 우리 자신이 디자인에 참여했던 무언가의 기억을 되찾는 일입니다.

저는 절망적인 로맨티시스트이기 때문에 당연히 이 가설을 좋아합니다. 당신도 절망적인 로맨티시스트라면 이 가설을 좋아할 것입니다. 물론 사실일 가능성도 있습니다. 그분을 직접 뵙기 전까지는 알 수 없으니까요.

코멘트 4. 교차로에 섰을 때의 사명

모든 종류의 일마다 당신을 부르는 모든 종류의 목소리가 있습니다. 문제는 어떤 것이 초자아 또는 자기 이익의 목소리가 아니라 신이 부르는 목소리인지를 모른다는 것입니다. 이것을 알아내야 하고, 알아내는 좋은 규칙은 다음과 같습니다.

신이 일반적으로 당신을 부르는 일의 종류는 (a)당신이 가장 필요로 하고, (b)세상이 가장 필요로 하는 일의 종류입니다. 만약 당신이 하는 일이 정말 재미있다면 아마도 (a)의 요건을 충족했을 테지만, 세상에 유익하지 않은 전혀 다른 일이라면 (b)를 놓쳤을 가능성이 높습니다.

반면에 나환자촌에서 의사가 되는 일을 하고 있다면 (b)를 충족했을 가능성이 높지만, 대부분의 시간 동안 지루하고 우울하다면 (a)를 놓쳤을 뿐만 아니라 환자들에게도 큰 도움이 되지 않을 가능성이 높습니다. 인내심이 크거나 작은 것은 도움이 되지 않습니다. 신이 당신을 부르는 곳은, 당신이 일을 통해 얻는 '깊은 기쁨'과 세상 사람들의 '깊은 굶주림'이 만나는 곳입니다. - 프레드릭 부크너Frederick Buechner[40]

코멘트 5. 사명의 예시

당신의 특별하고 개인적인 사명은 다음 세 가지 왕국 가운데 하나 혹은 모든 영역에서 수행되는 사랑의 사명으로 밝혀질 가능성이 큽니다. 세 가지 왕국이란 세상에 더 많은 진리를 가져오는 것을 목표로 하는 정신의 왕국, 세상에 더 많은 아름다움을 가져오는 것을 목표로 하는 마음의 왕국, 봉사를 통해 세상에 더 많은 완전성을 가져오는 걸 목표로 하는 의지의 왕국입니다.

다음은 몇 가지 예시입니다.

"저의 사명은 풍부한 사랑의 저수지에서 다음과 같은 일을 하는 것입니다. 신은 저에게 다른 사람들, 특히 난치병으로 고통 받는 사람들을 돌보고 사랑을 베풀라고 하신 것 같습니다."

"저의 사명은 사람들이 신께로 가는 길을 보여줄 수 있도록 지도를 그리는 것입니다."

"제 사명은 사람들의 신체가 영적 성장에 방해가 되지 않도록 가장 순수한 음식을 만드는 것입니다."

"제 사명은 사람들이 바람 속에서 신의 음성을 들을 수 있도록 제가 할 수 있는 최고의 하프를 만드는 것입니다."

"제 사명은 사람들을 웃게 만들어 이 땅에서의 고단한 삶이 그다지 힘들지 않게 만드는 것입니다."

"제 사명은 사람들이 세상에서 일어나는 일에 대해 사랑으로 진실을 알 수 있도록 도와 세상에 더 정직해질 수 있도록 하는 것입니다."

"저의 사명은 우는 사람들과 함께 우는 것입니다. 그래서 그들이 저를 보내시고 창조하신 그분의 영원한 사랑을 알고, 그분의 품에 안겨 있음을 느낄 수 있도록 하는 것입니다."

"저의 사명은 아름다운 정원을 만들어 사람들이 들판의 백합꽃에서 신이 주신 아름다움을 바라보고 성스러움을 떠올리게 하는 것입니다."

코멘트 6. 사명에 필요한 만큼의 생명력

당신이 지구에 온 이유가 있다는 것을 알고 그 사명이 무엇인지 알게 되면, 이제부터 당신의 삶은 완전히 다른 빛을 발하게 됩니다. 다시 말해서, 당신은 얼마나 오래 살아야 하는지에 대한 두려움에서 벗어날 수 있습니다. 하느님이 당신의 사명을 완수했다고 생각하거나 다른 영역에서 당신을 위해 더 큰 사명을 주실 때까지, 당신은 여기에 있을 거라고 마음속에 정착할 수 있으니까요. 당신은 여기에 있는 동안 그분이 당신에게 주신 것을 잘 관리하는 청지기가 되어야 하지만, 불안한 청지기가 될 필요는 없습니다.

건강에 신경을 써야 하지만 끊임없이 걱정할 필요는 없습니다. 죽음에 대해 명상할 필요는 있지만 끊임없이 죽음에 집착할 필요는 없습니다.

G. K. 체스터턴G. K. Chesterton의 영광스러운 말을 의역하면 다음과 같습니다.

"우리는 삶에 대한 강한 열망과 죽음에 대한 묘한 부주의가 결합되어 있습니다. 우리는 물같은 삶을 원하면서도 포도주처럼 죽음을 마실 준비가 되어 있습니다. 우리는 우리가 할 일을 하러 왔다는 것을 알기 때문에 다른 것에 대해 걱정할 필요가 없습니다."

코멘트 7. 인터넷 리소스 사용

종교에 관한 뉴스 등을 다루는 웹사이트가 있으니 참고하세요.(www.beliefnet.com)

매일 10분 이상 명상을 할 수 있도록 안내하는 예수회 사이트가 있습니다. 20개 이상의 언어로 제공되지만 소리나 방해 요소가 없

습니다.(http://sacredspace.ie)

영상은 없지만 소리와 함께 음악, 성경 읽기, 묵상 또는 강론을 제공하는 팟캐스트Podcast와 휴대폰, 컴퓨터 등으로 전송할 수 있는 오디오 MP3 파일을 제공하는 사이트도 있습니다.(www.pray-as-you-go.org)

기도 동아리, 개인적인 신앙 이야기 공유 등을 통해 다른 신앙인들과 연결하여 24시간 연중무휴 신성한 의식을 유지할 수 있도록 돕는 사이트가 있습니다. 청년들을 대상으로 하지만 독점적으로 운영되는 것은 아닙니다.

당신은 혼자가 아닙니다.(www.24-7prayer.com/communities)

마지막으로 기독교, 이슬람교, 불교, 유대교 또는 종교 간 신앙을 가진 영적 상담가 또는 영적 지도자를 찾는 데 도움을 주는 사이트가 있습니다.(www.sdiworld.org)

최종 코멘트- 잘 마무리된 구직 활동
Final comment- A job hunt done wel

구직 활동을 '몸과 마음을 어떻게 조화롭게 유지할 것인가'의 문제로 접근한다면, 구직 활동이 끝날 때 이렇게 말할 수 있게 되기를 바랍니다.

"이제 삶은 나에게 깊은 의미가 있습니다. 나는 이상적인 직업 그 이상을 발견했습니다. 나는 내 사명과 내가 이 땅에 존재하는 이유를 찾았습니다."

마지막 한마디

The final words

○

●

⬡

⬢

이 책의 초점은 저에게 있지 않습니다. 바로 당신에게 있습니다. 당신이 이 책의 영웅이자 주인공입니다. 당신은 인생을 성공으로 이끌기 위해 고군분투하고, 당신의 승리와 패배를 저에게 알려준 분들입니다. 당신은 창의적인 사람입니다. 당신은 저를 당혹스럽게 하는 구직이나 경력 전환 문제에 대한 해결책을 알려준 분들입니다.

저는 인생이 우리에게 많은 것을 요구하는 것처럼, 이 책이 모든 독자에게 많은 걸 요구한다는 사실을 알고 있습니다. 이 책을 산 1,000만 명이 넘는 독자 중 얼마나 많은 사람들이 5장과 6장에 나오는 자기 진단 목록을 앉아서 기꺼이, 그리고 열심히 해내고 있는지 놀라움을 느끼곤 합니다.

한 권의 책을 만들기 위해서는 여러 사람이 필요합니다.

특히 리사 웨스트모어랜드Lisa Westmoreland와 마르시 M. 볼스 Marci M. Bolles에게 감사를 표합니다. 리사Lisa는 Ten Speed Press의 편집장으로 여러 판의 형식과 업데이트에 큰 도움을 주었습니다. 그리고 마르시Marci는 이 원고의 타이핑을 도와주었습니다. 제 참전 용사 유인물을 업데이트하는 데 도움을 준 조지 영George Young에 게도 감사의 마음을 전합니다.

이 책은 직업에 관한 책이지만, 삶과 희망에 관한 책이기도 합니다. 저는 성공한 인생의 비결은 성공적인 삶을 목표로 삼는 것이 아니라, 삶이 우리 앞에 던져주는 장애물과 고난을 근성과 결단력, 은혜로 극복하는 삶이라는 것을 배웠습니다. 그리고 그 여정에는 사랑을 발견하는 운 좋은 사람들도 있습니다.

루게릭병으로 죽어가는 한 여성의 말을 인용합니다. "저는 이 모든 과정을 통해 중요한 것은 오직 사랑이라는 것을 배웠습니다. 사랑 속에 살면 다른 모든 것은 제자리를 찾게 됩니다." 당신의 삶에서 그런 사랑을 발견하시길 바랍니다. 저는 제 멋진 아내 마르시와 함께 그런 사랑을 찾았습니다.

하지만 다른 사람들도 있습니다. 이 책과 페이스북Facebook과 같은 소셜 미디어 사이트가 없었다면 저는 당신을 만나지 못했을 것이고, 저를 패배시킬 수도 있는 수많은 어려움에 직면하고 맞서 싸워온 영혼들을 알지 못했을 것입니다. 저는 독자들에게 감사만 하는 것이 아닙니다. 저는 독자들을 존경합니다. 당신은 저에게 큰 영감을 줍니다.

저는 감사하는 사람이고, 매년 이곳에서 과거와 현재를 막론하고 제 인생의 모든 사람을 위해 사랑과 감사의 교독문을 낭독합니다.

우선, 저는 아내 마르시Marci처럼 멋진 여성과 함께 보내는 모든 순간에 매혹되어 있습니다. 저는 아내의 사랑, 두뇌, 재치, 배려를 소중히 여깁니다. 저는 2014년에 파리와 영국에서 휴가를 보내다가 무거운 짐을 옮기는 과정에서 허리를 심하게 다쳤습니다. 그때까지만 해도 항상 건강했던 저는, 회복 속도가 느렸지만 꾸준히 회복해 왔습니다. 간호사 면허가 있는 마르시는 제 주변을 가장 사랑스럽고 아름다운 치유 환경으로 조성해 주었습니다. 저는 항상 감사할 것입니다. 이전 결혼에서 낳은 마르시의 자녀들인 제니스Janice와 아들라이Adlai와 그들의 자녀인 로건Logan과 에이든Aiden에게도 감사하고 있습니다. 그들은 저에게 정말 멋진 가족입니다.

저를 이 세상에 태어나게 해준 가족에게 무한한 감사를 표합니다. 저에게는 정말 멋진 부모님이 계셨습니다. 저는 함께 자란 형(유명한 기자이자 순교자인 돈 볼스Don Bolles)과 여동생(앤Ann)을 사랑했습니다.

제 아이들인 스티븐Stephen, 마크Mark, 게리Gary, 샤론Sharon에게도 정말 감사합니다.

그리고 손주 열 명도요. 2012년에는 58세의 나이에 마크가 뇌출혈로 세상을 떠났습니다. 그때 많이 울었어요. 그는 인생의 마지막 12년 중 6년을 저와 함께 살았고, 저희 책『Job Hunting Online』의 저자이기도 했습니다. 그는 보물이었습니다.

저는 남은 세 자녀와 그 가족들, 첫 번째 아내 얀과 가족 모임에 함께 해주시는 분들께 정말 감사하고 있습니다.

19년 동안 매년 여름 2주 동안 함께 가르쳤던 스위스 제네바의 친구 다니엘 포롯Daniel Porot이 없었다면 무엇을 할 수 있었을까요?

그리고 제 해외 친구인 아일랜드의 브라이언 맥이버Brian McIvor도 있습니다. 독일의 존 웹John Webb과 마들렌 라이트너Madeleine Leitner, 벨기에의 이브 레르무시Yves Lermusi, 영국 리버풀의 피트 호킨스Pete Hawkins, 스코틀랜드의 데브라 엔젤 맥두가엘Debra Angel MacDougall, 한국의 조병주Byung Ju Cho, 뉴질랜드의 톰 오닐Tom O'Neil에게 감사합니다.

마티 넴코Marty Nemko, 조엘 가핑클Joel Garfinkle, 딕 노델Dick Knowdell, 리치 페러Rich Feller, 딕 가이더Dick Gaither, 워렌 파렐 Warren Farrell, 척 영Chuck Young, 수잔 조이스Susan Joyce에게도 감사합니다.

물론 시간이 지나면 친구도 죽습니다. 하지만 함께 살았던 그들의 삶에 대해 깊은 감사를 느끼며, 그들을 기억하는 것이 중요하다고 생각합니다. 저는 2015년 2월에 세상을 떠난 하워드 피글러 Howard Figler가 아직도 생각납니다. 그는 저와 함께 『The CAREER COUNSEROR'S Handbook』(2007년 2판)의 공동 저자이자 사랑하는 친구였습니다. 그와 저는 수년간 함께 글을 쓰며 즐거운 시간을 보냈습니다.

또한 테스트 및 평가 전문가인 주디 그루터Judi Grutter도 잃었습니다. 그녀는 2014년 12월에 세상을 떠났습니다. 그전에는 2013년 10월에 제이 콘래드 레빈슨Jay Conrad Levinson을 잃었습니다. 그는 게릴라 마케팅에 관해 많은 책을 저술한 인기 작가였습니다.

그리고 그 이전인 2010년 12월에 저의 오랜 출판인이었던 필 우드Phil Wood를 잃었습니다. 그는 제가 『비상이동 매뉴얼』을 처음 집필하던 날부터 저의 출판사였습니다. 그는 저에게 소중한 사람이었고, 『비상이동 매뉴얼』이 독자를 찾는 데 도움을 주고 연간 판에 대한 통제권을 갖게 해준 데 대해 말할 수 없을 만큼 큰 빚을 졌습니다. 그가 아니었다면 지금처럼 천만 부 이상 판매되는 일은 없었을 것입니다.

제가 가장 잘 아는 Ten Speed Press의 직원들에게 정말 감사드립니다. 아론 웨너Aaron Wehner 출판사, 역대 최고의 편집자 리사 웨스트모어랜드Lisa Westmoreland, 애슐리 피어스Ashley Pierce, 마리 길Mari Gil, 크리스 반스Chris Barnes, 조지 영George Young에게도 감사합니다.

그리고 제 책을 구입해 주시고, 제 조언을 믿어 주시고, 제 꿈을 응원해 주신 독자에게도 다시 한번 감사드립니다.

감사의 글을 마무리하면서 반드시 창조주를 언급하고 싶습니다. 저는 그동안 제 신앙에 대해 침묵했습니다. 그냥 거기에 있었습니다. 하지만 제가 발견하거나 다른 사람들과 나눈 모든 은혜, 지혜, 연민의 원천이 신앙이라는 사실을 조용히 인정하고 싶습니다. 저는 평생 헌신적인 기독교 신자이자 예수 그리스도의 헌신적인 추종자이며 성공회 신자로 살아왔습니다(저는 성공회에서 안수 받았고, 50년 동안 사제였습니다).

저는 창조주께서 제게 주신 삶, 즉 이곳 지구에서 수백만 명의 사람들이 자신의 삶을 진정으로 의미 있게 만들도록 돕는 멋진 사명을 주신 것에 대해 매일 밤 감사드리고 있습니다.

멋진 여배우 앤 밴크로프트Anne Bancroft(1931~2005)는 남편 멜 브룩스Mel Brooks에 대해 이렇게 말한 적이 있습니다.

"문에서 열쇠가 돌아가는 소리가 들릴 때마다 가슴이 설레고,
파티가 곧 시작되겠구나, 하는 생각이 들었습니다."

제가 깊은 사랑에 빠져 2004년 8월 22일에 결혼한 필리핀 출신의 신의 천사, 아내 마르시 가르시아 멘도사 볼스Marci Garcia Mendoza Bolles에 대한 제 감정이 바로 그것입니다. 이 얼마나 황홀한 결혼 생활이었나요!

- 리처드 N. 볼스

주석

1.
Bureau of Labor Statistics, US Department of Labor, "Covid-19 Ends Longest Employment Recovery and Expansion in CES History, Causing Unprecedented Job Losses In 2020," Monthly Labor Review (June 2021),
https://www.bls.gov/opub/mlr/2021/article/covid-19-ends-longest-employment-expansion-in-ces-history.htm

2.
Bureau of Labor Statistics, US Department of Labor, "Number of Quits at an All-Time High in November 2021," Economics Daily (January 6, 2022), https://www.bls.gov/opub/ted/2022/number-of-quits-at-all-time-high-in-november-2021.htm

3.
Jacob Douglas, "These American Workers Are the Most Afraid of A.I. Taking Their Jobs," CNBC (November 7, 2019),
https://www.cnbc.com/2019/11/07/these-american-workers-are-the-most-afraid-of-ai-taking-their-jobs.html

4.
Amanda Russo, "Recession and Automation Changes Our Future of Work, but There Are Jobs Coming, Report Says," World Economic Forum (October 20, 2020),
https://www.weforum.org/press/2020/10/recession-and-automation-changes-our-future-of-work-but-there-are-jobs-coming-report-says-52c5162fce/

5.
Anna Waldman-Brown, "Automation Isn't the Biggest Threat to US Factory Jobs," Wired.com (May 1, 2022),
https://www.wired.com/story/robots-automation-jobs-manufacturing-labor-germany-us/

6.
S. Liu, J. L. Huang, and M. Wang, "Effectiveness of Job Search Interventions: A Meta-Analytic Review," Psychological Bulletin 140, no. 4 (2014), 1009-1041,
https://pubmed.ncbi.nlm.nih.gov/24588365/

7.
Bureau of Labor Statistics, US Department of Labor, "Unemployed Persons by Duration of Unemployment," Table A-12, Employment Situation (June 2022), https://www.bls.gov/news.release/empsit.t12.htm

8.
Bureau of Labor Statistics, US Department of Labor, "Labor Force Statistics" (February 19, 2020), www.bls.gov/webapps/legacy/cpsatab16.htm

9.
Bureau of Labor Statistics, US Department of Labor, "Labor Force Statistics from the Current Population Survey" (March 2, 2022), www.bls.gov/cps/demographics.htm

10.
Bureau of Labor Statistics, US Department of Labor, "Household Data Annual Averages," Labor Force Statistics from the Current Population Survey (March 2, 2022), www.bls.gov/cps/cpsaat20.htm

11.
D. H. Pink, Free Agent Nation: The Future of Working for Yourself (Business Plus Books, 2002).

12.
Jim Tankersley, "The 21st Century Has Been Terrible for Working Americans," Washington Post (March 6, 2015), www.washingtonpost.com/blogs/wonkblog

13.
Marcin Zgola, "Will the Gig Economy Become the New Working-Class Norm?," Forbes (August 12, 2021), https://www.forbes.com/sites/forbesbusinesscouncil/2021/08/12/will-the-gig-economy-become-the-new-working-class-norm/?sh=69756a923215

14.
Adrian Bridgwater, "Software Sector Swings Further Towards 'Industry-Specific' Solutions," Forbes (May 13, 2020), https://www.forbes.com/sites/adrianbridgwater/2020/05/13/software-sector-swings-further-towards-industry-specific-solutions/?sh=80954ac4a255

15.
Kim Parker, Ruth Igielnik, and Rakesh Kochhar, "Unemployed Americans Are Feeling the Emotional Strain of Job Loss; Most Have Considered Changing Occupations," Pew Research Center (February 10, 2021),
https://www.pewresearch.org/short-reads/2021/02/10/unemployed-americans-are-feeling-the-emotional-strain-of-job-loss-most-have-considered-changing-occupations/

16.
G. R. Bushe and E. Kessler (ed.), "The Appreciative Inquiry Model," The Encyclopedia of Management Theory (Newbury Park, CA: Sage Publications, 2013).

17.
Simone Schnall, Kent D. Harber, Jeanine K. Stefanucci, and Dennis R. Profitt, "Social Support and the Perception of Geographical Slant," Journal of Experimental Social Psychology, Volume 44, Issue 5, September 2008, Pages 1246-1255.

18.
Rocío Lorenzo, Nicole Voigt, Miki Tsusaka, Matt Krentz, and Katie Abouzahr, "How Diverse Leadership Teams Boost Innovation," Boston Consulting Group (January 23, 2018).

19.
Sundiatu Dixon-Fyle, Kevin Dolan, Vivian Hunt, and Sara Price, "Diversity Wins," McKinsey & Company (May 19, 2020),
https://www.mckinsey.com/featured-insights/diversity-and-inclusion/diversity-wins-how-inclusion-matters

20.
Daniel has summarized his system in his book The PIE Method for Career Success: A Unique Way to Find Your Ideal Job (JIST Works, 1996). It is now out of print. Daniel has a wonderful website
at www.porot.com.

21.
Bureau of Labor Statistics, US Department of Labor, "Employment Projections 2020-2030" (September 8, 2021), www.bls.gov/news.release/pdf/ecopro.pdf

22.
Robin Pogrebin, "Pritzker Prize for Frei Otto, German Architect, Is Announced After His Death," New York Times, March 10, 2015.

23.
Damon Brown, "The Power of Writing, Not Typing, Your Ideas," Inc. (August 7, 2015),
https://www.inc.com/damon-brown/the-power-of-writing-out-not-typing-out-your-ideas.html

24.
Marla Tabaka, "A New Study Shows 1 in 5 Successful Entrepreneurs Use Vision Boards. The Results Are Backed by Neuroscience," Inc. (December 2, 2019),
https://www.inc.com/marla-tabaka/study-shows-1-in-5-successful-entrepreneurs-use-vision-boards-backed-by-neuroscience.html

25.
Daniel Kahneman and Angus Deaton, "High Income Improves Evaluation of Life but Not Emotional Well-Being," Proceedings of the National Academy of Sciences (September 7, 2010), www.pnas.org/doi/10.1073/pnas.1011492107

26.
Matthew A. Killingsworth, "Experienced Well-Being Rises with Income, Even Above $75,000 per Year," Proceedings of the National Academy of Sciences (January 18, 2021), www.pnas.org/doi/10.1073/pnas.2016976118

27.
Jiyin Cao and Edward Smith, "Why Are Some People More Reluctant to Network Than Others?", KelloggInsight (October 1, 2021),
https://insight.kellogg.northwestern.edu/article/network-size-social-status

28.
Mark Granovetter, Getting a Job: A Study of Contacts and Careers, 2nd ed. (Chicago: University of Chicago Press, 1995), 52-53.

29.
Lou Adler, "New Survey Reveals 85% of All Jobs Are Filled via Networking," LinkedIn.com (February 28, 2016),
https://www.linkedin.com/pulse/new-survey-reveals-85-all-jobs-filled-via-

networking-lou-adler/

30.
Catherine Fisher, "5 Steps to Improve Your LinkedIn Profile in Minutes," LinkedIn.com (August 3, 2016), https://www.linkedin.com/blog/member/product/5-steps-to-improve-your-linkedin-profile-in-minutes

31.
Regina Borsellino, "Beat the Robots: How to Get Your Resume past the System and into Human Hands," Muse, https://www.themuse.com/advice/beat-the-robots-how-to-get-your-resume-past-the-system-into-human-hands

32.
Kerry Taylor, "8 Keywords That Set Your Resume on Fire," Squawkfox, https://www.squawkfox.com/8-keywords-that-set-your-resume-on-fire/

33.
"How to Write a Cover Letter in 2022, Beginner's Guide," Novoresume (March 8, 2022), https://novoresume.com/career-blog/how-to-write-a-cover-letter-guide

34.
Tom Jackson, The Perfect Resume: Today's Ultimate Job Search Tool (New York: Broadway Books, 2005).

35.
Bain & Company provides a helpful video and article called "What Is a Case Interview?" for preparing for case interviews, https://www.bain.com/careers/hiring-process/interviewing/

36.
Edward J. Cripe, "31 Core Competencies Explained," Workforce.com (September 3, 2002), https://workforce.com/news/31-core-competencies-explained

37.
Dan Pink, Free Agent Nation

38.
Zach Hrynowski, "How Many Americans Believe in God?" Gallup Polls (2018), news.gallup.com/poll/268205/americans-believegod.aspx
https://news.gallup.com/poll/268205/americans-believe-god.aspx

39.
 Julian Victor Langmead Casserley, The Church To-day and Tomorrow: The Prospect for Post-Christianity (London: SPCK, 1965), 102, 113f.

40.
Frederick Buechner, excerpted from Wishfu
l Thinking—A Theological ABC by Frederick Buechner, revised edition published by HarperOne. Copyright © 1973, 1993 by Frederick Buechner.

세기의 책들 20선
천년의 지혜 시리즈 No.9 자기계발 편 4부

비상이동 매뉴얼 WHAT COLOR IS YOUR PARACHUTE?

최초 출간일 1972년

1판 1쇄 인쇄	2025년 2월 26일
1판 1쇄 발행	2025년 3월 12일
펴낸 곳	스노우폭스북스
지은이	리처드 N. 볼스
편저·기획	서진(여왕벌)
번역 감수	안진환
대외 커뮤니케이션	진저(박정아)
진행 교정	클리어(정현주)
도서 디자인	헤라(강희연)
표지·마케팅 디자인	샤인(김완선)
마케팅 총괄	에이스(김정현)
A.I 홍보 전략	테드(이한음)
퍼포먼스 바이럴	썸머(윤서하)
검색	형연(김형연)
영업	영신(이동진)
제작	해니(박범준)
종이	월드페이퍼(박영국)
인쇄	남양문화사(박범준)
주소	경기도 파주시 회동길 527, 스노우폭스북스 사옥 3층
대표번호	031-927-9965
팩스	070-7589-0721
전자우편	edit@sfbooks.co.kr
출판신고	2015년 8월 7일 제406-2015-000159
ISBN	979-11-91769-98-2 03190

스노우폭스북스는 "이 책을 읽게 될 단 한 명의 독자만을 바라보고 책을 만듭니다."